聖母文庫

信仰の耕作地
有馬キリシタン王国記

福田八郎

聖母の騎士社

目次

序章　海の霊場・岩殿《いわど》のこと

わが町の海辺に、あたかも人格ある人のように「岩戸さん」と呼び、親しまれている海中から盛り上がった岩山がある。

古謡に〝島で名所は加津佐の岩戸、根から生えたか浮島か〟とある小山だ。

太平洋戦争末期には、ここに十五メートルほどの砲身を備えた砲台やサーチライト台や高射砲台が築かれ、東シナ海から有明海湾に南下してくるアメリカの航空機や艦船に対して―まさにこの航路はヴァリニャーノ師がマカオから口之津港に入港した航路にあたる―、徹底抗戦の火蓋を切るはずの神国日本の塁《とりで》とされた。この砲台構築のため国民学校五年生の頃であったか、炎天下海辺の砂を袋に担いで、指示された場所へ何度も運んだ記憶が残る。

しかし砲台は一度も火を吐くことなく、終戦となり、砲身は地面に打ち捨てられていたが、やがて細切れに寸断された後、いつの間にかわれらの前から消えた。

曹洞宗開祖永平道元の六代の法灯を継いだ肥後出身の祇陀《ぎだ》大智（一二九〇〜一三六六）という禅僧がいた。

正和三（一三一四）年、二六歳の祇陀大智は元に渡航し、正中元（一三二四）年、十年の修学を終えて帰朝の後は、能登の洞谷山永光寺《ようこうじ》に寄留し、ここで瑩山《けいざん》紹瑾《しょうきん》に師事する。ところが道元四世の法孫である瑩山は、第五代の法嗣《ほうし》に大智ではなく高弟の明峰素哲を選び、遅れて第六代の法嗣となった大智は、明峰派の大智と称され、「文字の学問を絶ち、修行による解脱の道」を進んでいく。

禅宗史上では、五代より六代として選ばれることが意義あることとされた。かつて、面壁九年の達磨《だるま》大師から選ばれた五代弘忍は、六代の法嗣に衆目の見る所の神秀《じんしゅう》上座を選ぶと思われていた所、意外にも文字も読めない樵者《きこり》の大鑑慧能《えのう》を六代として選び、北宗禅の神秀に対し、慧能は南宋禅の祖と称され、この人によって「中国禅」は始まるとされた故事による。

元徳二（一三三〇）年頃、肥後の菊池武時は所縁により、この大智を菊池家の精神的な支柱として現玉名市に迎え、伽藍《がらん》の地に紫陽山広福寺の開基とする。

元弘三（一三三三）年、時代は半世紀を越える南北両朝の対立期となる頃、官軍として後醍醐天皇側に立った武時は、博多の九州探題北条英時を攻めて討死する。

延元三（一三三八）年、大智は、武時五男武重の寄進を請け、現菊池市に鳳儀山聖護寺を創建する。

同年末に武重の病歿により、十六歳の六男武士《たけひと》が引継ぐが、菊池家の内紛もあり、大智は「暫く雲山を辞して人間《じんかん》に下る」ことになる。正平十二（一三五七）年、肥前有馬家五代有馬直純は、菊池家での物心両面の指導者であった大智を、加津佐村に「山海佳麗《さんがい》」の地を用意して招聘《しょうへい》する。

有馬氏が、純粋な仏心からの大智招聘であったかは定かではないが、大智禅師が移るには、それなりの理由があったものと思われる。

肥後で過ごした三十年近くの間に、大智を取り巻く環境は「名利を離れ閑寂の地に住む志の堅固」に安住することを許さない状況に突き進んでいたのであろう。

筑前博多では、宋商人たちの経済力を基盤に、栄西《えいざい》開創の臨済宗聖福寺一派が圧倒的な隆盛を果たしていた。これに対して大智に対する曹洞宗内の批判があったものと思われる。そのため大智は、宋との交易による経済基盤の修復を考えて、口之津港がある有馬領への移住を決意したのでなかったか。

大智は、加津佐村水月名小字天辺《てっぺん》に、水月山円通寺を創建し居住する。天辺は、東シナ海からの海流が、野母崎半島と天草島との間を通り、島原半島に覆い被《かぶ》さってくる様子が眼下に臨める場所である。

笠津《かさつ》遠望

篷窓冷対一江秋　篷舟《とまぶね》の窓より見れば冷ややかに
　　　　　　　　　川一面に秋の色
智境融時見処周　智（みるもの）と境（みられるもの）と相融じ
　　　　　　　　　見処あまねくゆきわたる
岸上青山雖不動　岸のほとりの青山は
　　　　　　　　　兀々《ごつごつ》として動かねど
洗心名月去随流　波心《なみ》にくだける名月は流れに随いて去っていく
　　　　　　　　　『大智』水野弥穂子・訳

右は大智禅師の「偈頌《げじゅ》」（仏の功徳《くどく》をたたえ、教理を述べる歌）の数ある『笠津和韻』

の一偈で、七言絶句での海上からの「加津佐遠望」である。

題辞「笠津」は、加津佐の古称で「上総・賀津佐」と表記されているのもある。

当時、岩殿は堀川の川裾にある小島であった。河口と海が合流する辺り、笠も浮くほどの穏やかな船留りの「岸のほとりの青山」が岩殿の小島で、大智は天辺の円通寺から降って小舟で岩殿へ渡った。岩殿の山頂には、禅師が座禅をしたとの伝承の座禅石が残る。

大智は、この岩殿山に「水月庵」を造り、自身の入滅の場所とした。

正平二一（一三六六）年十二月十日、「老僧に於て開山したる所の祇陀寺を始

加津佐町・岩戸山全景

めとして、肥前国高来郡賀津佐水月円通寺、肥前国高来郡神代村本覚寺、この三ヶ所は、附法嫡々（正統の血脈）たるに依って、未来永劫に至るまで、禅古上人に譲与する所なり」との「大智譲状」を残し入滅した。

この岩戸には、大智禅師の袈裟・払子を残す曹洞宗補陀落迦山巌吼寺《がんくうじ》がある。「島原半島の南端の近くにある加津佐の岩戸山の中腹の洞穴に、穴観音とよばれる首の欠けた地蔵がある。この地蔵について加津佐にはこんな話が伝えられている。天草・島原の乱のあと、キリシタンに対する取り締りは、ますますきびしくなっていった。加津佐にも毎日のように多くの役人がやってきて、キリシタンの残党狩りをしていた。キリシタンたちはいち早く隠れるところを求めて、人里離れた山中などに潜んだので、村中をくまなく探しまわっても、加津佐に一人のキリシタンもいなかった。そこで役人たちは舟に乗って、対岸の天草に向かったが、その時ふと後をふり返ると、岩戸山の中腹から、かすかに煙が立ちのぼっているのが見えた。〈あそこの洞穴に誰かおる。キリシタンどもが隠れておるかも知れぬ。舟を戻せ〉ということになり、役人たちは陸に戻り、けわしい岩をのぼって洞穴へいってみると、はたしてキリシタンたちが潜んでいた。

キリシタンたちは、洞穴のなかから石や材木を投げつけるので、役人たちは近づくことができなかった。しかし、そのうちに投げるものがなくなってしまい、祀ってある地蔵尊の首を打ち欠いて投げてきたが、それも長くはつづかなかった。キリシタンたちは、やっと観念して縛《ばく》についた。岩戸山の穴観音に首がないのは、こうしたわけである」（『キリシタン伝説百話』「首の欠けた穴観音地蔵」谷真介）。

全体が童話ふうに脚色された作品であるが、舞台は、乱後の残党狩りの頃というから、寛永十五（一六三八）年二月の原城落城後の頃であろう。

今も洞穴には、首の欠けた地蔵が数多く祀られている。しかし、それらの地蔵のことを「穴観音」とは呼んではいない。「穴観音」とは、「地蔵が祀られている洞穴」の呼び名としての「穴観音《あながんどん》」のことであろう。

「天草・島原の乱」には、加津佐村全員が参加し、全員が殲滅《せんめつ》されたと言われている。ところが原城に楯籠もり、幕府軍を迎え討った二万余の一揆軍が残した謎の一つが、原城での食料の煮炊きの跡がないこととされる。

「寄せ衆の陣屋には数度火事御座候へども、城内には一度も火事御座なく候」（『毛利文庫』「嶋原陣日記」原権左衛門）。火の取扱の城内での厳しさが窺われる一文であるが、煮炊きについては、海上からの食料持込み説が言われている。あるいは食料供給基地の一つが、岩殿の穴観音であったかも知れない。

また一揆軍は全て原城に参集したのではなく、南目各村には後方攪乱の勢力が散在していたことが窺われるものもあって「寛永十四年十二月十日、諫早豊前、西表を諫早より押候て口之津郷へ打入候、浜手には郷人少し残居り、伏勢仕り候、諫早先手の者と討合、豊前手の者少し討死仕候、勿論郷人をも少し討捕へ、直様《すぐさま》口之津町中へ火を付け云々」（前掲書・原権左衛門）とある。

天正十（一五八二）年の冬の頃、「（その洞窟は）ほぼ八プラサ（約十八メートル）の長さと五プラサ（十一メートル）の幅で、地面は砂で掩われていた。天井は何らの人工も加えない自然のままの円天井であったが、優秀な材木で細工が施された一種の礼拝堂ができており、祭壇の上には偶像が安置され、手のこんだ巧妙な造りの他の幾つかの大きい仏像も置かれていた。（中略）この祠《ほこら》は、岩殿と呼ばれていた」（『日本史』巻10・第四四章・p二二七、フロイス著、以下『日』と略記）。

今から四百三十年程以前に、フロイスが目にした穴観音の描写である。フロイスはここで洞窟内の祠を「岩殿」と呼んでいる。

永禄十一（一五六八）年の伊勢御師《おし》宮後《みやじり》三頭《さんとう》大夫《だゆう》は、岩殿山の寺名を「千手院」と記述している。千手観音が主な祀り仏であったのだろうか。

「この場所は、つねに日本（中）でも著名な霊場として知られ、有馬の地が異教徒たちのものであった頃は、各地から巡礼者で賑わっていた。（中略）（岩殿に至る）急な坂道は、海に面していて危険きわまりなく、幾つかの藪□《マ》□《マ》を通らねばならず、その道を一歩踏みはずすならば、岩山を奈落の底というべき海辺に群がる鋭い巌の上に転落することになる」（前掲書・フロイス）。

民俗学者の根井浄氏（現島原市・松平文庫長）は、岩殿のことを、雲仙嶽にあった満明寺に比肩される「日本でも著名な真言宗の観音霊場」で「山の雲仙に対して海の修験場」（『修験道とキリシタン』）であったとされている。

寒い季節の頃であった。口之津にいたイエズス会副管区長コエリュと秘書のフロイスとダミアン修道士に、「キリシタン教理」を習っている少年たちと数人の若者が、岩殿への道を急いだ。

天正八（一五八〇）年には、有馬晴信のキリシタン改宗に伴い、領内の大小四十を超える神仏の寺社の破壊が行われていた。

「有馬から退去した仏僧たちは、彼らの寺院にあった仏像の安全を図って、それらを最も安全な場所である小島に隠匿しているに違いないと考え、それらの偶像を破壊したいという望みに駆られて、某日、食事の後、その洞窟に向かった」

岩殿に着いて二人の修道士が洞窟に入った。果たしてコエリュ師の考え疑っていた通りのものがそこで発見された。

「祠は、仏僧たちが各地の寺院からもたらして、そこに隠匿していた種々の仏像でほとんどいっぱいになっていた。いずれも不思議な形をしたものばかりであったが、実に丹念、かつ絶妙に造られていて、この種ものではそれ以上のものは考えられないほどであった。我らは少しずつそれらを取り出していき、大きい仏像だけが残った。それらは分断しなければ、そのまま入口から外に出すことができなかった。だが、われらは仕事を早めるためにそれらに火をつけた。礼拝所や祭壇も同様にした」。

「副管区長の司祭は、少年たちを召集させた。これらの少年たちは皆行列をつくり、大きな叫び声をあげながら、それらの仏像を背にして運んだ。(中略)少年たちは、仏像を曳きずって行き、唾をはきかけ、それ(仏像)にふさわしい仕打ちを加えた」。

「我らの司祭館では炊事用の薪が欠乏していた。そこでそれらの仏像はただちに割られて全部薪にされ、かなりの日数、炊事に役立った」。

海賊であり、掠奪で身を立てている加津佐の漁民たちは、仏像が村を通るのを知ると、男も女も子供も戸口に出て、それまで礼拝していた仏像を眺め、その哀れな運命に同情を示した」（『日』巻10・第四四章p二二七〜二三〇からの要約）。

海賊と呼ばれた異教徒の連中が、日頃信心していた仏像の粗略な扱いを、なぜ黙って見過ごしたのだろうか。おそらく行列にいる若者らが、火縄銃などで武装していたからだと思われる。口之津の司祭館には、この頃、佐賀の龍造寺の攻勢に怯《おび》える有馬氏のために、武器などの備蓄が行われていたから、銃の持ち出しは容易なことであったろう。

口之津でのキリシタン信仰は、早崎海峡に面する早崎漁民から始まったとされる。もともと陸で暮らす人々に較べ、海を生活の場とする人々の信仰心は強い。

加津佐の漁民も、やがてフロイスらの説教を聞くや、一日に一三六人もが洗礼を受ける日々が続いたという。仏像破壊を目にしてはいても、フロイスらの語る説話には、海上の苦難を経て来日に至った宣教師の切実な航海の綺譚に共感するものがあったためであろう。

天正十年の島原半島領主は、キリシタン成り立ての大名有馬晴信である。有馬家を龍造寺の攻勢から救い晴信に洗礼を授けた巡察師ヴァリニャーノは、同年七月、有馬晴信・大村純忠・大友宗麟の三大名の名代として、四人の少年を「遣欧少年使節」として伴い、長崎港を解纜《かいらん》出港して行く。

この天正十年に離日した巡察師ヴァリニャーノは、イエズス会員の内規に「我らは仏僧たちに対してははなはだ大いなる愛情を示さねばならぬ」としたが、仏像破壊の流れのなかで巡察師の真意は副管区長コエリュに届いてはいなかった。

しかし日本社会への適合主義を主張したヴァリャーノ師でさえ「様々な宗派の仏陀像をローマ人が崇めた神々と比較して、肯定的に捉え直した」とされるのは、慶長六（一六〇一）年頃であった。

島原半島西南部には、コエリュ、フロイスらによる天正期の寺社・仏像破壊のためか、今に至るも時代を経た仏像は一体も見いだせない。

寛永十五（一六三八）年十一月六日、「島原の乱」後の領国経営の困難を配慮したのか、松倉勝家改易の後、島原領へ譜代大名の浜松城主高力摂津守忠房が入部する。

島原半島西南部の一揆参加の各村は、無人の荒野であった。幕府は「流民招致」法を制定し、高力の施政の後押しに努めた。百姓には当分の「作取り」を認めたために、幕府公認の「公儀百姓」の外、「走り百姓」と呼ばれる者が勝手に移り住んだりしていたが、国力の回復は簡単なことではなかったであろう。

寛永十九（一六四二）年、原城陥落から四年ほど過ぎた頃、佐賀領からは六十竈の人達が、天草・島原地方に移住させられ、六竈の人達が、現北有馬町折木に定住する事になった。一竈とは一家二～五人のことであろうか。

「南目亡跡《ぼうしょ》なるに付けて、御公儀より諸大名に仰せ付けられ、高壱万石に付き百姓壱竈《かま》宛差し移され候に付き、鍋島信濃守様より天草・島原両所に、六拾竈差し移され候。その時、島原領参拾竈内の廿四竈は堂崎村へ移り、残り六竈、折《おり》木《き》名《みょう》（現北有馬町）に差し移され候。

さても厳しきは宗門改めの儀に候。檀家の生死一切、戸籍の役目は檀那寺仰せ付けられ、諸民各旦那寺を厳重に相守り、出産は遅滞なく檀那寺に御届け申すべき事、檀那寺は宗旨人別帳に記載なられ、一々帳面の上下には名主、及び奉行殿の検印厳しくなられ候。

檀那寺の寺請証文これなく候ては、嫁取り一切叶わず、葬送・回向《えこう》なども亦実家・檀那寺にて取行う事に候。依て一家の先祖に真宗加わり、浄土宗加わり法華宗加わり、なかなか多宗派に相亘《あいわた》り候」（『島原寛永復興と宮田氏由緒書』）

右は、「公儀百姓」として、佐賀県川副村《かわぞえむら》から北有馬村折木に移住して来た宮田家文書からの引用であるが、移住して来て「宗門改め」の厳しさに驚いている様子が詳しく記されている。

寛文四（一六六四）年、全国一律に「寺請制度」が実施されるが、キリシタンの天草・島原では、これに先駆けて元和三（一六一七）年頃から、キリシタン対策として、檀那寺制度が行われていた。

寛永十九年頃に移住して来た宮田氏のような人たちにとって、島原領での制度は驚きであったろう。「公儀百姓」の大方はキリシタンでない人たちを選んでの移住であったのかも知れない。

寛永二〇（一六四三）年、荒野となった有馬領に、杖を曳き歩みを進めてきたのが、大智と同じ肥後出身で、明峰派に属する雲山愚白である。大智禅師ゆかりの加津佐村に至り、岩殿山内の水月庵跡に庵を結び、今日の巌吼寺の開祖となるのである。今も岩戸山内の海岸には、愚山の名を記した境界石標が残る。

第一章　司牧の旅人　聖フランシスコ・ザビエル

日本文化の伝道者として著名なアメリカ人で東北大震災後、日本国籍を取得していたドナルド・キーン（一九二二～二〇一三）に、平安時代から徳川時代までに書かれた八〇編の作品分析を通じて、「日本人の精神性の有り様《よう》」を追求した『百《はく》代《だい》の過客《かかく》―日記にみる日本人』（朝日選書）という著作がある。

「百代の過客」とは、松尾芭蕉の『奥の細道』の冒頭の一節、「月日は百代の過客にして、行きかふ年もまた旅人なり。舟の上に生涯をうかべ、馬の口とらへて老いをむかふる者は、日々旅にして旅をすみかとす。古人も多く旅に死せるあり」や、盛唐の詩人李白の「春夜宴桃李園序」の一節「それ天地は万物の逆旅（宿）にして、光陰（月日）は百代（永遠）の過客なり」などに残る言葉である。

八世紀の李白、十七世紀の芭蕉、二十世紀のキーン氏らが、時空を超えて共有している人間観は「人はこの世を過ぎ行く旅人である」ということである。

十六世紀中葉、怒濤万里の海に木の葉のような帆船に命を預け、キリスト教の宣教に身を捧げた聖フランシスコ・ザビエル師や多くの来日の宣教師たちもまた、そのような旅人の一人であった。一切の世俗的なしがらみを断って、神に身を捧げた人であっても、やがて通り過ぎて行く旅人であった。

一四九二（明応元）年、バスコ・ダ・ガマによってインド航路が開かれると、ポルトガル王室は、インド洋の要地に商館を設置してアジアの香料貿易を国営化し、貿易ルートの安定化を図るとともにカトリックの布教・保護も行った。

一五四一（天文十）年三月の初め、ポルトガル国王ジョアン三世が、教皇パウロ三世にインド地域での伝道に従事する者の派遣を要望した結果、イエズス会のイグナチオ・ロヨラは、最終的にフランシスコ・ザビエルの派遣を決定する。

「インドのゴア司教区には、司教座聖堂や修道院があって、フランシスコ会のアルブケル司教の許に千人以上のフランシスコ会士がいた」が、イスラム教徒やヒンズー教徒の勢力に抵抗しきれなかったため、異教徒の改宗を旗印とし、積極的な海外進出を目指したイエズス会に新たな開拓を依頼したのである。

一五四二（天文十一）年五月六日、クーラン号乗船のザビエル師は、ポルトガル領インドの首都ゴアに到着する。当時ゴアに住むポルトガル市民は千八百人、軍人が三千六百人で、ヨーロッパからの女性の渡航は禁止されていたので、現地女性との結婚が認められていた。

そのため宣教師は、異教徒の婦人や女奴隷、混血児などをキリスト教に導かねばならなかった。到着したサビエル師は、まずインド南端のコモリン岬一帯の五万を超える漁夫海岸の人々の改宗や司牧に力を致すことになった。

一五四五（天文十四）年八月末、新しい信者がいるマラッカへ行こうとしているザビエルに、司祭館で共に過ごしていた司教代理ガスパル・コエリュ（一五九〇年、加津佐村で初代の副管区長在任中、逝去）は、使徒トメが建てたという教会の古材で作った十字架とロザリオを餞別として贈った。

マラッカ島での宣教中、モルッカ諸島のアンボン島に信者の村があり、宣教に有望であると聞くと、そこに赴き約一年三ヶ月も寝食を忘れて奔走する。

モルッカ諸島（オーストラリアの上辺部あたり）は、胡椒などより高価な丁香《ちょうじ》の世界有数の産地で、丁香一蕾《いちらい》から薬剤を、果実から油を採取したり、また肉豆冠《にくずく》からは、健胃剤・香味料・矯臭剤などが作られ、これらにより中国・東南アジア・日本からの交易の場として栄えていた。

このモルッカ諸島では、やがて日本で後事を託すことになるコスメ・デ・トルレス師との出会いや、奇跡的な体験があった。それについて、島原市出身の先学故平湯晃氏の著書から引用する。

「沿岸貨物船でセラム島に渡った時、大嵐に襲われ、船は今にも転覆しそうになった。ザビエルは首に掛けた十字架を手にとり、神に願いながら十字架を波に浸した。その手に大波が打ちかかり、思わず十字架を海中に取り落としてしまった。嵐は一昼夜やまず、翌朝やっとの思いでセラム島の海岸に上陸した。ザビエルは、供の少年たちを連れて波打際をタミウラ村へ向けて歩いて行った。彼は十字架を失ったことに心が痛んでいた。

しかし、見よ！　波打ち際から大きな蟹が現れて、十字架を鋏にはさんで捧げながら、こちらへ進んでくるではないか。サビエルが砂の上にひざまずき、よく見れば、それは昨日荒波にもぎとられ海中に沈んでいった十字架にまぎれもなかった。ザビエルが鋏から十字架を取りあげると、蟹は波間に姿を消していった。ザビエルは神に感謝の祈りを捧げた」（『聖ザビエルの日傘』p四五）。

一六二二（元和八）年一月二十四日、教皇グレゴリオ十五世により、聖人に列されたザビエル師を祝福して、マカオで製作された「ザビエルの日傘」には、武士の持つ楯に「カニと十字架」（長崎・二十六聖人記念館に展示）が描かれている。

島原半島内には、いずれも禁教期に作られた墓碑や不動明王の足下に、ザビエルの故事を意図したかのように、蟹を彫刻したものが、加津佐、南有馬町吉川（二）、口之津、国見で見受けられる。

南有馬吉川墓地の蟹線刻の墓碑

一五四六（天文十五）年三月末、アンボン島に帰ったザビエル師は、ポルトガル艦船に拿捕《だほ》されたスペイン軍艦を見た。モルッカ諸島の帰属を巡る、ポルトガルとスペインとの紛争は、一五二四年にスペイン国王カルロス一世が「モルッカ諸島の権利を三五万ドゥカード（一ドゥカード・邦貨一万七千五百円）」でポルトガルに売却したことで決着が付いていたのであったが、本国を離れた現場では、利害が優先する所為《せい》であったろう。

拿捕された艦船に、従軍司祭としてアウグスチノ会士四名が乗船していた。その一人のコスメ・デ・トーレス師に共感するものがあったという。

一五四八（天文十七）年三月六日、サビエル師は、ゴアの聖信学院（一五四三年、「信仰弘布兄弟会」からイエズス会が運営を依嘱されていた）で霊操中（四週間に分けて、キリストの生涯と死と復活とを黙想する行為）のトーレス師と再会し、間もなくイエズス会に入会させ、日本行きの仲間に加わってもらうことになる。

サビエル師の日本行きの考えは、サツマ国の商人アンジロウ（一五一一?～一五五二?）との出会いによって生じていた。彼は聖パウロ学院で学び、ポルトガル語ができた。

九月初旬、ポルトガルの艦隊が到着し、五名のイエズス会士が赴任して来たが、その中でスペインのコルトバ生れで快活な青年ファン・フェルナンデス修道士がいた。ザビエル師はこの青年も日本に連れて行こうと思った。

十一月中旬、聖信学院で新来の学院長ゴメスと三人の神学生と出会う。神学生の一人は、一五三二（天文元）年、リスボン生れのルイス・フロイスであった。

ザビエル師の日本渡航については、ゴアのフランシスコ会のアルプケルケ司教やガルシァ・デ・サ総督、マラッカの長官ペドロ・ダ・シルヴァ（インド航路の開拓者パスコ・ダ・ガマの子息）ら政府、教会関係者の物心両面からの手厚い支援を受けて準備は整えられていった。

ザビエル師は、イエズス会総会長イグナチオ宛に日本渡来の心情を述べた。

「予は心中深く励まされて、たとえ予の全生涯にかつてなき大なる危険に曝される事は分かりきった事とは云え、日本行きの計画を捨てることはできない。

日本人の間に、私たちイエズス会員が生きているうちに霊的な成果を挙げておけば、彼らは自分たち自身の力でイエズス会の生命を持続してゆけるだろうと思う」（一五四九（天文十八）年一月十二日付・書翰）

この宗教と人間の関わりを見越した文章には、禁教期の「隠れキリシタン」の存在を見据えているかのような自信が感じられる。

渡海の船は、シナ人の戎克《じゃんく》で、アヴァン船長のものであった。シルヴァ長官はザビエル師らの安全に配慮し、アヴァンの妻と財産とを担保とした。

一五四九（天文十八）年六月二四日、洗礼者ヨハネの祝日に総勢八名でマラッカを出帆した。

フランシスコ・ザビエル神父（四四歳）
コスメ・デ・トルレス神父（三九歳）
ファン・フェルナンデス修道士（二三歳）
日本人アンジロウ（一五四八年受洗、パウロ・デ・サン・タ・フェ）
召使ジョアネ、従僕アントニオ（共に日本人）
シナ人従者マヌエル、インド人アマドール

八月十五日、一行は、航海中、交趾《ベトナム》支那・広東・漳州に寄港しながら、聖母被昇天の祝日に鹿児島港稲荷川に着岸し、宣教を目的とした外国人としては初めて日本上陸の第一歩をしるした。

「私たちは、心からの良い友であるパウロ・デ・サン・タ・フェアの土地で、その長官や町の支配者から心のこもった温かいもてなしを受けました。またすべての住民からも同様でした。どの人もポルトガル人たちの土地から来たパードレたちを見て、非常に驚いていました。誰もパウロがキリスト教徒になったことを別に変だとは思わず、むしろそのことを大いに称賛しています。彼の親戚もその地の人々も皆パウロが、インドへ行ったことやここの人が見られないことを見て来たことで、彼のことをとても喜んでいます」（一五四九年十一月五日・ザビエル書翰）。

航海の果ての未知の国は、一行を温かく迎えた。かつてサン・タ・フェアが、殺人を犯して夜逃げのように郷里を出奔《しゅっぽん》していたことを咎《とが》めようともせず、異国での貴重な体験をして来た男として持て囃《はや》すのである。三人の修道者も安堵の気持になり、この地での宣教に大きな希望を抱いたことであろう。

当時の薩摩国守護大名は、第十五代島津貴久である。その地位は国内の政治状況から安定しているとは云えなかったが、「外様《とざま》の国人領主」を守護配下に組込むと同時に、「譜代家臣団」の増強により着々と地位の安定を図っていた。

父忠良は、南九州にあった数軒から数十軒を単位とする「門・かど」という共同体に着目し、門の代表者「門主」を「在地の地侍」として組織し、強力な軍団として誕生させていた。それに加えて日頃は農耕で生活しながら、「いざ鎌倉」となれば、おっとり刀で駆け付けるという「農村郷兵」制度も誕生させていた。

貴久の勢力範囲は薩摩中南部で、北部には入来院・祁答院《けどういん》・東郷氏などの渋谷一族がおり、大隅北部には蒲生・菱刈・北原の国衆がいて、その背後には人吉を本拠とする相良氏がいた。また日向・佐土原の伊東氏も国力の充実に努めており、いずれにしても安閑としておれる状況ではなかった。

この頃、加治木城主肝付兼演《きもつきかねひろ》と吉田城の伊集院忠朗との戦で鉄炮が使われた。貴久が、外来の鉄炮の威力を知った頃、ザビエルの鹿児島上陸であった。

アンジロウは、まず領主貴久に拝謁し出奔の弁明をする必要があった。貴久にとりアンジロウの出現は、将来予想されるポルトガルとの交易のパイプ役として役に立つはずの者であった。アンジロウは、マラッカやゴアでの見聞や体験をひたすら奏上したことであろう。これにより彼の過去は不問に付されたと思われる。一ヶ月ほど過ぎた九月二九日、今度はサビエルが貴久を訪問することになった。

「ザビエルは異国人であったので、国王（貴久）から歓待された。ところで司祭が最も願っていたのは、特に日本国中の最強の国主の許へ出向くことであり、都に居を構えている天皇（後奈良天皇）は、もはや前任者たちほどの権威をなくしているとは言いながら、全日本六十六ヶ国における最高にして正統な君主であることを聞き知っていた。そこで司祭は薩摩の国王に対して、自分を都に派遣してほしい、またそこへ行くことができる船を用立ててもらいたいと切に要請した。国主は喜んでそれに応ずる態度を示し（中略）一行は彼が約束を果たす日を待ち続けたが、彼は決してその約束を履行しはしなかった」（『日本史』巻6・第二章p四二）。

鹿児島市の上手、稲荷川の上流の玉龍山の麓に、島津家の菩提寺で領内随一の大寺院福昌寺（明治の廃仏毀釈令により廃寺）があった。開山は曹洞宗の高僧石屋真梁《せきおくしんりょう》である。最盛時には玉龍山一帯に広大な寺領を有し、豪華な伽藍が立並び、百名ほどの役僧がいて領内信仰の中心としても栄えていたという。

天文十五（一五四六）年三月には、後奈良天皇の勅使が下り、直願所の綸旨を賜り、時の東堂第十五世忍室《にんじつ》和尚に、「仏照大円禅師」の法号が与えられた。アンジロウからかねて日本仏教の「座禅の黙想」のことを聞き、イエズス会の「霊操」との類似を感じていたザビエル師は、忍室和尚を福昌寺に訪ねた。

忍室和尚は、八十歳くらいの老人で、学識・人格・識見に至るまで欠けるところのない高僧であった。ザビエル師にとっては、この高僧の説得なくして今後の宣教は成り立たないという覚悟の訪問であった。

和尚は、ザビエルが「六千レグワ（約三万六千キロ）」の道を越えて来たことに、驚嘆しながらも、駘蕩《たいとう》たる表情でザビエルと接していた。

和尚が「霊魂の不滅について確信を持っていない」として、ザビエルが「霊魂の不滅」を説き、「キリストを信じる者は、死して後、永久の生命を得る」と言うのを、笑みを浮かべながら聞いていた。この高僧にとっても「新しい宗教がもたらされた」との認識はなかったのであろう。

来日半年ほどしてザビエルたちは、アルファベット表記によるローマ字で「鹿児島教理説明書《カテキズモ》」を作り、これを使って一日二回の説教を行った。

「福昌寺に通じる石段の最上部に座って、目を天に向け、教理書を開き、その中の玄義を声高に読み進むのを、アンジロウの通訳で物見高い聴衆に説明した」（『日本教会史』下・ロドリゲス）と云う。

「デウスを大日」、「パライソを極楽」、「インフエルノを地獄」などと置換えた苦心の言葉が語られたのであろう。これでは聴衆や僧侶から「新しい仏教の一派」の説教と受取られても仕方がないことであった。

一五五〇（天文十九）年六月頃、ポルトガル船が初めて平戸に入港していることを知り、「パードレ・フランシスコは発熱し、食欲欠乏の病を患いてありたるに拘わらず、印度及びヨーロッパよりの書翰を受けとらんために、夏の炎熱中平戸に向かい給へり。通訳のため一日本人（ベルナルド）を連れたるのみ」（『日欧交通史の研究』岡本良知訳）とある。

一ヶ月ほどで鹿児島に戻ったザビエル師に対して、貴久の態度は冷淡になっていた。ポルトガル船が薩摩ではなく平戸に入港が原因であったかも知れない。殿の不興に乗じて、僧侶たちのザビエルや信徒たちに対する排斥の気風が生じた。仏僧たちの騒ぎを恐れた貴久は、ザビエルへの「布教許可」を取消し、「キリシタンを信じる者は斬罪」に処するとの布告まで出すに至った。

鹿児島では、日本人ベルナルドを始め市来城家老のミゲル（日本名不明）、アンジロウの家族・親戚・友人や宿主マリアなど約百名に洗礼を授けたとされるが、この状態ではこれ以上の鹿児島での宣教を断念せざるを得なかった。

上陸の際感じていた希望は潰えたが、歓迎を受けた西国の平戸がザビエルの脳裏に浮かんだ。

九月、全ての後事をアンジロウに託して、サビエル師一行は平戸へと、「神を信じる証し」の旅を進めたのであった。

平戸から山口・帝都への旅

七〜九世紀頃の「遣唐使船」の航路として、主要な二航路があった。
北路―壱岐・対馬を経て、朝鮮半島に達し、洛陽、長安を目指す。
南路―博多から五島列島へ向い、東シナ海を横断し、中国の長江河口、あるいは杭州湾岸に到着

ところがほとんど利用された実績がない「南島路」というのがあった。博多津から平戸島を経て、天草、薩摩に沿って、島々を種子島・屋久島・吐火《とか》羅《ら》・奄美島・徳之島・沖縄島・久米島・石垣島と伝って南下し、東シナ海が比較的狭まっている辺りを横断し長江河口域、杭州湾沿岸に着岸する航路である。ただし、この航路は十五、六世紀の「倭寇時代」になり、なかでも種子島を中継とする中国沿岸からの密貿易のルートとして大いに活用された。

天文十二（一五四三）年の種子島への「鉄炮伝来」、同十八（一五四九）年のサビ

エル一行の鹿児島上陸も「南島路」の航路であったろう。同二十一（一五五二）年には、バルタザール・カーゴ神父はマカオから二人の修道士と共に種子島を経由して豊後へと向っている。

ザビエル師一行の平戸行きについては、市来ミゲル殿から貸与の小船で、この南島路を逆に遡航《そこう》したと思われる。すでに海運業者や漁業者には安全で十分馴染みのある海路であったろう。

平戸港に碇泊していたポルトガル船は、ドン・フェルナンド・デ・メネーゼス船で、入港するザビエル師一行を祝砲を以て迎えた。

ザビエル師らは領主松浦隆信に拝謁し、城下の家臣の家を宿舎として与えられた。一行六人が止宿できた屋敷は、広壮で格式ある者の屋敷であったと思われるが、姓名は伝えられていない。

元和五（一六一九）年十一月二六日、絵描きのレオナルド木村（十一月十八日・火刑殉教死）の甥で長崎でアンドレア徳庵ら十一人と共に斬首され、殉教者となったアントニオ木村について「アントニオは、我らの福者メストレ・フランシスコのかの地における最初の宿主で、彼の洗礼を授けられた人の曾孫《ひまご》であり、（中略）祖父母は我らの至福なるパードレ・フランシスコがかの地において最初に泊まっていた家の人で、また彼によって洗礼を授けられた者である」（一六二二年『殉教録』マヨリカ神父）とあることから、平戸での宿が「木村家」であったと判明するが、当時の松浦家の家臣に─木村という氏名の者は見当たらないと云う。あるいは幕府に阿《おも》ねて抹消されたのであろうか。なお日本人最初の司祭となったセバスチャン木村もレオナルドと同じく、平戸・木村の孫であった。

「惣じて道可様は、果報も武運も満足の仁《ひと》にて候故に、平戸津へ大唐より五峯と申す人罷《まかり》着《つ》きて、いまの印山寺屋敷に唐様《からよう》に屋形を建て罷住み申しければ、それを砦《とりで》にして大唐の商船絶えせず、剰《あまつさ》え南蛮のくろ船とて初めて平戸津へ罷着きければ、唐・南蛮の珍物は年々満々と参り候間、京・堺の商人、諸国の人皆集まり候間、西の都とぞ人は申しける。然《しか》れば南蛮船より、きりしたん宗とて珍しき仏法僧渡りけり。昔より神社仏寺は、皆天狗なりとて笑いけり」（『大曲記』大曲藤内）とある。

道可様とは、平戸第二十五代領主松浦隆信（一五二九～九九）で、永禄十一（一五六八）年に薙髪《ちはつ》（出家）して道可と号した。

黒船の到着に中央商人が参集し、その地がいかに賑いを極めたかが簡潔に表現されている。そしてキリスト教は「珍しい仏法」との認識であった。

大唐の五峯とは、倭寇の巨魁王直《きょかいおうちょく》のことで、明国を追われて平戸に亡命しており、勝尾岳東麓の印山寺（平戸市鏡川町）に屋敷地を戴き屋形を構えていた。

隆信はこの王直を通じて外国貿易の利潤を得て、佐賀の龍造寺や隣接する大村、それに有馬などと覇権を巡る争いへの、兵力の充実を試みていたのであった。

ポルトガル人から敬意をもって迎えられたザビエル一行を見て、黒船への警戒も緩み、この機会に「鉄炮など最新の武器の入手」を得ようと思ったのか、仏法僧ザビエルへの「キリスト教布教」は許可された。

現帝京大学の高橋裕史氏によれば、当時の日本イエズス会は、領内布教の許可を手にするため、外交儀礼として武器を献上する「教団外交」を行っていたと云う。山口の大内義隆を訪れ、周防《すおう》での布教許可を求めたザビエルが「三つの砲身を有する高価な燧石《ひうちいし》の鉄砲」を贈ったところ、「誰しも望みのままに、その教えを信じてもよい」との許可を与えた。鉄砲は交易の目玉であった。

天文二十三（一五五四）年頃になると、「（隆信殿は）ポルトガル人のよき友にして、宣教師を喜び、住院を建つるところを与えよう」と云っていたのが、仏僧らの排斥の訴えに押されて次第に敵視するようになり、終生彼自身がキリスト教に身を投じることはなかった。

天文十九（一五五〇）年十月末、平戸にトルレス師と二人の従僕を残し、ザビエル師はフェルナンデス修道士と鹿児島のベルナルドを伴侶に、天皇による都での布教許可や比叡山の僧院大学訪問を胸中に抱きながらも手段が見出せないまま、まず山口をめざした。

山口では領主大内義隆の好意により、都に到着することは出来たが、荒廃した都では、何の成果もなく四ヶ月の旅を終えて平戸へ帰った。

ヴァリニャーノ師が後に「都に於て彼ら両人とも唖《おし》のようで一言も喋らず」と評したのは、多少は日本語を喋れたフェルナンデスとベルナルトの言葉が、独特のアクセントや語彙《ごい》からなる薩摩弁が主であったからではなかったか。

未知の国の旅の空で「貧相な装いをしていたので、一行が赴いた数カ所では、路頭や広場で時々子供たちから投石されたり罵倒されたり」して、常人には堪えられることではなかったが「自分より後にこの同じ日本で伝道の企てを続行するキリストにおける息子や弟子たちに示した模範の端緒であり基礎とも云うべきこと」（『日』巻6第三章p五二）として旅を続けた。

トルレス師はその「旅の様子」を次のように伝えている。

「寒気も降雪もまた未知の人の恐怖も、彼が非常に危険なる旅程に上るのを妨げえなかった。また至るところ、盗賊の出没する海上に於て、人に見られないよう船の覆いの下に隠れていたことも度々であった。彼はまたたびたび貴人の馬丁《ばてい》となって道に迷わないやう疾走し、寒気や飢えのため死に瀕《ひん》し、雨に濡れて宿に着き、少しの慰安もなくて夜を過ごした。大雪および寒気のため脚は腫《は》れ、道嶮《けわ》しくて滑り、また荷物を負いて道に倒れることも度々で、村や町に着いての街路や広場では、子供に石を投げられるのもしばしばあったが、これにかかわらず説教をなして我が聖教を伝えり、（中略）彼は四ヶ月間日本各地方を旅行せしが、常に徒歩にして履物なき時も少なからず」（『日本通信』上・一五五一年九月二十九日付書翰）と。

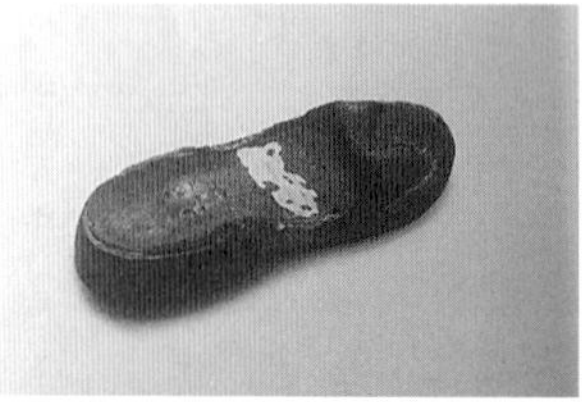

ザビエルのサンダル
（コインブラ・イエズス会蔵）

結城了悟師によれば、今なお「サビエルのサンダルの下の部分」が残されていると云う。そしてこのサンダルは、サビエル師の「歩いた道、訪れた所、宣教に必要なもの」であったとされている。

山口での宣教と豊後からインドへの帰国

ザビエル師が、「都でのキリスト教の宣教許可」を得るためには、繁栄を誇る周防国の首都山口で情報収集の必要があると思ったのは、平戸辺りまで及んだ大内家の隆盛ぶりを知ったからであろう。

松浦家二十四代興信《おきのぶ》は第二十五代大内義興《よしおき》の、二十五代松浦隆信は第二十六代大内義信の偏諱《へんき》をそれぞれ戴き「御一字の主人」と称していた。

天文十九（一五五〇）年十月末、フェルナンデス修道士と鹿児島のベルナルドを伴い、船便で博多へ行き、山口へは陸路を選んだ。

山口の町は、鹿児島・平戸と異なり、人口も多く派手やかで、何にもまして人々の宗教への関心の高さを示すように「百余の壮麗な精舎寺院」が軒を並べ、キリスト教宣教の可能性を強く予感させた。

ザビエルは、みすぼらしい旅籠屋《はたごや》を宿としていたが、師らの聖性に触れたこの宿の主人ウチダは、後に妻子と共に受洗を許された。

唐人に慣れた大内義隆もヨーロッパ人への興味からか拝謁が許され、上洛までの間の「宣教許可」を得て、サビエルはフェルナンデスを伴い、自作の「教理問答書」を以て「天地創造」のことなど、街頭での一日二回の説教を行った。

山口では、視力を失った高野聖《こうやひじり》を日本における最初のイエズス会修道士（佐賀・白石生）として受け入れ、ロレンソの名を与えた。

天文十九年十一月十日、一行は、安芸の楊井《やない》港から帝都へと出発する。船中で、堺の日比屋了珪の父クンド宛の紹介状をえた（『日』巻1・p一七）のは、イエズス会日本宣教の端緒として、まさに恩寵としか云いようがなかった。

帝都に到着してみれば、都は『応仁の乱』（一四六七～七七）や天文五（一五三六）年の『天文法華の乱』からの立直りが見えず、荒廃の中に沈んでおり、とても「デウスの種子を蒔《ま》く状態」ではなかった。

乱は、一向宗・法華宗・比叡山延暦寺など三者の僧兵にによる兵乱で、下京は悉く焼け、上京も三分の一が焼失し、死者は三千人とも一万人とも云われた。念願の「天皇の布教許可」など論外で、師らはわずか十一日の滞在で退去せざるをえなかった。

帰途は堺から乗船し、天文二十（一五五二）年一月下旬、四ヶ月ぶりに平戸に帰着した。後事を託していたトルレス師は、宿主トマ谷口とその妻子など四十人に授洗を行っていた。

一ヶ月ほどで長旅の疲れを取り、改めて大内義隆の許に乗込むには、「見た目」が大事との忠告を活かし、ゴア司教やインド総督の使者としての体裁を整え、荷駄を伴い出発した。大内義隆は、拝謁の席でインド総督からの羊皮紙の奉呈状を興味深く眺め、十三品目の贈り物には満足の表情を浮かべたと云う。

ザビエルには、領内での「布教と入信」の許可や住居として「無住の一寺」が与えられた。また返礼としてインド総督への使者派遣の意志も告げられた。

ザビエルは、早速、街路で「大日に祈れ」と説いた。キリストを真言宗で言う大日如来に擬《なぞら》えていたからである。ところが聴く者には「ザビエルが説く宗教は、天竺からきた新たな仏教の一派」との認識を与える事になった。

新派勢力と喜んだ仏僧らは、「師を僧院に招じ、大いに敬意を表し、厚く饗応」した。日本には古くから「神仏習合の本地垂迹説《ほんじすいじゃくせつ》」があって、ザビエルが「大日」と云う時、「キリスト教の神は、日本では大日如来に姿を変えて顕《あらわれ》ている」と曲解した故であった。

ザビエルは、自分たちが「天竺からの一宗派」と言われていることを奇異に思うようになり、その内「仏教」にも「キリスト教の観念」があるのではないかと思い、仏僧らに「三位一体や、キリストの托身《たくしん》、贖罪《しょくざい》」などの事を訊ねても、僧からの返答はなかったので、互いに「異質の宗教」であるのに「大日」の語を安易に使っていたことに初めて気づいた。日本上陸から二年が経過していた。

慶応大学の浅見雅一《まさかず》氏は「このことが契機となって、キリスト教用語の訳語をラテン語やポルトガル語を、そのまま使用する原語主義に徹することになった」と述べておられる。

寛永十四（一六三七）年十月の『島原の乱』蜂起の際、すでに指導する宣教師は誰一人いないにも拘わらず、『かづさ村寿庵《じゅあん》回状』には、キリスト教徒に呼び掛ける文書のごとく「ラテン語・でうす、ポルトガル語・きりしたん、ぜんちょ、いんへるの」などの原語が使用されている。

宣教活動の初期では、人々を入信に導く動機も様々で、キリスト教理とは無関係での入信も多かったものと思われる。

鹿児島上陸のザビエル師は、相当数の「聖母の絵」を持参していたと云う。それを見て「領主（家老ミゲル）は跪き、深い敬意と尊敬を以て聖画を拝した」とされるが、それは「異国の仏僧」がもたらした、彩色の「聖母子像」に民間信仰の「子安《こやす》観音像」を重ね見たからであったろう。

山口でのある日、「大日に祈るなかれ」と説くフェルナンデス修道士に、ツバを吐きかけた異教徒がいた。すると彼は「汗でも拭うように」それを拭き、平然として説教を続けた。それを見ていた聴衆は「かほどの修養を積ませる宗教は、定めて善《よ》いものに違いない」として、二ヶ月間に洗礼を受ける者が五百人にも達したと云う。

それにしても一度付けられた「天竺渡来の仏僧」との呼称はなかなか消え難いものであった。平戸でも「南蛮船からの渡来の仏法僧」と呼ばれた。

天文二十一（一五五二）年八月、山口の新領主大内義長（大内義隆の甥）が、トルレス師に与えた『大道寺創建の裁許状』にも「西域ヨリ仏法紹隆ノタメ来朝の僧」とある。司祭・神父ではなく、仏僧なのである。

永禄三（一五六〇）年五月、第十三代将軍足利義輝が、都のヴィエラ師らの保護のために与えた『允許状《いんきょじょう》』に「畿利紫旦国《キリシタンコク》ノ僧、波阿天連《バァテレ》」との呼称が見られる。おそらくこの頃から、バテレン、イルマンの語句が普通に使われ出したのであろう。

天文二十（一五五一）年八月中旬頃、ザビエルの許に、豊後府内にポルトガル船入港の知らせがあり、確認のため従者マテウスが遣わされた。

戻ったマテウスは、船長からの書翰や大友義鎮《よししげ》の招聘状《しょうへいじょう》などを持参していた。豊後行きを決めたザビエルは、軌道に乗りはじめている山口での布教や信者の世話の責任者として、平戸のトルレス師を呼ぶことにした。

豊後領主は若き大友義鎮（二二歳・後の宗麟）である。府内は古くからの交易港で、すでにポルトガル商人の住居などもあった。

ザビエル師は、大友義鎮から親しく迎えられた。入港のポルトガル船の船長は旧知のドゥアルテ・ダ・ガマで、乗組員にはこれも旧知のフェルナン・メンデス・

ピントもいた。師は、つかの間の安堵感に浸ったことであろう。

しかし日本滞在がすでに二年余にも及ぶのに、今回もまたインドからの書翰や、派遣を待望している宣教師らの到着がなかった。

師はインドでの異変を気遣い、ガマの船の出航後には山口に帰る予定を変更し、布教に必要な品々を調えるためインド・ゴアに行き、再び日本に戻る決心をした。

師は、事情説明とピントから貸与された「教会建設資金三百クルサドス（邦貨五百二十五万円）」を、平戸から到着していたトルレス師に送った。

ところが、九月二十一日になり、ザビエル師の許にアンジロウの仲間であったアントニオが、二通の書翰を届けた。

トルレス師からは「八月二十九日、山口で戦争が起り、陶晴賢《すえはるかた》による大内義隆の死で、国王が空位になった」こと、フェルナンデス修道士は「ザビエル師が豊後に出掛けた後のキリスト教界のことと、併せて山口が八日間、火と血の中にあり、戦争は国王死して止む」とあったが、「われわれにコレジヨ一校を建てるために非常に広大な土地を下された国王の死」については、共に特段の感慨が述べられてなかったのは義隆との接触の浅さからだと思われた。

天文二十年八月になると、山口では戦争勃発の噂しきりで、市中は兵士で溢れていた。

トルレス師らは教会所蔵の品を隠し、ザビエル師以来親交のあった長門国守護代内藤興盛《おきもり》の援助にすがり、彼の扶持する寺院の一室で二昼夜を過ごした。

世間には「渡来の僧の、仏への悪罵のための戦乱だとし、見付け次第殺害すべし」との噂が流れ、トルレス師らは生死の狭間《はざま》にいたことになる。

「大内殿富貴、この頃天下に無双なり。栄花の繁昌にて詩歌管弦ばかりなり。かの門葉に陶尾張守、折々これを諌めけれども、義隆卿用い給わず、日夜遊宴も隙《ひま》なし」（『中国治乱記』）とあって、かつて赫々《かくかく》たる戦国武将であった大内義隆は、公家文化信奉者へと傾《かぶ》いて、自身も公家になろうと思うようになっていた。

しかし義隆を取巻く軍事状況は厳しく、出雲を本拠とする配下の尼子《あまこ》晴久との攻防や大内家門ながら瀬戸内海制覇により着実に実力を蓄え、今や義隆を凌駕《りょうが》する勢いの毛利元就《もとなり》の存在など、遊興に日を送れる状況ではなかった。

天文二十年九月朔日、陶尾張守晴賢《はるかた》の諌言にも耳を傾けようとしない主君義隆に呆《あき》れ果てたのか、大内家存続のためとして、晴賢は義隆を自刃に追い込み「政権を簒奪《さんだつ》」したのであった。

九月朔日の己の刻（午前九～十一時）、深川の大寧寺で義隆切腹、国外逃亡を図ったのが不調に終わったためだと云う。

大内氏は、推古天皇二十（六一二）年前後に朝鮮半島から帰化した氏族で、およそ九百四十年ほどの歴史を有する名族である。その太守大内義隆の下克上《げこくじょう》による死は、世間に衝撃を与えた。倒潰《とうかい》の要因は、尚武《しょうぶ》を忘れた義隆に対する重臣間の分裂にあった。その張本人は武断派を任じた陶尾張守晴賢《はるかた》であったが、自身は西国地方に覇《は》を唱えるだけの器量に乏しかったと思われる。

戦略家の毛利元就はそこを見透《みすか》して、陶晴賢が己の陣営に引込もうとするのに加担することはなかった。家臣から見限られた義隆排斥は、唐突なことではなかった。

天文十八（一五四九）年、筑前の花尾城主麻生余次郎が、家臣小田村備前守を弑《しい》した。この麻生と陶晴賢は義兄弟の間柄で、「義隆父子を弑し、猶子（兄弟の子）大友晴英《はるふさ》（母は義隆の姉）を大内家に迎える」との謀議に、小田村備前守が賛同しなかったための殺害であった。

その後、麻生弥五郎なる者が、豊後の大友義鎮《よししげ》（のちの宗麟）を訪れて、弟晴英《はるふさ》の大内家への入籍を申しでた。

義鎮は、大内家にはすでに良豊（十六歳）、義尊（七歳）の二子がいることや、自身も父義鑑《よしあき》から廃嫡されそうになった「二階崩れ」の体験から、難色をしめしたのだが、肝心の晴英が承諾したので入籍は成立した。

天文二十一（一五五二）年三月二日、大友晴英は山口に入国し義長を名乗る。

新太守となった大内義長（晴英）は、ザビエル師に、山口での布教と宣教師の保護を約束してくれていたので、トルレス師らの安泰は保証された。

弘治三（一五五七）年二月中旬、毛利元就は八千余騎の軍勢で、義長（晴英）が籠《こも》る長門勝山城を攻める。勝利を目前にした元就は、豊後の義鎮に「助けて送り申すや否や」と言いやると「義長は弟にては候へども近年不快の事あり～早々ご生害あるべし。さりながら義長、瓢箪の小壺（茶入れ）持参、これ重大の物に候間、給わるべく候はば忝《かたじけ》なうすべし」（『中国治乱記』）と返答した。弟の命を顧みることなく、小壺を取ったのである。

豊後での五十日が過ぎる頃、そろそろガマの船の帰帆の時期が近付いていた。ザビエル師はガマ船長らと共に大友館を訪れた。義鎮の好意に謝意を述べるなかで「人の死は突然襲ってくるものであるから、その前にデウスの御法《みのり》をお受けなさるようにと懇切に語ると、義鎮の顔色が二度も変わり、目に涙が溢れた」（『日本教会史』ロドリゲス）と云う。師に慈父の片影を見たのであろうか。

しかし、義鎮の受洗は、天正六（一五七八）年七月二十五日、二十数年後のことになる。

一五五一（天文二十）年十一月十五日、ガマ船長は沖ノ浜港（一五九六年九月四日、別府亀川沖地震により消滅）を出帆する。

同伴者は、ポルトガルとの国交樹立のためインド副王への義鎮の使者上田入道玄佐と従者二人、ヨーロッパでの神学習得を希望する鹿児島のベルナルドと山口のマテオ、ゴアからの宣教師を日本へ案内するジョアネとアントニオ（アンジローと帰国していた日本人）らである。

一五五二（天文二十一）年二月中旬頃、インドのゴアに到着する。

ゴア滞在二ヶ月の間に、聖パウロ学院長兼インド副管区長の更迭《こうてつ》や、問題あるイエズス会員十名の追放、日本派遣への学識ある宣教師の選抜、それにベルナルドらのヨーロッパ派遣の手続きなどが行なわれた。

上田玄佐はゴアに着いて、ザビエル師から洗礼を受け、ロレンソ・ペレイラの名を与えられた。当時、ゴアの聖パウロ学院にはフロイスも寄留していた。

日本では貧相な修行僧であったザビエルが、インド管区長として権威ある地位にいることと事務処理の手際に、ベルナルドらは改めて驚きを禁じえなかった。

四月十七日、ザビエル師は、日本へ帰る上田玄佐らや日本派遣のバルタザール・カゴ神父、デュアルテ・ダ・シルヴァ、ペドロ・デ・アルカソバの両修道士らと共にゴアを出立する。

一五五三（天文二十二）年三月になり、ベルナルドは、ポルトガル人修道士に連れられてゴアを出立した。共にローマを目指していたマテオは、ゴア到着数ヵ月後に病歿していた。

一五五四（天文二十三）年二月四日付の書翰で、リスボンのポルトガル管区長ミロン神父は、「一人はゴアで死亡、他の一人（ベルナルドだろうか）は、当地に到着したが病床にある」記しているが、共に異国での風土・生活環境の変化などのためであったろう。

一五五五（弘治元）年一月五日、ベルナルドはローマに到着し、ザビエル師の紹介によって、イエズス会総会長ロヨラ師との面会や、ローマ教皇パウロ四世の御足に接吻するなどの栄誉に浴した。

一五八五（天正十三）年、遣欧少年使節団の中浦ジュリアンが、教皇グレゴリオ十三世の御足に口づけする三十年前のことである。

一五五七（弘治三）年三月より少し前の日に、修学途中のベルナルド永眠、肝臓管閉塞による病死であったと云われている。

平成二十二年、純心大学の片岡留美子師は『長崎学研究第14号』に、コインブラ聖堂の地下に眠る「ベルナルドの墓碑」墓参のことを寄稿されている。

一五五二（天文二十一）年五月二十一日、ザビエル師らはマラッカに到着する。マラッカでダ・ガマの船で帰る上田玄佐や派遣のカゴ神父らと別れ、サンタ・クルス号で来る、明国へのポルトガル国王使者ディエゴ・ペレィラを待った。

日本滞在中から「日本に対して宗教的にも文化的にも影響力の強い中国での改

宗事業への新たな思い」を強く抱いていたザビエル師は、国王使者との同行であればすんなりと中国入国が可能だとの考えからである。

ところが、マラッカでペレィラの到着が待たれていた間に、ガマの兄弟で海軍総司令アロバァロ・デ・アタイデは、ペレィラによる中国貿易の独占を危惧したため、横槍をいれて、ペレイラ大使派遣を頓挫させてしまった。

八月末、ひとまずシナとの密貿易基地の上川島で、中国渡航の機会を待ったザビエル師であったが、十一月になるとポルトガル船はマラッカへ帰港する慣例であったので、ペレィラのサンタ・クルス号と豊後で出会いのあったアラガンのジャンクだけが残った。

一五五二年十一月二十一日の朝、ザビエル師の身に異変が生じた。二十六日になって意識が失われ、十二月二日金曜日、枕頭にいた従者のアントニオ（日本人）は「イエズスの聖名《みな》を呼び、静かに創造主なる御父に魂を返した。師の身も顔も平安に充溢れていた。時は一五五二年十二月三日、土曜日の夜明け前であった」と記した。

第二章　ご大切の使徒アルメイダ　有馬領での宣教

ルイス・デ・アルメイダ（一五二五～八三）は、ポルトガルのリスボンで生れた。ポルトガルのユダヤ人の子孫で、カトリックに強制改宗させられた人たちの子孫であることから、「マラーの豚」との蔑称《べっしょう》で呼ばれることもあった。

風貌は日本人に似て肌浅黒く頭髪・瞳孔も黒く、中背でやせ形であったと云う。

一五四六（天文十五）年三月三十日付で、ポルトガル王室秘書局から外科医の免許を下付された。イエズス会入会後、豊後の病院で日本では未知の銃傷への治療法や近代的な病院建設を実現したことは画期的なことであった。

一五四八（天文十七）年九月以降、ゴアに至り東洋貿易に参加し財をなした。

一五五二（天文二十一）年八月十四日、共同経営者ドゥアルテ・ダ・ガマの船で種子島に到着する。この船には、ザビエル師派遣の宣教師バルタザール・カゴ神父とドアルテ・ダ・シルヴィア、ペドロ・デ・アルカソヴァの両修道士も乗船していた。アルメイダは、鹿児島から平戸を経て山口に至り、日本布教長トルレス師を訪ねた。

一五五五（弘治元）年七月、アルメイダはそれまでの貿易の仕事を止め、ガマの船で平戸に上陸する。そのまま豊後府内へ行き、カゴ神父の指導で心霊修行を行い、翌一五五六年六月頃、トルレス師よりイエズス会への入会を許される。

「イエズス会に入会したアルメイダは、（中略）一五五六年十二月ないし五七年一月に病院を建て～この事業を支えるために互助組織として〈慈悲の組《ミゼリコルディア》〉を作った」（『日本キリシタン史の研究』五野井隆史）。

「ルイス・ダルメイダと称して外科医術に精《くわ》しく、ラテン語を修めたる一青年（日本へ）行きたり。それは四、五千クルザード（邦貨七千万から八千七百万円）を有す。

島原市・島原半島殉教者教会敷地内に立つアルメイダ像

この青年は御主に動かされ病める貧しき基督教徒の欠乏と頼りなきことに同情して、かの地に留まりたり。併してその費用にて一病院を造りて貧しき人々を収容し、最大の親愛と慈悲とを以てそれらの人々を治療す」（一五五六年一月七日付・修道士フロイス書翰）。

一五六〇（永禄三）年七月、病院運営がようやく軌道に乗ったと思われる頃、豊後府内に入港したマヌエル・メンドーサの船便で、トルレス師の許に一通の通告状が届いた。それは一五五八年のトレント公会議で決議された「医療禁令」である。―聖職者の地位にある者は、人間の生命に直接かかわる医療施術、生死の判決にかかわる裁判官（法律家）の職に就いてはならない―と云うものであった。「聖職者は、死すべき宿命をもった人間の魂の永遠の救済こそ、真の職務である」との趣旨の「医療禁令」であった。

これによりイエズス会士らは病院での施療関係から、一切手を引かなければならなくなった。医療施術の分野からアルメイダが去る事の痛手は、計り知れないものがあった。当時の日本では外科的創傷は不治とされていた。

時代は、商人・医師よりも宗教的な活動家に重きを措《お》く時代であったので、以後、アルメイダはイエズス会の外交官として「ご大切（イエスの愛）の道」で東奔西走することになる。

一五五六（弘治二）年五月初め、戦禍により灰燼《かいじん》に帰した山口で、教会・住居などを焼失したトルレス師らは、平和が戻るまでの間を豊後に難を避けることにした。

七月初旬、豊後府内の港にフランシスコ・マスカレニャスの船が入港した。乗船のインド管区長メステレ・ベルショール・ヌネス、ガスパール・ヴィレラ神父と四人の修道士、それに五人の孤児の十一人が上陸した。

しかし、ヌネス管区長は「日本の食事・住居に馴染めない」として、三ヶ月でゴアに去った。

一五五八（永禄元）年、平戸にいたパルタザール・カゴ神父の博多配転により、来日二年めのガスパール・ヴィレラ神父（三一歳）が、豊後から平戸に派遣された。

アントニオ籠手田が支配する島々で宣教中、宣教師として功を焦る余りか、後代までのイエズス会宣教の汚点となる禍根を残すことになる。

「ぱあでれは（少しでも速やかに異教の古い根を、彼らの心から引抜くために）方々の社寺から偶像（神性を宿すもの）を寄せ集め、或は仏や日本の諸宗派の書物など厄介物を俵に詰めて、海岸まで曳いて行き、そこでそれを積み重ねて、それに火をつけた」（東洋文庫『日本史』巻1・p二一二）。これに僧侶は怒り、松浦隆信の不興にもふれたため、平戸のキリシタンを始め、入港のポルトガル船員や商人の祈りの場であった教会は破壊され、ヴィレラ神父は平戸から追放されてしまった。

一五六一（永禄四）年七月、布教が閉ざされている平戸に、フエルナン・デ・スウザの船と他四艘が入港する。トルレス師は、偵察のためアルメイダを派遣した。

平戸以外での良港探索の使命も帯びていたアルメイダは、平戸を基地とする家船（水上生活）の者で平戸湾内の水先案内を勤めていたリベイロとゴノエ・バルトロメウとを相談相手とする。

二人は、大村領の横瀬浦港について測深調査も済まして良港であることを告げた。そして交易に関わっていたゴノエは、手回しよく大村家の筆頭家老伊勢守とも会って、開港がもたらす利益などを説明し、「トルレス師が大村へ来訪なされば、キリスト教の布教を許し、大村純忠殿の改宗すら期待される」との望外の返答を受取ったアルメイダは、報告のため豊後へ急いだ。
八月、ポルトガル商人と日本人商人との口論から、集団の抗争となり、カピタン・モールのフエルナン・デ・スウザ以下十二、三人が、松浦家臣により斬殺されるという「宮の前事件」が起きた。これを機にポルトガル商人の平戸敬遠の気風が生じ、イエズス会側が、大村純忠の横瀬浦開港に大きく傾く要因ともなった事件であった。

大村純忠（一五三三～一五八七）、父は第十代有馬領主有馬晴純入道仙巌《せいがん》、長男は有馬家十一代の有馬義貞、純忠は次男である。母は大村純伊女《すみこれのむすめ》。入道仙巌の先代有馬純鑑《すみあき》と大村純前《すみさき》（妻は仙巌の妹）との談合の結果、大村家にいた庶子（妾腹児）貴明《たかあきら》を武雄・後藤家にだして、純忠を大村家に迎えることになった。これが後々の大村家紛争の種となる。

天文七（一五三八）年、有馬純忠は、大村家の大村純前の養子となり、天文十五（一五四六）年に大村家の家督を相続する。

有馬晴純（一四八三～一五六六）、初名は賢純《まさずみ》、室町将軍足利義晴の一字を賜り、晴純、一五五二（天文二十一）年隠居、仙巌と称した。

最盛時には、島原半島有馬の日野江を本城とし、肥前各処に十一ヶ城を構え、有馬屋形と称され肥前最大の領主であった。また一門支配の拡充に努め、大村に次男純忠、松浦に三男盛《さこう》、千々石に四男直員《なおかず》、志岐に五男諸経《もろつね》を送り、版図の拡大を図っていた。

一五六二（永禄五）年、ペドロ・バルト・ローキンの船が横瀬港に入港する。「南蛮の商船始めて領内横瀬浦に入津す、これに依り諸国の商人彼土に来て町を建つ、彼地五年入津して其の後福田浦に来津せり」（『大村家秘録』）。

但しこの船は、インド発でなかったため、書翰や宣教師の到着はなかった。

横瀬浦港の意義について、安野真幸《あんのまさき》氏は「開港に際し、領主大村氏との交渉や港の測量は、全てイエズス会士が行った。（中略）開港以後、イエズス会士は、ポルトガル船の入港すべき日本の港に関する決定権（入港許可権）を持ち、南蛮貿易に対する強い発言権を持った」とし、また「中国の生糸と日本の銀を主な交易品とする日・中貿易は、これまでの中国人海商・倭寇の手から、ポルトガル船へと担い手は変わった」（『港市論《こうしろん》』）と述べておられる。

貿易船が、平戸から横瀬浦へ移った経緯を大村純忠から聞いた有馬仙巌と島原領主島原純茂とは、口之津港や島原港がある有馬領への入港を考え、トルレス師宛に「キリシタンへの改宗を考えるので、宣教師の派遣を要請する」旨の書状を持参させた。使者は「その領内にあって、ポルトガル人もここに赴き、日本全国の船貿易のため多く集まれる港の知事」とあることから、口之津代官の西但馬守純房であったと思われる。

この頃すでに九州の港には、私貿易のポルトガル船の出入りがかなりあったと思われる。乗組員の陸上での告解に宣教師や教会は必要なことであった。そのような事情を踏まえての「宣教許可や教会建設」など具体的な内容のある書状であったろう。トルレス師は使者を歓迎し、都合がつき次第、要請に応じるとの返答をなした。

一五六三（永禄六）年三月中旬、アルメイダ修道士は、通訳に筑前出身の若者ダミアンを伴い、横瀬浦から五日を経て島原に到着した。

島原純茂は、彼らを迎え宣教を許すと、アルメイダは朝・昼・夜と三回の説教を行い、島原を去るまでに五十人ほどに洗礼を授けることが出来た。なお純茂は僧侶の反対を思って自身の入信には触れず、「デウスのことは了解したので、娘をキリシタンにしよう」と言った。

四月五日、「高来に来て、デウスの教えを受入れた最初の高貴な方」である島原純茂の幼女（二、三歳くらい）に洗礼を授け、マリアの霊名を与える。

四月十一日の復活祭を横瀬浦で迎える約束であったので島原を立つ日が来た。

「数人のキリシタン、海路、予を見送りたり。その土地を去る約半レグワの一角を廻りし時、陸より招く者あり。（先日受洗の）キリシタンなることを知りて上陸せり。彼らは美麗なる海岸の砂地に、その国風《くにぶり》の饗宴を設けたれば、ともに食事をなし、終わりて予は彼ら及び海路予を見送りたる者と別れしが、十年來相知りし者に対するがごとき感をなしたり」（一五六三年十一月十七日付・アルメイダ書翰）と島原地域の豊かであった人情の様を述べている。

『土佐日記』の冒頭に、（九四三年）土佐での数年の県主《あがたぬし》の務を終え、京に帰る紀貫之の許に大勢の「知る知らぬ人」が集まって、別れの海辺で四、五日間、酒に酔い痴《し》れながら別離を惜しみあう描写があるが、アルメイダを招いた人たちや土佐の人たちの人なつこささこそ「日本人の心」を表わしたものだろう。

六月初旬、大村純忠は二、三十人の家臣を連れて、横瀬浦のトルレス師を訪ね洗礼を受け、バルトロメウの霊名を与えられた。

ザビエル師の日本布教から十四年め、初めてのキリシタン大名の誕生であった。

口之津の丘に立つ十字架

島原半島は、まわりを橘湾、有明海に囲まれ、胃袋のような形の半島である。食道から胃袋の噴門にあたる場所が関所を置かれた愛津（現愛野町）になる。

島原半島三市（島原・南島原・雲仙）の平成二十六年前半期の人口合計は、約一三万九千六百人である。

寛永十六（一六三七）年の『島原の乱』当時の村名を挙げると、愛津から時計と逆廻りに千々石・小浜・串山（北串山・南串山）・加津佐・口之津・有馬（南有馬・乱の主戦場・原城在、北有馬・有馬氏の本城日野江城在）までを半島西目、有家（西有家を含む）・堂崎・布津・深江・中木場《なかこば》・安徳までを南目と称した。この地域の串山から安徳までの全員が乱に参加し、その殆どが立返りのキリシタンであったとされている。

島原・三会《みえ》からは東空閑《ひがしくが》・大野・湯江・多比良・土黒《ひじくろ》・佐賀鍋島領神代（伊福・古部・伊古）・守山・山田・野井・愛津となり、この地域を北目と称した。

奇妙なことに同じ領主松倉ながら、島原・三会を除く北目地区からの乱への参加者はなく、乱蜂起の主因が「領主苛政」説とする時の泣所《なきどころ》になっている。

一五六三（永禄六）年は、「島原半島キリシタン史」では銘記される年である。

三月中旬、アルメイダは、筑前秋月出身で「初期の改宗のあらゆる効果は彼の努力によるところが多い」と言われるロレンソ修道士とベルショール・ディアス修道士（一五五六年来日）の二人を伴い、島原入りをし、島原純茂の幼女を始めとし五十人に洗礼を行った。その後、大村領横瀬へ帰り、復活祭を済ました後、再び有馬領島原から口之津での宣教を行う。

「肥前の国内での最も美しい地方の一つであり、ことに有馬の地がそうであった。この地には樹木の新鮮な緑の中に、大きく豪華な寺院が幾つかあって、そこへ大勢の名望ある仏僧たちが多数参集し（中略）人々の間に権勢を保っていた」（『日』10・三章p三四）、加えて城から三里距たった温泉《うんぜん》には著名な霊場があって、これらの僧院や僧侶が、これまでキリスト教が有馬の地に入り込むための著しい障害となっていた。

「口之津で宣教が始まったのは、復活祭（四月十一日）後である。アルメイダは通訳の日本人伝道士三人を伴い、十五日に横瀬浦を発ってまず大村を訪れ、五、六日同地に滞在して教理を説いた後、二十二日頃に日野江城のある有馬に着いた」（『島原の乱とキリシタン』五野井隆史）とあるのは、アルメイダの二度目の島原訪問のことである。

当時、横瀬浦から島原へは、船で針生瀬戸《はりお》を抜け大村湾を南下して大村に至り、大村からは陸路で諫早領の深海《ふかみ》か小長井に進み、再び船で有明海を南下して島原に着くのが最短の旅程であったと思われる。

それにしても、アルメイダの行動は、「耶蘇宣教師はなお浮き雲のごとし。空中に飛散し風の方向に従って、宇内《こくない》の各所に往来す」（『日本西教史・上』グラッセ著）をそのまま踏襲《とうしゅう》しているかのような行動である。

有馬領主有馬義貞（一五二一～七七）は、佐賀藤津地方での龍造寺隆信との攻防に苦悩する日々であったが、島原でのアルメイダとの慌ただしい会見の中で、口之津港域を含む全領内での「宣教許可」を与えた。

アルメイダは、島原から口之津へ赴く途中「有馬義貞の義父の地である安徳」に立寄り、安徳越中守得円との会見の時を得たと云う。

得円は京である僧から「都地方には、デウスの教えという新しい宗教（中略）従来日本に伝えられた宗教のうちで、最も立派な真実の教えの一つ」（『日』巻10・二九章p三三）があることを聞いていたと語り、義貞にも話していると言った。

それはそれとしても「（フロイスが）『義貞の室を安富越中入道得円の娘』とするのには疑がもたれる」（『日』巻10・二九章p四二）と松田毅一氏は述べておられる。

佐賀県藤津（現鹿島市）の、深江城主十二代安富下野守純泰の菩提寺源昌寺に伝わる『源昌寺由緒』（島原市・大久保昇編著）によると、義貞の室は、深江十代城主安富但馬守貞直の娘であると同時に、そもそも安徳村の領主で、安富越中守得円という人物の正体は不明である。

島原の領主は島原右衛門大夫純茂で島原町に本城・浜の城を置き、島原村・安徳村・深江村を管轄し、三会村の寺中城《じちゅうじょう》を支城としていた。

島原純茂の妻は「有馬の国主（義貞）夫人の姉妹に当たる殿の奥方」（『日』巻9・三章p五三）とあって、『源昌寺由緒』によると姉とある。アルメイダが島原半島で布教を始めた頃、「有馬王の舅《しゅうと》の領地である安徳」に立寄った時の安徳村の領主は、安徳上野介直治とする。

深江十代領主安富但馬守正佐入道貞直には、三人の息子と二人の娘がいた。長男が十一代深江城主安富伯耆守純治で、次男が安徳上野介純俊で、安徳上野介直治の養子となった。三男が有馬城主安富左衛門尉純生で、ジュアン左衛門尉徳円とも呼ばれた。長女は島原氏の妻で、次女が有馬義貞の妻である。

「アルメイダの口之津到着は、四月二十五、六日、（中略）同地に滞在して十五日後に、彼は教理を理解した者を一人一人審問し、ほぼ二百五十人に洗礼を授けた」（前掲書・五野井）。これは、アルメイダがインドのイルマンへ送った書翰の「十五日間で、約二百五十人の霊魂を得た」（『日本通信』下・一五六三年十一月七日）数と一致している。

アルメイダが、島原や口之津で採った「審問」は、集まった者に「教理説明」を行い、入信準備者を一覧表に記入し、「教理理解度」の試問を経て洗礼を授けるというものであった。

この頃世間では、身分に応じて帰依《きえ》する宗派が決まっていたようで「天台（宗）

は宮家、真言は公卿、禅は武家、浄土は庶民」と言われていた。

アルメイダの口之津での手法で、信者は、早崎地区の数人の貧しい漁夫の入信から始まったとされるから、キリスト教の場合も、先ず庶民から伝道が始められたのであろう。

大村純忠や異教徒の有馬義貞、それに島原純茂などは、領民が希望するなら「全員の改宗を許可する」という、所謂《いわゆる》「集団改宗」の意向をしめしていたが、僧侶や仏教徒のキリスト教に対する排斥の姿勢は根強く、たとえ領主の許可は出ていても、なかなか全員の改宗とはならなかった。

とくに島原半島では、中央に聳える「温泉《うんぜん》」が「日本における最大かつ最も一般的な霊場」で、ここで活躍する真言密教の仏僧らが、「キリスト教の布教の門戸や道」を閉ざしていて、その状況の打開は、口之津にカピタン・モールのポルトガル船が入港する、一五六七（永禄十）年までの数ヵ年を待たなければならなかった。

アルメイダが口之津から島原へ戻ると「この地に教会堂の建設拒否」など、キリシタン排斥の風潮が拡がっていた。この地の三大寺院の聖興寺《しょうこうじ》・大満坊・会解《えげ》寺《じ》などの僧侶らが一団となって排斥に努めていたからである。

アルメイダは「私どもは、殿の招きで来島しているのだ」と訴え、改めて殿の善処の言質を得て「会堂建設地として与えられた場所」に移ることとし、ひとまずキリシタンの老寡婦《かふ》トイ・ジョアンネの家に移った。

島原はその後、ダミアン伝道士に委せ、口之津に行くと、ここもまた一時の勢いは萎《しぼ》み、集会所であった代官の家は閑散としていた。時に領主の宿泊所となる代官の家が、集会によって毀損《きそん》することを恐れて人々が敬遠しているのが理由であった。

アルメイダは、大きな廃寺（大龍寺カ）を借り上げ、人々の奉仕により立派な集会所とし、退勢の挽回に努め、再びパウロ（日本人・詳細は不明）を残し島原へ行く。

島原は「主の恵み」を受け、ようやく活気が甦《よみがえ》っていた。早速、懸案の教会堂建設に掛かることにした。殿は必要な材木、運搬にかかる費用を負担してくれた。奉仕苦役は、毎日二百人が二十日間の奉仕を行った。特筆すべきは、地所内から出土した大石を以て、聖会堂の門前に満潮時にはこの国最大の船の着岸ができる埠頭《ふとう》を造り上げたことであった。

一五七二（元亀三）年の島原純豊の代に、この埠頭にポルトガル船が着岸した。天草・河内浦にいたアルメイダは、果たして入港のことを耳にしたであろうか。

一五六三（永禄六）年六月二十五日、大村純忠が主要な家臣二十五名と共に受洗する。

アルメイダは、マカオからの商船が横瀬浦港（アジュダの聖母の港）に入港予定との知らせを受けて、急ぎ口之津に行き、集会堂からやや離れた港に臨む丘に三プラザ（約六メートル）の十字架を建てた。信仰が根付こうとしている町の象徴と同時に、南蛮船の入港を待ち望む意味もあったろう。

口之津のパウロや島原のダミアンとジョアンに後事を委せ、キリシタンらには「パウロらを信頼するように」と励まして横瀬浦へと向かった。

七月六日、横瀬浦港には、ドン・ペドロ・ダ・ゲラの商船、フランチェスコ・カスタンのガレオン船、ゴンザロ・ヴァス・カルバリヨの大型ジャンクの三艘が入港し、ルイス・フロイス（三一歳）、ジョアン・パブチスタ・デ・モンテ（一五八七年五月平戸で逝去）の両神父とミゲル・ヴァス修道士の上陸があった。アルメイダは「フロイスとの対面の歓喜は言葉にならなかった」と述べている。

翌七日には、龍造寺との対戦で、龍造寺領に隣接する佐賀藤津の多久城にいる大村純忠、島原純茂、西郷純堯の慰問を命じられて出掛ける。

十五日、多久城から帰ると、豊後領主の大友宗麟（一五三〇～八七）から「宣教師の不在が一年近くに及び不満」との連絡に、到着間もないバプチスタ神父を派遣することになり、案内役をアルメイダが勤めることになった。

豊後への途次、口之津ではパウロを、有馬では日野江城に有馬義貞を訪ね、島原ではダミアンと出会って船で熊本・高瀬へと渡った。

二十五日、豊後着。臼杵で宗麟に拝謁する。宗麟は、前年の一五六二（永禄五）年に、嫡男義統《よしむね》に家督を譲り、紫野大徳寺の怡雲《いうん》和尚より受戒し、休安宗麟居士と称していた。神仏勢力への配慮やキリスト教入信などで揺れ動きながら、ようやく受洗し、フランシスコの霊名を得るのは一五七八（天正六）年である。

八月二十五日、佐賀藤津郡丹坂《にさか》での有馬義貞軍敗北の知らせと共に「横瀬浦港の消滅とポルトガル船の退去、大村純忠の死」の報が届いた。

アルメイダは、島原からの情報を求めて高瀬へと急いだ。そこで「ポルトガル船はまだ横瀬浦に停泊中で、トルレス師、フロイスらは無事、大村純忠殿も無事、ただ義貞は敗戦の責めを負って、父仙巌から追放された」ことなどを知った。

島原では、一時、諫早の西郷純堯《すみあき》、島原純茂の死亡説が流れ、純茂の死は「キリシタン擁立によるもの」として、有馬仙巌、島原の有力僧侶らによるキリシタン排斥の口実とされたが、この行方不明の二人は、多久城から騎馬で難を避け、松浦隆信の平戸領に逃げ込んでおり、八月七日過ぎになり無事に帰国していた。

多久城守衛中であった大村純忠の死亡説も、同時に流れたものと思われる。

一五五八（永禄元）年、松浦隆信はかつて「仙巌御存命の内に一度御対面すべし」と平戸から日野江城を訪問している。仙巌父子以下、大村殿、西郷殿、島原殿などが出迎え御能など種々のお取持《とりも》ちを行った。松浦氏の宿所は、有馬北岡の卜金《ぼくこん》寺《じ》であった。ここでの出会いが西郷、島原氏の救出にも活きたことであろう。

九月二十日、アルメイダは、島原、口之津を廻り、旬日も経《た》たないうちに変貌するキリスト教界の荒状を見聞して、横瀬浦に着き、ジャンクで過ごすトルレス師と陸で過ごしていたフロイスと再会を果たした。

やがて大村純忠が復権し、所領を回復したとの知らせが届いた。アルメイダは、純忠侯がこの国の聖教の柱となるようにデウスに祈ろうと誓った。

生ける車輪の如きアルメイダ師

一五六四（永禄七）年八月十四日、総司令官ペドゥロ・デ・アルメイダの定航船サンタ・クルス号は横瀬浦港外に到着した。この航海中、二度の台風に遭遇したため多くの積み荷を失い、乗船の三人の宣教師、ベルショール・デ・フィゲレード、ジョアン・カブラル、バルタザール・ダ・コスタらを始め乗組員の辛苦は喩えようもなかった。なかでもフィゲレード神父は激浪により危うく一命を落とすところであったという。

到着した横瀬浦は、前年の戦禍により入港の便宜が失われていたので、やむなく船首を平戸に向けた。当時、平戸港外には二艘の商船が停泊しており、入港を巡って商船側は「度島のフロイス神父からの入港の承諾と、神父の平戸入り」を主張し、松浦隆信は「神父の平戸入りを認め、その上、教会建設の許可」を以て、商船の早急な入港を促していたが、相互の不信感は根深く、決着には至っていなかった。そこにサンタ・クルス号が姿を見せたのである。

両者の交渉を注目していたフロイスは、小舟を飛ばして「平戸ではなく、口之津に回航するように」と要請したが、台風の損傷からようやく港に辿り着いた思いでいる乗船の商人らは回航を望まず、平戸港への入港となった。

口之津に総司令官トリスタン・ワス・デ・ヴェイガの定航船と他二艘が入港するは、一五六七（永禄十）年になってからである。

一五六七年、ヴェイガの船が着岸したか、或は短艇での上陸地点かと思われる口之津の場所は、今は陸地となっており、一九四一（昭和十六）年一月七日付で「南蛮船来航地」として県指定遺跡となった。

この地一帯には、外国人が居留した名残りの「唐人町」「東方」「東方道」の地名や、荷物の集散場所であったことを示す馬の駅「真米《まごめ》（馬込）」、港の水域を意味する「西汐入り」、港町らしく花街の面影を宿す「丸山」などの地名もある。なお口之津とは「船の渡り口の港」と解されるが、『日本西教史』などに、「越巣《こしのす》」とあるのは「Ｃｕｃｈｉｎｏｔｃｕ」の表記に漢字を当てたものだろう。

一五六四（永禄七）年九月頃、口之津の司祭館にいたコスメ・デ・トルレス師は、アルメイダ修道士に「日本での布教計画とその方向性」を授け、いま京《みやこ》で一人頑張っているガスパル・ヴィレラの後任に、平戸・度島《たくしま》にいるルイス・フロイスを充《あ》てるので、その旨の伝達を命じた。

平戸行きの途次、恒例となっている豊後での大友宗麟・義統《よしむね》への年一度の感謝の接待を済ませ、一ヶ月後、博多の姪浜《めいのはま》からフロイスやジョアン・フェルナンデス修道士がいるアンドレ籠手田領の度島へと渡った。

到着して一両日、フロイスとの別れを惜しむ度島のキリシタンから、引剥《ひきは》がすようにして平戸本島へ連れ出し、上陸していたベルショール・デ・フィゲレードやジョアン・カブラル、バルタザール・ダ・コスタら三神父らとも対面した。

フロイスは、すでに南蛮船寄港に執着する松浦侯に拝謁し、意外にも平戸キリシタンのため「教会の再建と十字架樹立の許可」を得ていたので、安心して後事を三神父らに託し、京に赴く決意を固めた。

同年十一月十日、平戸を後にしたアルメイダとフロイスは、北風を追い風として、十三日の夜中に口之津港に着いた。

横瀬浦での災禍以来の再会であるフロイスが、トルレス師に久闊《きゅうかつ》を叙《じょ》する間もなく、別れを告げるのを慈父のような眼差しで見送り、前途への祝福を与えた。

「口之津に向い合い、そこにある入海（早崎瀬戸から有明海）の反対側《むかいがわ》に、肥後の国が一つの岬のようになって突き出しているまとまっと土地（志岐・富岡）がある」（『日』巻9・第十七章p二六七）とは、やがて宣教の拠点が、そこに移ることを見越しているかのような高台の教会から天草を見た時のフロイスの印象である。

今もこの丘からの光景は全く同じで、変わったのは、昭和三十年代までは手に取るように見えていた麦秋《ばくしゅう》の黄金色《こがねいろ》が、見えなくなっていることだ。

一五六五（永禄八）年六月中旬頃、フロイスの案内役として都に出掛けていたアルメイダは、下行を希望した養方パウロを伴い豊後まで帰着し、「都の状況報告」を持って口之津に向かった。肥後高瀬から島原へ着くとそこに滞在中のトルレス師がいた。

この頃、「教理書《ドチリナ》」を覚える熱心さでは島原の児童が日本一であったと云うが、その中心にいたはずの島原殿の一人娘マリアに筆が及んでいないのは、島原一族が、有馬氏を離れ、反キリスト派の佐賀龍造寺に寝返っていたためであろうか。

一五八七（天正十五）年、伊佐早と同盟関係を結び、事ごとに反攻の気勢を示していた神代城《こうじろじょう》の神代貴茂は、有馬晴信にとっては目の上のタンコブであった。

晴信はこの神代城を、秀吉の薩摩征伐のどさくさに紛れ突如襲撃し陥落させる。

有馬に服属することになった神代貴茂は、どうした塩梅か、副管区長のコエリュ師に二度も説教師の派遣を要請した。

一五八八年になり、下の上長ベルショール・デ・モーラ神父が一司祭を伴い訪問した。その結果、「城主とその家臣たちは、説教を聞いた後、城主とその母堂および一人息子と娘、さらにその地の仏僧たち全員が受洗した」（『日』巻11・七〇章p一七二）と云う。この貴茂の妻が、島原純茂の娘のマリアであった。

かつて父純茂が「修道士との友好関係維持のため」だとして洗礼を受けさせたのであったが、あまりに長い間異教徒のなかにいたため、自分が洗礼を受けたことを忘れていた彼女も、聴聞を受けて信仰を取り戻したと云う。

一五六五（永禄八）年六月頃、長崎湾口の大村領福田港へ初めてドン・ジョアン・ペレイラの定航船とマラッカの司令官ディオゴ・デ・メネーゼスのガレアン船（武装軍船）とが入港する。当初、平戸にむかっていたが、軽舟で漕ぎ寄せたバルタザール・ダ・コスタ神父の平戸事情の報知により、福田への入港となったのである。

宣教師の来日はなかったが、トルレス師は乗組員へのミサなどの慰問のため、都から帰ったばかりのアルメイダ修道士を派遣し、半月ほど後では豊後から呼んだベルショール・デ・フィゲレード神父も福田へ向かわせた。入港を喜んだ大村純忠も福田を訪れ、フィゲレード神父の福田浦定住の便宜を与えた。

この年のアルメイダの奔走ぶりを追ってみる。

五月にフロイスと出掛けた都から豊後へ戻り、六、七月には島原、口之津、福田、大村と廻り、福田に着くと八月には口之津に行き、更に島原を経て豊後に至り、そこから福田に戻ると、十一月過ぎに福田を離れ口之津に行くといった、時に馬に乗ることもあったろうが、まさに強靱な健脚ぶりである。

七月、福田で大村純忠と出会うと、純忠の娘（七歳）の治療依頼があったので大村へ出掛け、必要な施薬を施し、病気を治して感謝されている。

八月になり、トルレス師からの連絡によりアルメイダは一旦口之津に戻ると、臼杵に教会や司祭館を建設する用務のため豊後へ出掛ける。

豊後・高瀬への船便のため島原に行き、アイレス・サンチェス修道士と出会うと「島原の信者は日本でも最も熱心な宗団」とアルメイタが根付けた信徒たちのことを聞いた。しかし、内実は手放しで喜べるほどではなく、油断すると宗団の突き崩しに遭う機会は数多く存在していた。

京都に素戔嗚尊《すさのうのみこと》を祭神とする祇園社（八坂神社）があり、ここの祭礼を「祇園会《ぎおんえ》」と称し、「牛頭天王《ごずてんのう》の祟《たた》りによる疫病消除」のため、町衆総出で山鉾巡行《やまぼこじゅんこう》を行う事で知られていた。やがてこの祇園社が各地に勧請《かんじょう》され、六月の例祭には町衆参加で山車《だし》や山鉾行列を行うなどの行事も普及していた。

島原でも、この祭礼への参加の下命がキリシタンらにあったが、彼らが参加を断ると「偶像のためではなく、予のために」と懇願される中で、キリシタンらは教会に集まり「殉教を覚悟」でなおも不参加の決意を伝えると、純茂殿はそれ以上の強圧もできず、「参加の義務を外す」ことで落着した。

一方、口之津では、対岸の大屋地区から船で町部に来た異教徒たちが、司祭やキリシタンを喜ばせようと踊りながら教会に来た。キリシタンらは、返礼だとばかり、今度は別の踊りで大屋地区に向かった。トルレス師は、この行為を悲しみ教会の扉を閉じて帰って来たキリシタンらを入れようとしなかった。かれらは「信仰にやや冷ややかな者たち」と呼ばれた。

一五六六（永禄九）年九月、島原純茂の祇園会に対する弱腰を糾弾する仏僧たちにより、純茂は寺中城へ隠居させられ、嫡子純豊が新城主となる。仏僧の支援を受ける純豊により、島原でのキリシタン対応は大きく転換する。

アルメイダ修道士が豊後行きのため島原にいる時、戦禍で荒廃し、キリシタンが四散した横瀬浦で碇泊の船中で苦吟していたトルレス師一行を二艘の船で迎えに行ってくれた島原殿の親戚で武将のドン・ジョアン Don Jian（島原上野介新介）が、異教徒や仏僧たちが毒を盛ったとの噂がある中で亡くなった。

「私ども一同の父ともいうべきドン・ジョアン様はデウス様の教を庇護するというので、異教徒や仏僧たちが盛ったと思われる毒でお亡くなりになりました」（『日』巻9・第一一章p一八六）。またこの人は、フロイスが都に行く際（一五六四年十一月）、十字架や聖遺物を大村純忠に届けて欲しいと依頼したこともある信頼厚いクリスチャンであった。しかし、ドン・ジョアンの葬儀が行われた時は「フロイスは都にいて実際を見聞していない」が、毒殺は、島原三大寺院のイエンゲ・ショウクゥジ・ダイマンボウの僧侶等が、島原殿の母親ショウシュンと相談し、ドン・ジョアンを「毒殺」しようと決意し殺害したと記している。

一方、アルメイダは、死亡したのはドン・リアンであるとする。

「島原のキリシタン等が皆父と仰ぎ、異教徒に対しても有力なりし一人の武士、数日前死去せり。彼は領主の近き親戚にして、（中略）キリシタン等は彼等が望むごとき盛儀をもってこのキリシタンを葬ること能わざるを見て、七レグワを距てたる口之津に在りしパードレ・コスモ・デ・トルレスに書翰を送り、諸人の父なるドン・リアンDon Lian死去せしが、彼がデウスの教を大に保護したるにより（中略）パードレの助力を求めたり。（中略）自ら彼を葬るため行かんと欲せしが未だ全快せざりしがため（中略）彼（トルレス）の代わりに余（アルメイダ）を派遣せり」（『日本通信』下・p三八〜三九）。

アルメイダは、「この人」の葬儀を力の及ぶ限り盛大に行い、異教徒や僧侶らからの「邪教」との認識を改めたいと思った。

葬儀には七百人のキリシタンが参列し、絹布で覆ったままの柩を埋葬した。

「ドン・リアンは、一五六三（永禄六）年十一月にトルレス救出のために横瀬浦に船を遣わした武士で、その使船二艘を横瀬浦に伴って来た人物が（中略）すなわちドン・ジョアンであった。フロイスはドン・ジョアン自らが船を仕立てたとする」（『島原の乱とキリシタン』五野井隆史・p四六）とあり、フロイスがリアンとジョアンとを混同していることが判然とする。

しかし、ドン・リアンの葬儀を執り行ったアルメイダ修道士の言は動かし難いから、フロイスが述べる「ドン・ジョアン葬儀」もあったのだろう。

翌日、「キリシタンたちは、ドン・ジョアンのために非常に立派に細工された墓石を起きました。その高さ一コバード（六六cm）で、その頂きには一つの十字架が付いていていました」（『日』巻9・十一章p一八七）とは、フロイスの記述であるが、ここはアルメイダが差配したリアンの墓でなければならない。

その墓碑は頂きに十字架を立てた立碑で、記録上ではこれが島原半島での最初のキリシタン墓碑である。

なお旧有馬領の南目筋（南島原市内）では、寝墓の背に小さな孔があって、そこに十字架を立てたと思われる墓碑が幾多も見られる。

豊後から帰って再び福田港へ出掛けていたアルメイダが、福田を離れた十一月二十五日過ぎに大事件が起きた。

一五六一～六二（永禄五）年の「宮の前事件」―フエルナン・デ・ソーザ船長以下十三人のポルトガル船員斬殺事件―を機に、司祭の追放や教会の破壊などもあったので、ポルトガルの定航船は来港しなくなり、貿易の利を失っていた松浦隆信は、福田港にポルトガル船が入港していることを知って、この船を捕獲して従来のように平戸港への定航船の入港を約束させようと考えた。

そこで堺商人らと語らい、彼らの大型船八〜十艘と、家臣の戦士による七十艘の小舟で福田浦に向かった。この動きを察知した度島に住まうバルタザール・コスタ神父は、警戒するようにとベルショール・デ・フィゲレード神父に知らせたが、神父もペレイラ船長なども真面目には受取らず、安閑として過ごしていた。

そこへ堺で製作の大型のモスケット銃や弓などで武装した平戸船団が、碇泊中の定航船へ襲いかかった。船長ペレイラは被弾し、乗り込んだ兵士に事務室は荒らされ、なにかと奪われる始末であった。

慌てる中でメネーゼスのガレアン船が奮戦し、二時間にも及ぶ戦闘の末に、三艘の大型船を撃破して、平戸軍を全滅状態に追込んで撃退した。

平戸勢は六十人の死者と二百人近くの負傷者を出して撤退したという。

この頃、島原では伊佐早の西郷純堯が、有馬義貞に謀叛を起こし、やがて島原にも戦乱が及ぶだろうとの噂が広まったため、避難のため用意していた異教徒やキリシタンらの船舶が、突然の嵐のために全て破壊されるという突発事が生じた。

すると「謀叛や嵐」などは「神仏の怒りだ」と仏僧らが言いだして、キリシタン弾圧の口実にしようとした寺院に、島原の聖興寺《しょうくうじ》・大満坊・江東寺、それに法然寺の僧たちがいた。

これら僧たちの圧力により、恐怖に惑わされた島原純茂は、突如心変わりしたかのようになり、修道士ダミアンに「もはや自領では布教を許せなくなったので、どうか去って欲しい」と懇願した。

これを聞いた島原のキリシタンたちは、仏僧たちがいる限り、迫害の終息《しゅうそく》はないと思えたので、「彼らは郷里・家屋・土地・親戚・友人らを捨てて、皆でゴメス・デ・トルレス師がおられる口之津へ行くのが一番よいのではないか」（『日』巻9・九章p一五八）と決断して、男女・子供ら総勢五十六人で出発した。

「島原の町に別当という名称を持つ人物がいた。（中略）彼は殿以上にひどいキリシタンの大敵で、島原でデウスの教えが説かれだすのを見るや否や、都の黒谷という所に行き、そこから自費でもって法然寺という仏僧を連れ帰り、かの地で阿弥陀の教えを説かせた」（『日』巻9・九章p一六一）。

これについて根井浄氏は、地名の黒谷を「法然（源空）ゆかりの地である、現在金戒光明寺がある黒谷付近」とし、法然寺については「俗に光明寺が法然寺と呼ばれていたか、法然上人ゆかりの寺院として法然寺としたか」明確さを欠くとし、法然寺という仏僧については「法然寺の僧が、島原に来て、法然寺という寺院を創建したもの」（『修験道とキリシタン』）とされた。

また法然寺の仏僧の名は「松月山霊鷲《れいしゅう》院《いん》本誓寺開山運誉《うんよ》上人、初め肥前国島原法然寺の住持たりしに云々」（『三国名勝図会』・薩摩加治木・浄土宗本誓寺項）などによって、「運誉」という名であったと論証付けられている。

キリスト教側の「日本の宗教は、その根底において生と死以外には何も認めていないから、霊魂の救済を願い、神の話を聞いた者は皆、我らの教えを受け容れて信仰に入る」とのキリスト教側の日本人の宗教観に対して、「悉皆成仏《しっかいじょうぶつ》」論で、対抗させようとした運誉上人の起用例であったのだろう。

「浄土宗と称する宗派の坊主島原に来たりしが、この地の領主はその家臣一同と共に、従来の宗旨を捨ててこれを奉じ、たえず慰撫《いぶ》と威嚇《いかく》とをもってキリシタンらをその宗派に入らしめんとし、また迫害を加え、その領内にある者、彼の意志に従わざる時は、悉くこれを殺戮《さつりく》せんとすとの噂を生ずるにいたれり」（一五六七〈永禄十〉年十一月二十二日付・ミゲル・バス書翰）とあるのは、島原の別当が連れてきた法然寺僧を、キリシタン弾圧のため島原純茂が躍起となって支援している様子を述べている。

一六一三（慶長十八）年、領内のキリシタン対策に手を焼いた有馬直純《なおずみ》は、江戸から浄土宗の幡随意白道上人（七二歳）を招いて、キリシタン教徒の誨諭策《かいゆさく》を講じ、有馬に満子山観三寺の創建を行った。

「国中ノ人民日々参詣シテ上人ノ影像ニ向ヒ合掌シテ曰ク、我此国ノ人民邪法ヲ信ジテ、国政ニ違《い》セシカバ現ニハ殺害セラレ、当《まさ》ニハ悪趣ニ堕入《おちい》ナン、若《も》シ上人ノ化導ニ値《あわ》ズンバ何ゾ我等ガ命有ランヤ」（『幡随意上人諸国行化伝』巻五）と。上人により、邪法から救われようとしている人々の様子を述べ、ミゲル・バス書翰と同じような趣旨が述べられている。

有力寺院を中心として、キリシタン弾圧が始まった頃、島原純茂は家督を譲り、三会の寺中《じちゅう》支城に逼塞《ひっそく》させられ、身は隠居となっていたとされる。

一五六四（永禄七）年には、「島原殿は病死した」（『日』巻9・九章p一六一）とあるので、ミゲル・バスの書翰での「殿」は、キリスト教を迎えた島原純茂ではなく、嫡子の純豊《すみとよ》であったと思われる。

トルレス師は、有馬義貞が居住する日野江城がある有馬への、穏やかな進出をようやく考えるようになっていた。有馬から教を受けるためや洗礼を授けてもらうために、小人数の組が何組も口之津に来ていたからである。

トルレス師天草志岐で逝く

一五六六（永禄九）年七月下旬、五島宣教から帰って二十日ほどのアルメイダはベルショール修道士と共に、天草・志岐の領主志岐鎮経《しげつね》（のち麟泉《りんせん》）（?～一五八九）の許に派遣された。

肥後の菊池を遠祖とする志岐家は、鎮経の代になって対岸の有馬仙巌の五男諸《もろ》経《つね》を養子に迎えた。有馬家との交流を通じて、有馬義貞や大村純忠らの宣教師招聘を契機として、珍奇な文物や武器を入手している南蛮貿易を、自領でも行いたいとの欲望を抱くようになり、対岸の口之津にいるトルレス師へ再三宣教師の派遣を要請していたことに応じたものであった。

志岐鎮経は、六十歳を越えた老人で、陰謀や策略に長じた老獪《ろうかい》な人物であった。アルメイダは、鎮経と出会って二ヶ月も経たない九月になり、鎮経の入信を許し、ジョアンの教名を与えた。例のごとく領主に従って受洗者が五百名に達した。

しかし名のみの受洗であった鎮経は、一方で一向宗僧のため阿弥陀寺の建立を信徒に強要した。信徒らが「偶像のための奉仕は出来ない」と断ると、さらに威嚇をもって強制したので、多くのキリシタンは全てを捨てて対岸の口之津や長崎に逃亡したという。

領民の逃散は大打撃であったが、南蛮船の誘致のためには、領内での教会や司祭館の建設は黙認していた。

志岐での宣教の可能性に期待していたトルレス師は、九月には豊後からアイレス・サンシェス修道士を、口之津からはミゲル・バス修道士を、十二月には都から豊後に帰っていたガスパル・ヴィエラ神父などを派遣し司祭館に住まわせた。

一五六七（永禄十）年六月、カピタン・モールのトリスタン・ヴァス・ヴェイガの定航船《ナウ》が三艘の船団で口之津に入港した。この時は宣教師の上陸はなかったので、交易目的の入港であったと思われる。

志岐鎮経はこの船団の口之津入港を羨望の眼《まなこ》で見守っていたはずである。

十一月、トルレス師が志岐に赴き、翌年の四旬節から復活祭までを過ごした。

一五六八年七月一日、「アレキサンドル・バラレッジョが乗船したエステヴァン・レイテのジャンクが志岐の港に来航した」（『天草河内浦キリシタン史』p四二・玉木譲）とあるが、バラレッジョ神父の手記には「一五六八年六月二十六日、始めて入港せしは福田と云いてドン・バルトロメウの領地なり」（『日欧交通史の研究』）とある。

七月下旬には、天草志岐の地で豊後・平戸・口之津の宣教師七人を集め、トルレス師による第一回の協議会が開かれた。

この当時、天草には、それぞれ地名を氏とする五人の土豪が蟠踞《ばんきょ》していた。志岐鎮経・天草鎮尚《しげなお》・栖本鎮通《しげみち》・上津浦鎮貞・大矢野鎮運《しげかず》などで、九州探題大友義鎮の一字「鎮」を戴き、大友の影響を強く受けていたことが判る。

なかでも天草鎮尚は、大陸貿易（倭寇？）で巨利を得て、天草五人衆の中、最大の勢力と土地を領有していたと云う。

「(天草鎮尚の）河内浦は、羊角湾の奥深く一町田川にのぞむ良港を持っていた。そして羊角湾の入り口に面した軍ヶ浦や崎津《さしのつ》、薩摩からの船も停泊できた牛深港も天草氏の領内にあった」（玉木譲・前出書・p三八）ことが有利に働いていた。

一五六九（永禄十二）年二月、天草鎮尚の要請に応じてアルメイダが派遣された。河内浦領主天草鎮尚には、大和守と刑部大輔《ぎょうぶたゆう》という二人の弟と四人の子息がいた。アルメイダは「彼らの希望する門（南蛮船の入港）から入りこんで、その後、自分自身の望む門（領主・家臣の入信）から出る」との覚悟での河内浦入りであった。

後年、この地が、アルメイダの終《つい》の住処《すみか》となる。

「崎津村は山ばかりの村である。（中略）羊角湾の入口にあり、天草灘の荒海を直接には受けない（中略）サシノツの名で中世既に明国まで知られていた（中略）中継港としてまた大洋を控えた避難港として（中略）幕府はこの地に常駐の唐通事を置いていた程である」（『宗門心得違い始末』平田正範遺稿・濱崎栄三濱崎献作編集）とあって、ある意味では崎津の人々は国際交流に慣れていたと云えよう。

鎮尚は、崎津港を眼下に臨む小丘にアルメイダを案内し、ここに一城を築けば

「入港して来る船舶や商人・商品の安全に努められる」と語る熱意に応じて、砦造りの手助けをし、シナ製作の鉄製大砲二門の斡旋までしたのである。

イエズス会は、日本宣教の初期においてこのような行為を留立《とめだ》てする規制約を持たなかった。大砲などで武装化を助ける異国人の動きに、鎮尚の弟二人が仏僧らと共に猛然と反発した。そのため領主鎮尚の天草上島の本渡城への逼塞《ひっそく》が行われ、改宗に協力的であった代官リアンとアルメイダの領外追放も実行された。

一五八七（天正十五）年七月、「天草サシノツ港に四十人のエスパニヤ人を乗せた支那よりルソンに赴く船入港したり」。

一五八九年、「ノーワ・エスパニヤに向う、ドン・ジョアン・ガーゴの船《ナウ》の舵を毀して日本に避難し、天草の港サシノツに入る」。

共に『日欧交通史の研究』にある一文だが、いずれも交易を求めての入港ではなかった。南蛮船の崎津入港を熱望していた天草鎮尚は、これら黒船の巨体を目にすることはなかった。鎮尚は一五八二（天正十）年に、アルメイダは一五八四（天正十二）年にそれぞれ鬼籍にあったからである。

一五七〇（元亀元）年六月十八日、エステーワン・レイテのジャンク船が初めて天草・富岡港に入港した。

上陸した宣教師は、トルレス師の後を継いで第二代の日本布教長になるポルトガル出身のフランシスコ・カブラル神父とイタリー出身のニェツキ・ソルド・オルガンティーノ神父（一五五六～一六〇九 長崎没）である。同時期に福田港入港のマヌエル・トラワックスの定航船《ナウ》からはバルタザール・ロペス神父が到着していた。

実は、カブラル神父は一五六八～六九年の、オルガンティーノ神父は一五六九～七〇年の、それぞれマカオでの巡察師期間との取決めであったが、先に日本に行くはずのカブラル神父乗船の船が季節風に遅れて出帆できていなかったため、マカオで二人の鉢合わせが生じた。

そのため「両者は互いに自分の権限を主張し、それ以後の激しい確執《かくしつ》の序幕となった」（『南蛮史料の発見』松田毅一）とある。

また二人の性格の違いとしてカブラルは「貴族出身」で「学識や神学的教養」面で優れ、オルガンティーノは「農民の子」で「実践的な宣教」に優れていたと評されている。

二人が志岐に上陸した頃、トルレス師はヴィレラ神父と長崎にいたが、カブラル神父は長崎に師を訪ね、志岐での下地区《しもちく》宣教師の協議会開催の了承を得た。

一五六七（永禄十）年六月二十六日、ザビエル師の伴侶であったジョアン・フェルナンデス修道士の平戸での死は、トルレス師にとり言語に尽くせない衝撃を与えた。日本での宣教初期の十八年間、飢餓・罵詈《ばり》・侮辱などに堪えながら、ひたすら神の伝導に身を捧げて逝ったのである。

「彼は非常に鋭い知力と優れた賢慮の持ち主ながら、幼児のような清らかな心と無邪気さを身につけた」（『日』巻9・十九章p一九五）人物であった。

フェルナンデス師に限らず、危険に満ちた異民族の地で、己を顧みず宣教に身を捧げた多くの宣教師の使命に、改めて宗教の持つ力を思わざるをえない。

この頃からトルレス師の憔悴《しょうすい》ぶりは始まったとされる。

一五七〇年八月、トルレス師は、志岐に行く準備をしながら「これで心配なくこの世に別れを告げることが出来る」との慰めを覚えた。サビエル師の後を承け、日本での二十一年間、穏やかな適応主義に基づき、鹿児島・平戸・山口・豊後・横瀬浦・口之津・高瀬・天草などで司牧の歩みを続け、今ようやくその重責から解放されようとしていた。

十二月二日、志岐に集まった下地区の司祭・修道士たちと別れを済まし、永遠の旅路に就く準備として、数年間の伴侶であったガスパル・ヴィレラを枕頭に呼び、優しく抱擁し、喜悦の表情のまま魂をデウスに委ねたとされる。七十歳であった。師の逝去は、キリシタン史の中で、一つの時代の終わりであったか、始まりであったのか、その答えは見出し難いと思われる。

「（トルレス師）の死は、全てのキリシタンたちに深い悲しみをもたらした。あらゆる処で、人々は師の死去について泣き悲しんだ。師を知らず、また会ったことがなかったキリシタンまでが涙してその死去を惜しんだ。彼らの慟哭は生前つねに自らの父であった人に対するにふさわしいものであった」（『日』巻9・二一章p三三〇）とあり、トルレス師の人柄が偲ばれるものとなっている。

一五七〇（元亀元）年、天草志岐の司祭館に臨終の身を横たえたトルレス師は、「私が君（アルメイダ）につらくあたったのは、私の後継者として布教長になってもらうための試練だった」（『ルイス・デ・アルメイダ』森本繁）と告解懺悔したという。

トルレス師の後を継ぎ第二代布教長となったのは、志岐到着のフランシスコ・カブラルであった。

一五八〇（天正十一）年、アルメイダ修道士は、マカオへ派遣され、カルネイロ司教により司祭に叙階される。イエズス会に入会を許されて二十四年め、逝去の三年前のことである。

一五八三（天正十三）年十月、アルメイダ神父（五九歳）、河内浦で客死する。

その最期は「多年の活動に身体憔悴《しょうすい》し、生きた骸骨のごとく、八十歳を越える老人にみえた」と云う。「死亡の場所および墓地を立証する文献資料は存在しない」とされる。

松田毅一氏は「日本在住三十年近く、その足跡は五畿内まで到らざる処なき有様で、日本に来た最も優れた働き手の一人」と評価しておられる。

『日本史』では、アルメイダを［Viva《ヴィヴ》 roda《ロード》］、「絶えざる移動者、生ける車輪」「自動恒久運転機」と喩えているが、敬称とは受け取れない。

第三章　有馬城主有馬義貞の悲運

島原半島中央部に聳《そび》える「三峰・五嶽」を総称して雲仙岳（一三六〇m）という。寛政四（一七九二）年、普賢岳噴火での眉山《まゆやま》崩壊により、一万五千人の犠牲者を出した雲仙岳は、平成三（一九九一）年六月三日、五嶽《ごがく》の一つ普賢岳からの火砕流によりまたも四十三名の命を奪った。

「その山には、いくつかの凹みがあって、そこから絶えず激しい勢いで種々の硫黄《いおう》の熱湯が噴出している。この硫黄泉に近く、かの山の上には大いなる僧院があるが、そこには実に大勢の仏僧がおり、また（同僧院は）その肥前国全体で（他に比べて）はなはだ多額の収入を有している」（『日』巻十・二九章p三四）。

「文武天皇の大宝元年（一に天平二年と云う）、僧行基《ぎょうき》、日本山大乗院満密寺（一に高来山一乗院と云う）を温泉山に剏《はじ》む。数百年を経て寺塔益々繁衍《はんえん》す。小院は瀬戸石原に三百坊、別所に七百坊あり。元亀《げんき》元年中〈白雀《はくじゃく》の乱〉興《おこ》り、瀬戸《せと》石原《いしばる》の僧徒、別所を攻め、火を放って悉くその坊舎を焼く。ここに於て寺遂《つい》に衰う。寛永中、有馬の賊、また瀬戸石原を焼き、遂にその寺を滅す」（『深溝世紀《ふこうず》』巻八・中）

フロイスは雲仙の様子を、『深溝世紀《ふこうずせいき》』（明治初期の編纂全二十五巻・松平島原藩主の業績などを記す）にはその歴史が書かれており、フロイスの「大いなる僧院」が「日本山大乗院満密寺」と称されていたことが判かる。ただ僧行基（六六八〜七四九）の開基というのは、行基の「年譜」からも、九州には足を踏み入れていないので、恐らく各地に残る弘法大師伝説の類いの箔付《はくづけ》であろう。「日本山」と称したのは「往昔《おうじゃく》、唐使来たり、洋中に始めて此の山を見、本邦の標識となす。故に唐人これを目にして日本山と云う」（深溝世紀・巻九・下）とある。

東シナ海から有明海域に入った唐船が、まず目にするのが雲仙岳で、その麓には交易場の口之津港があった。

大乗院満密寺の寺塔の滅亡となった「白雀《はくじゃく》の乱」とは、瀬戸石原の僧坊に学一文という容姿艶麗の稚児《ちご》がいて一羽の白雀を飼っていた。これを欲しがったのが別所の稚児宝寿丸である。呉《く》れろ、遣《や》らぬが騒乱となり二人が刺し違えて死んだことから両坊の僧徒の乱闘となった。白雀は白雉《はくち》などと共に、朝廷へ献上されるほどの瑞鳥《ずいちょう》で、その鳥の取り合いからの諍《いさか》いであった。

「十二代有馬修理大夫義純公（義貞嫡男）の世にあたり、温泉《うんぜん》坊々繁栄につれ驕奢《きょうしゃ》のあまり、（中略）〈白雀の歌〉より起こり大事になり行き、双方の僧徒、法衣を甲冑《かっちゅう》に穢《けが》し、薙刀《なぎなた》・槍をもって闘争に及び、このこと有馬城に聞こえければ、太守大いに驚き、侍大将一騎、物頭三騎、平士・足軽およそ三百余、早々登山して鎮《しず》めよとの御下知によりて馳せ登り云々」（『温泉山旧記』）とは鎮圧の記録である。

温泉山は真言密教の霊場で、九州の高野山《こうやさん》と呼ばれ、女人禁制であった。

「高野の宗団は、頂上に大いなる平地と自分たちの憩いの場を持つ高山にある。毎年大勢の参拝者や巡礼が訪れるが、いかなる女性も、そこに登ることが許されないし、（中略）それがため周知のように、また同所の仏僧たちは忌《い》むべき輩であり、その生活は淫猥《いんわい》を極めたものになっている」（『日』巻1・五章p一五四）。

「当時島原半島には、新宗教切支丹が相当に侵入して盛んに布教伝道が行われておった。（中略）九州の高野山と呼ばれた温泉山の僧侶達でさえ尚且《なおか》つこの如き醜態《しゅうたい》を演じて、何ら覚醒《かくせい》する処がなかった」（『島原半嶋史』上）とあるのは、「白雀の乱」の裏にある「仏僧徒の堕落」が、キリスト教の伝道が行われる時代になっても、一向に改善されていなかったことの指摘であろう。

有馬領での「有馬家累代の居城である」日野江城は、雲仙・高岩山斜面が延びた、最先端部の丘陵状の地形に築かれており、足下を有明海が洗い、本丸跡（標高八一m）からは、前方直近に橋で繋がっていたという支城原城や、目をあげれば天草諸島が一望できた。

有馬地方を本貫とする有馬家十代の晴純《はるずみ》は肥前守護職を努め、天文八（一五三九）年七月以前に、足利将軍義晴から、従五位下修理大夫に任ぜられ、相伴衆《しょうばんしゅう》に加えられている。この晴純代が有馬家の最盛期で「高来・藤津・彼杵・三根・神崎・佐賀」の六郡を支配下に置き、二十一《ママ》万石余を領していたという。

嫡男義貞を家督として、次男以下を各氏の養子として、純忠《すみただ》を大村に、盛《さこう》を松浦、直員《なおかず》を千々石に、諸経《もろつね》を志岐に送り支配体制の拡大を図った。

天文二十一（一五五二）年、七十歳で家督を譲り、入道となり仙巌《せいがん》と号した。

十一代義貞は、病弱ながら教養高い武将の誉れがあり「性格は温厚で正義の味方であり、所業は完全で（中略）歌すなわち日本の詩歌に造詣が深く、優れた書道家であり、統治に於ては老練・慎重かつ賢明であった」（『日』巻10・二九章p三二）

とある。これはキリシタン義貞への賛辞であったかも知れない。

永禄六（一五六三）年三月、豊後の大友義鎮《よししげ》は前年出家して〈宗麟《そうりん》〉と号していたが、世事への関心は抑《おさ》え難く、肥前にいる少弐政興《しょうにまさおき》を以て「少弐家再興」を企《き》図《と》して、諸候への着到を呼び掛けた。有馬義貞とその一党島原・安富・安徳や、大村純忠らは杵島郡へと陣を進めた。これに参加しなかったのが龍造寺隆信である。そのため隆信討伐が発起された。ところが七月の「丹坂《にさか》の戦」で、龍造寺・小城《おぎ》の連合軍から有馬・大村・西郷の軍勢は、壊滅的な大敗を喫《きっ》する。

この余波は国許にもおよび、仙巌による、「国主義貞の領外追放」となった。同年の大村純忠の受洗に触発《しょくはつ》され、自らも受洗しようとしていた義貞への忌避《きひ》もあったとされる。「丹坂の敗北」で戦国武将の面目を失墜した有馬義貞から、有力家臣の有馬離反が始まり、龍造寺へと靡《なび》く豪族が増えた。

「殿（仙巌）は、老いて甚だ弱きため、その国を子（義貞）に譲りしが、その子逐われたるため、老人は国内の大部分を自ら領せり。この老人は常に坊主等と協議せるがため我らの仇敵にして、坊主等の言うことの外なすことなし」（『日本通信』上・p三七五）とは、老いてなお盛んな仙巌の様子である。

永禄九（一五六六）年二月二十八日、仙巌は八四歳での一期を終えた。「ご隠居の後は、和歌を嗜《たしな》み、逍遙《しょうよう》し給いて～世事を忘れ給う」（『藤原有馬世譜』巻二）と記すが、「世事云々」どころか、キリスト教への対応や国守義貞の追放など長寿に恵まれた存在は、晩年まで世俗にまみれたものであった。

フロイスは国守義貞の弱さとも云える、邦文献にはない「謎の事実」を伝える。一五七六（天正四）年十一月三十日、使徒聖アンドレの祝日に、布教長フランシスコ・カブラルは、有馬の教会で祝宴を開き、有馬義貞らを招待した。

義貞は宣教師との顔つなぎの機会と考え、千々石城にいる三男有馬鎮純（のち晴信）にも列席を促《うなが》した。鎮純は「幼児の頃から物心付くまでの間を、デウスの敵である伊佐早家（領主は西郷右衛門純堯）の乳と教えによって育てられて来た」ことで、父義貞の配慮に応じなかった。

それは伊佐早（諫早）家の西郷純堯《すみたか》が、本家筋の有馬義貞を一家臣のように軽んじていた頃のこととして、「有馬義貞殿は、伊佐早に自分の長男（鎮純、後の晴信）を与えて、伊佐早がその長男を養子として受け入れて家を継がせることにし、伊佐早自らは、その長男（信尚《のぶひさ》）を有馬殿に与えて有馬家の相続者にすることになり、このように数年間息子の交換が行われた」（『日』巻10・三〇章ｐ五三）という。これは一兵も使うことなく「長男の交換」により、有馬領を自分のものにしょうとする西郷純堯の狡知の策であった。

時期は明確でないが、義貞は、伊佐早の拘束から免れた後で「交換の解消」を果たして隠居し、家督を鎮純に譲ろうとの意図を抱いていた。しかし、その前の一五七〇（元亀元）年に体調不良で隠居し、家督を鎮純に譲ったとある。

実際に義貞から家督を譲られたのは、鎮純ではなく家系上の長男義純とされるが、この義純は、一五七一（元亀二）年に夭折する。

一五七四（天正二）年、西郷純堯が修理中の自分の城で縁側を踏み外し、事故死した偶然が幸いし、互いの養子縁組は解約となり、義貞は、有馬家に戻った鎮純を千々石城に住まわせたと云う。

「彼（義貞）が洗礼を受けた（一五七六年四月）頃、既に息子たちの交換は再び戻し合いがついていて、鎮純はそこから軍事を速やかに行うために千々石という城に住んでいた」（東洋文庫『日』巻4ｐ一七〇）とある。いずれにしても、幼年の鎮純が、伊佐早家の交換養子となっていたのは事実と思われる。

デウスの教えの最も残忍で苛酷な敵である西郷純堯の大村純忠に対する憎しみも尋常ではなかった。妹を純忠に嫁がせている身で、純忠暗殺を企てたのである。有馬義貞から用件を理由に小浜温泉に呼び出させ、帰途の伊佐早城下で暗殺すると云う奸計であった。何の疑いもなく出掛けて来た弟純忠に、義貞は純堯の計画を告げて危難を避けることができた。

純堯について、フロイスは「武術や勇敢さはなく、悪賢さ・謀略・欺瞞に於て第一人者である」としている。

この頃、フロイスは都にいて有馬との接触はなかったとされているので、これらの件そのものが明快さを欠き、理解に苦しむことも多い。

一五九〇（天正十八）年のフロイスの記述では、「ドン・アンドレ（義貞）の嫡子であった最初の息子（義純）が、一人の娘を残して死去した。我らのドン・プロタジオ（晴信）が（義純の）後を嗣《つ》いだ。（晴信は）第三番目の息子であり、一人の姪（兄義純の娘）と結婚した。こうして彼が有馬殿となり、（有馬家から）外された二番目の兄弟（藤童丸のち鎮《しげし》・信時）が波多の領地を得た」（『日』巻2・二四章p七三）と、正確に兄弟順を記しているが、前記の頃は明確な認識がなかったのであろう。

有馬義貞の洗礼は、一五七六（天正四）年四月十五日の「枝の主日」に、口之津の教会でコエリュ司祭により行われ、アンデレの教名が与えられた。幾日か経て殿の奥方と乳呑子《ちのみご》の息子も洗礼を受け、マリィナとサンチョの教名をえた。フロイスはこの奥方を「第二の夫人」としているが、実は三番目の夫人である。

一方、「領主こそ最高の宣教師」と嘯《うそぶ》いていた第二代日本布教長フランシスコ・カブラル（ザビエル師を第一代とすれば、第三代となる）は、有馬国の義貞の受洗を重大事として、素早く豊後を出立して有馬に向かった。

六月二十二日、一艘のジャンクが口之津に入港し、アロンソ・ゴンザレース神父が上陸し、迎えたアルメイダと共に有馬に向かった。

有馬地方では、カブラルの思惑《おもわく》どおり、集団改宗の動きが始っていた。口之津上陸のアロンソ・ゴンザレース神父は、九月までに三千人、アルメイダは五千人にそれぞれ授洗し、カブラル師によれば、九月までに有馬地方総数一万五千人の受洗者があったと云う。

このような急激な数の膨脹《ぼうちょう》は、「もろさを」を内蔵するのが常である。やがて義貞の没後、幼い領主有馬晴信や僧侶の脅迫により棄教者が相次ぐことになる。

有馬領でのキリシタン布教が順調に進展していた時、八ヶ月ほどのクリスチャンで、まだデウスの至福を享受《きょうじゅ》する間もなく、膿瘍《のうよう》を患《わずら》った義貞が重態となり、「不治の徴候」を示した。そのため、鎮純が千々石城から日之江城に呼ばれた。

司祭らは、義貞を信仰の力で勇気づけようとしても、鎮純や仏僧らが高い壁を設けて、一切誰も近づけようとしなかった。

病床に横たわるドン・アンデレに、異教徒の婦女子や僧侶たちは「異教徒に立返れ」と訴え続けた。ドン・アンデレは、日本人で唯一ポルトガル語が話せるジョアン・デ・トルレス（山口出身・父親が生後八日目に彼を教会で育ててもらおうとして捧げていた）を呼ばせた。しかし、駆け付けたトルレスは、アンデレの枕頭に近付くことすら出来なかった。また、長崎にいたポルトガル人の外科医を呼ばせたが、これも会わせて貰えなかった。

「天正四年丙子十二月二十七日（一五七七年一月十五日）、「有馬義貞公御年五六歳にて御逝去、台雲寺（有馬）に葬る」（『藤原有馬世譜』巻二）。

カブラル師は「国主が、霊魂を創造主に委《ゆだ》ねるに至ったのは、十二月末（天正四年十二月上旬）」であったとする。

ドン・アンデレが息絶えた時、カブラル師は鎮純に一書を送り、「侯はキリシタンであるから、葬儀は我らに任せて欲しい」と伝えた。

すると鎮純は、「父は異教徒として死んだので、葬儀は僧侶が行うであろう」と答えた。カブラル師は、その旨の文言を文書にして貰いたい、なぜなら大村純忠殿への我らの立場を説明するものとなるはずであるからと云った。

そして、せめてキリシタンたちと一緒に、教会から浜辺の十字架までの行列と、教会での葬儀のミサだけでも許可を願いたいと懇願した。

僧侶らは、証書は必要でなく、行列などとはとんでもないことである。ただ葬儀のミサだけは、望むなら行ってもよろしいと鎮純に云わせた。

葬儀については、仏式を主張して譲らない鎮純や仏僧らは、殿の遺骸《いがい》を焼いた。カブラル師らは、教会で柩《ひつぎ》を作り、教会を廻る行列を行い、荘厳なミサと説教を以て、国王に相応《ふさわ》しい葬儀を行った。

後年の禁教時代、庶民のキリシタンは、仏式の葬儀を行った後で、「経消しの壺」などを用いて仏式の葬儀を払拭《ふっしょく》して、キリスト教での葬儀を行うなど、便法を用いて信仰を守った。

「キリシタンたちは（国中が気が立っていたので、僧侶どもが彼らに反対して、何らかの不届きをしでかすことがないように）、皆自発的に、火縄銃を肩に火縄を腕に、腰には大小を差し、槍や長刀や弓も箭《や》をいっぱい入れた箙《えびら》を持って家から出てきた」（東洋文庫『日』巻5・p一七六）とあって、信徒たちの必死の覚悟のもとでの葬儀であった。

葬儀が終わって、カブラル師は口之津に帰り、アントニオ・ロペス神父とアルメイダ修道士、それに使用人数人が有馬の教会に残った。

仏僧に示唆されるまま、有馬鎮純は、父の葬儀を終えると、かつての「薬師寺跡」が教会や司祭館とされていたので、「一月四日を期限として返還せよ」と強要し、また海上からのよき目安であった十字架をも切り倒した。

返還期限の一月四日の前夜、もとの薬師寺になるのを見たくないとするキリシタンらが、教会を全焼させるという報復を行った。

有馬に住んでいたアントニオ・ロペス神父はアルメイダ修道士と共に口之津に退いた。今や口之津も安住の地ではなくなり、やがて司祭館に一人の修道士を残し、カブラル師は豊後へ、アルメイダ修道士は終焉《しゅうえん》の地となる天草へと去って行く。
一転、荒地と化した有馬地方は、以後三年の間、暗黒の中に沈むのである。

有馬晴信の人物素描

有馬家の人物・歴史を知る基礎資料に、文化八（一八一一）年成立の『国乗遺聞《こくじょういぶん》』とその三年後の文化十一（一八一四）年成立の『藤原有馬世譜』（以下『世譜』）とがある。しかし、寛文八（一六六八）年の江戸の大火災により、有馬家伝来の家系図の軸物二本と家系譜の記録書十一巻が焼失したとあるので、これら後世の編纂物ではずいぶん曖昧《あいまい》な表現も認められる。

特に今回取り上げる有馬晴信は、徳川家康により断罪に処せられた「反逆者」であり、世を憚《はばか》るキリシタンでもあったためか、近世まで藩祖として処遇されなかったと思われ、『寛政重修諸家譜』の歴代有馬家藩主の中で晴信だけが戒名の記載がない。しかし、来日の宣教師の貴重な文献資料が翻訳発表されているので、それらに拠《よ》って少しでも晴信像に迫ってみたい。

『有馬世譜』での晴信は、義貞公の次男、或は三男とも表記される。「御霊公・大祖より十五代、有馬十三代、諱《いみな》（生前の名）は晴信。始め鎮純・鎮貴・久賢、方円公（義貞）の二子、丘雲公（義純）の御弟、御母《おんも》は家臣安富越中入道得円の女《むすめ》にて、丘雲公御同母、永禄十（一五六七）年、有馬にて御誕生」（『有馬世譜』御霊公・上）とあり、第二子の扱いである。

「波多藤童丸鎮・後、親《ちかし》と改め、また信時と改む．～松浦郡貴志岳城主松浦党波多壱岐守盛（晴信父義貞の弟）の嗣となる、御母は盛《さこう》の女なり、按ずるに藤童丸は御霊公の御兄なるべし」（『世譜』方円公）では、第三子とされている。

この異動は、「養子となった者は、養子先の成員となるため、本籍から抹消される」という当時の習慣によるものであろう。

フロイスは「嫡男義純、次男藤童丸・波多鎮《しげし》、三男晴信」と明記している。

諱（名前）は、時の政治情勢を反映している場合が多い。

永禄十（一五六七）年・誕生、童名十郎、やがて鎮純「公、大友義鎮の一字を授かり鎮純と称す」

天正四（一五七六）年・鎮貴、一五八四（天正十二）年まで

天正八（一五八〇）年・鎮貴、キリスタン名でプロタジオとなる
天正十三（一五八五）年・久賢「島津義久の一字を授かり久賢と名乗る」

天正十五（一五八七）年頃から、晴信と名乗るか。

天正十九（一五九一）年・晴信「カラファ枢機卿宛書状に、修理大夫晴信の署名がある」

慶長四（一五九九）年・晴信「堅信の秘蹟」を受け、ジョアンとなる

父義貞夫人すなわち（晴信の）母親は、「公（義貞）、御室家は安冨越中守入道得円が女、後、松浦党波多壱岐守盛の女を娶《めと》り給う」（『世譜』方円公）とある。結城了悟師によると「安徳の殿は安冨越中守入道得円であった」（『キリシタンになった大名』「有馬家系図をめぐって」）とされている。

ところが、「安冨越中守入道得円」なる人物の実態は不明である。『世譜』では、晴信は、嫡男義純と同母とあるが、晴信が生まれた時、嫡男義純は十八歳であった。戦国の世では、領主衆の子が誕生した時、母親ではなく乳母の乳で育てたのは、急ぎ次の子を産んで貰うためであった。だとすると義純から晴信までの十八年の間隔は余りに長く不自然である。それで、次男藤童丸と三

男晴信は、波多壱岐守盛の女が母親であるとは考えられないだろうか。

一五七六(天正四)年四月十五日、有馬義貞が口之津で洗礼を受けて旬日も経《た》たない時、日野江城から、城外の教会付属の司祭館へ、数人の待女と息子の乳《ち》呑子《のみご》(他の子供たちに比して一番幼かった)を伴って来た婦人が、義貞と同じくガスパル・コエリュ神父から洗礼を受けて、マリイナ、乳呑子はサンチョの教名を授かった。

「この奥方は、殿の二度目の夫人であり、殿はこの夫人から二児を得たにすぎない。最初の夫人は殿との間に五人の子供を生んだが、すでに数年前に世を去っていた」(『日』巻10・三〇章p四五)とあるこの夫人のことを、『世譜』もフロイスも、波多壱岐守盛の女だとしている。乳呑子は晴信弟の備中盛純忠と思われる。

このマリイナが洗礼を受ける日、司祭館には大勢の人々が見物に押し寄せたというが、荘厳な雰囲気のなかで、母に抱かれた幼児との洗礼は、人々の記憶に一幅《いっぷく》の絵として残り、当地方での聖母子像が崇拝される素地となったかも知れない。

有馬義貞の子として、長男義純、次男藤堂丸鎮、三男鎮純(晴信)、四男又左衛門純実（不行跡で湯島に遷され後、斬首）、五男備中守純忠までが系図にあって、上井覚兼の『日記』には、人質になった鎮純の弟新八郎の名もある。また帰国の四少年を長崎に迎えた時、晴信の弟レオンの名も見える。娘では龍造寺隆信の長男政家の室になった姉がいる。

一五八二（天正十）年六月の聖霊降臨の祝日に、有家でコエリュ神父が洗礼を授けた人物のことを、結城了悟師はその著で、「有馬殿に次ぐ高来の主立った人物が受洗しました。彼はこの地方で家老ジョアンの父で、殿〔晴信〕の義父（フロイスは「殿の祖父」とする）です。霊名は彼がそのように頼んだので、シモンと名づけられました。非常に賢明な老人です。この安冨シモンには、城主である三人の子供がいた。その子供は、有家城主ドン・ジョアン、安徳城主、そしておそらく深江城主であった」（『キリシタンになった大名』）とされている。

フロイスは、有家城主左兵衛尉のことを「有馬殿（晴信）の叔父《おじ》ジョアン越中殿」（一五九三年書翰）としているが、結城了悟師は、ドン・ジョアンは、安冨越中守得円であるとして「ドン・ジョアンは、初めに左兵衛と呼ばれ、後に越中守として、晩年には得円殿と呼ばれた」として、安徳城主とされている。

しかし、邦文資料で安徳城主「安冨越中守得円」の名は見出せない。

一五八四（天正十二）年、龍造寺隆信が、有馬晴信・島津家久の連合軍に島原・沖田畷《おきたなわて》で敗れた戦で、龍造寺側にいた深江城主十二代安冨下野守純泰は佐賀藤津郡に去り、その地で源昌寺を建立し菩提寺とした。そこに伝わるのが『源昌寺由緒』である。

一五八三（天正十一年）、「祖父正佐入道老耄《ろうもう》に及び、徳円を初め敵方へ好《よし》み多き故、有馬へ心切れず、これによって有家村までこれを送り徳円に渡す」とある。

安冨下野守純泰の父は安冨伯耆守純治で、祖父が安冨但馬守貞直正佐入道である。この祖父正佐入道を、龍造寺側である孫の下野守純泰が、有馬側で有家にいる叔父の安冨左兵衛尉徳円方へ送り届けたと云うのである。

一五八二年三月（六月とも）に、有家で受洗した人物は「家老ジョアンの父正佐入道」で、ジョアンの父とは、深江城主安冨但馬守正佐入道貞直のことである。「子供三人」は、十一代深江城主安冨伯耆守純治、安徳城主安徳上野介直治の養子となった安徳上野介純俊、末っ子が有家城主安冨左兵衛尉純生（徳円入道、純清と称す）である。

他に娘が二人いて、姉が島原純茂に、妹が有馬義貞にそれぞれ嫁している。従って、正佐入道は、島原純茂、有馬義貞にとって義父となるのである。

なお、安徳城主上野介純俊も、病気になったのを機に改宗し、霊名をジョアン・レヘルド・デ・有馬純俊と称したと、一五八八（天正十六）年一月のグレゴリオ・デ・セスペデス神父の書翰にある。

「安冨越中守徳円―義貞公の御外戚、義純公、晴信公の外祖父、御先代より大夫たり、この時、職を辞す～寛文七年二《ママ》月四日、東都麻生邸類焼の時、不始末なる罪に坐し、家断絶」（『国乗遺聞』国老第八）とある。

一五六三（永禄六）年三月に、有馬仙巌父子の要請《ようせい》に応じて、トルレス師がアルメイダ修道士を島原半島へ派遣した折り、島原から口之津に向かうアルメイダ修道士は、安徳城主の勧誘で「有馬の王（義貞）の義父の領地である安徳《あんとく》に赴いた」（『日』巻9・三章p四六）とあるが、義父の地は深江であって安徳ではなかった。

ここらの文章はフロイス来日以前のことで矛盾（誤認？）があるとは、松田毅一氏のご指摘である。

晴信の年齢についても、松田氏は「内外の史料が著しく矛盾する」とされ、通説では「日本人は、外国人からは若く見られる」とされるが、来日の宣教師の見聞では邦文の年齢よりも年嵩《としかさ》に捉えているのが注目される。

①・「丘雲公（兄義純）と御同母、永禄十（一五六七）年、有馬にて御誕生」（『世譜』御霊公）で、「慶長十七（一六一二）年五月六日、公、甲州都留郡前林にて御生害、御年四六」（『世譜』）とあり、これによると、有馬晴信（一五六七～一六一二）は、四六年の御生涯となる。

②・「屋形（義貞）が死亡し、ドン・プロタジオ（晴信）がその後を継ぎ、十七才の少年で兵力も少なかったため、豊後の王と同盟した」（一五八八年二月二十日付・フロイス書翰）。父義貞の死は、天正四（一五七六）年十二月二十七日であるので、その時十七才なら、永禄二（一五五九）年が誕生年となる。

③・「一六一二（慶長十七）年六月五日、受洗した一五八〇年以来、常にキリスト教に熱意を示し、その領内に一人の異教徒もいないようにして私たちに多大の恩恵を施してくれたドン・ジョアン有馬殿の悲しい最期である。時に五一歳」（一六一二年度年報・マテウス・デ・コウロス書翰）。これに拠ると、永禄四（一五六一）年の誕生となる。

④・ヴァリニャーノの『アポロジア』には、「有馬国主ドン・プロタシオに洗礼を授けようとした時、彼は十九歳でいまだ独身であった」とあり、晴信の受洗は天正八（一五八〇）年で、十九歳だと永禄四（一五六一）年が誕生年となる。
「婚姻に関する教会の記録は、当事者の家族については明白な認識を必要とする」とあるので、ヴァリニャーノの記録には相当な重みがある。
『有馬世譜』では誕生年を、永禄十（一五六七）年、フロイスは永禄二（一五五九）年、洗礼を授けたヴァリニャーノと、晴信の死亡の時期に有馬にいたコウロスは永禄四（一五六一）年としているので、永禄四年誕生説に説得力があるだろう。

天正二（一五七四）年二月、佐賀の龍造寺隆信は、杵島郡塚崎（武雄）城主後藤貴明《たかあきら》（大村家からの養子）、同郡須古高城《たかじょう》主平井経治《つねはる》（有馬仙巌の娘婿）の討伐の兵を発したが、六月には貴明と和睦し、十二月には高城を落とし、経治を追い払った。

翌三年の初秋の頃から高城の補修にかかったのは、ここを藤津郡にある有馬の諸城、大村・伊佐早・島原など諸城主の討伐の拠点とするためである。

天正四（一五七六）年、嫡男義純を亡くし、落胆の義貞は「我、多病にして防戦に怠り、家門日々に衰う。久しく世に居るべきにあらず」と嘆《なげ》きながら、まもなく世を去った。

同年六月には、龍造寺隆信の攻勢に対して、大村純忠が異心なき旨の起請文を差出し、龍造寺隆信の次男家種に娘を嫁すことで屈服させられた。

天正五（一五七七）年十月には、伊佐早の西郷一族二十七人も龍造寺に屈した。この頃、隆信が、投降する領主を起請文の提出だけで許したのは、今後の版図《はんと》の拡大を考え、人材を獲得する意味があったものと思われる。

同年十二月、龍造寺軍は、藤津郡からの有馬勢を放逐《ほうちく》し、ついに島原半島北岸の神代《こうじろ》に上陸した。神代城主貴茂《たかもち》と島原純豊とが、龍造寺軍勢を迎えた。晴信（和文献で十才、欧文献で十八才）は、安富・安徳の軍勢を率い、三会で迎撃したが負け戦で、千々石城を奪われてその年は暮れた。

翌六年三月下旬、再び龍造寺軍が神代に上陸する。すると安徳城主上野介純俊、深江城主安冨下野守《しもつけのかみ》純泰ら兄弟が有馬から離反して龍造寺に属した。

有馬家は、累代の重臣の離反で、かつての栄光は遠のき、小浜から有家までの領域を少人数で維持するのが精一杯の、累卵《るいらん》状態に陥っていた。

有馬家家臣連署起請文（永野御書キ物抜書）

一、世上如何なる躰の変化をなすと雖も、隆信・鎮賢にして、鎮純たる、別儀なき様に各同心を以てその機を致すべく遣わす事
一、隆信御隔心の方角に至り、鎮純同意なき様に、各申し談ずべき事
一、豊洲に至り、当に未だ鎮純御下知を請けられざる様にすべく、各申し談ずべき事

附

鎮純家来に於て、自今以後、貴家に対し逆意の者共これ有るに於ては、各一味を以て差し放つべき事

右條々　相違せしむるに於ては（以下略）

天正七年

安冨左衛門佐鎮泰判　※深江十二代領主
西但馬守純房判　※口之津代官　義貞妻子受洗の際受洗
安冨尾張守純治判　※深江十一代領主　一五八三年に受洗
東三河守純広判　※奏者番・有家代官　義貞と共に受洗
千々石次郎純家判　※千々石城代カ

有馬家の重鎮五人は、前主義貞に較べて晴信を随分軽く見ていたようだ。その結果が、結束して領主有馬晴信を掣肘《せいちゅう》するという神仏に誓った起請文である。

この誓詞が出た段階で、晴信の領主としての権威や存在はこれらの家臣から見限られたと云わざるをえない。

「これらは有馬氏家臣が相談の上当主鎮純の行動を規制するとしつつ、龍造寺氏へ服従する意志を表明したものである」（『戦国史研究』第六八号・「天正七年付、有馬氏家臣連署起請文について」林田崇）と云う。

天正七（一五七九）年六月、万策尽きた晴信は、姉を隆信嫡男鎮賢（のちの政家）に嫁するなど和睦の方策を講ぜざるをえなかった。

この危機に、国老のジョアン安富左兵衛尉は、大村の援助により勢力の挽回を図《はか》ろうと考え、大村にいるガスパル・コエリュ師に、晴信と大村純忠の女ドナ・ルシアとの結婚を取り持ってほしいと依頼した。苦衷《くちゅう》を察した純忠は「晴信が全家臣と共にキリシタンになるなら、結婚は出来よう」との返事を与えた。

一旦はうまくいくと思えた婚約であったが、純忠の独断だとして大村家身内の反対で婚約は解消となる。

当時の日野江城は、有馬家から離反した諸将の軍兵により、包囲された状態にあった。こうした包囲が始まると、領民が家財・家畜ともども城内に難を避けるのが通例であったが、それが五ヶ月ほどに及び、城内の忍耐は限界に達していた。

また、和平の条件に「有馬の主城だけ残して、他の諸城は破却せよ」との要請もあり「（小浜の）八幡城その外所々、新たな構《かま》えタタミ置くつもり」（『永野御書キ物抜書』）と返答した。

天正七（一五七九）年七月二日（邦暦）、レオネル・デ・ブリトの定航船が口之津に入港し、巡察師ヴァリニャーノが上陸、師によってイエズス会による有馬家援助と共に、島原半島にも新たな伝道史が始まるのである。

ヴァリニャーノ師口之津港に上陸

一五七九（天正七）年七月二十五日、マカオから日本を目指したキャプテン・

モールのレオネル・ブリトの定航船《ナウ》が、現長崎県南島原市口之津港に入港した。

イエズス会の日本での活動状況の視察と指導のため、巡察師ヴァリニャーノ神父（一五三九〜一六〇六）は、伴侶のローレンソ・メシア神父、忠実な友と称された補佐役のオリヴェリオ・トスカネル修道士らを伴い同船から上陸した。

ヴァリニャーノ師の到着を、フロイスは「天の御使いの如くに、彼は日本を助けに来た」と安堵と感嘆を込めて記した。

口之津湊公園にあるヴァリニャーノ像

当時、日本全国でのキリシタンは十五万人、教会は二百を数えたと云うが、九州の諸状況を聴取した結果、「この国の事情を考えると溜息がで、悲嘆し大きな不安が襲って来るのを感じた」と云う。特に、布教長カブラルの日本人観についてと、イエズス会内のヨーロッパ人神父と日本人との不一致、九州キリシタン大名の政治的不安定などがその要因であった。

一五六七（永禄十）年、古くから交易港として知られた口之津へ、ポルトガルのトリスタン・ワス・デ・ヴェイガの船が記録上では初めて入港した。

一五六三（永禄六）年三月のアルメイダ修道士による島原宣教から、四年が経過しており、口之津には初代布教長のトルレス師が居住していた。

当時、口之津に滞在していたポルトガル人によると「三艘が入港していた」と云うから、三艘の船団での入港で、この時は宣教師の上陸はなかった。

大村純忠の横瀬浦開港に触発された有馬家の強い要請による交易を目的とした入港であったのだろう。

一五七六（天正四）年六月には、ドミンゴス・モンティロのジャンク船が、有馬義貞のキリシタン入信のお祝いとして入港している。この時、ポルトガル人宣教師アロンソ・ゴンザレース神父（ヴァリニャーノ師による派遣神父）が初めて口之津に上陸し、領主の入信に伴い「二、三千人に洗礼を与えた」と云う。

ヴァリニャーノ師が上陸した当時の有馬領は、十八歳の領主有馬晴信の支配下であったが、天正四年から打ち続く佐賀・龍造寺隆信勢の侵攻により、領内の主要な城主は殆《ほとん》ど龍造寺方に加担し、居城日野江は龍造寺側の包囲網によって、落城も目前で降伏の協議が進められているところであった。

そこに味方と期待出来る黒船が、祝砲を殷々《いんいん》と轟《とどろ》かせて入港して来たのである。そして降り立った人物は、東インド領域で最も非凡な学徳の持ち主とされたアレシャンドル・ヴァリニャーノ神父で、一五七三（天正元）年九月二十五日、イエズス会総会長から巡察師の任命状とともに、特例とも言うべき「イエズス会総会長と同等の権限」を付与されていた。

一五七〇（元亀元）年六月、天草島の志岐に上陸し、トルレス師の後を継いで第二代の日本布教長に就《つ》いて十年の、十一歳年長のフランシスコ・カブラル師を一五八〇（天正八）年八月三十日付で、容易に罷免《ひめん》できたのも付与された権限によるものであった。

ヴァリニャーノ師は、一五七四（天正二）年三月のリスボン出発前に、カブラル師の一五七一（元亀二）年九月の総会長宛の書翰で「日本のキリスト教化」が前途有望な状態にあることを知った。以来、伝えられた「宣教師不足」を補うため、優秀な人材の育成と派遣を心がけていたのである。リスボン出発からの足跡は、一五七四年九月、インドのゴア到着。

七五年の日本在住のイエズス会員は、司祭九名、修道士五名の総勢十四名であった。

七六年、有馬義貞受洗で口之津へアロンソ・ゴンザレース一名、長崎へアントニオ・ロペス、クリストバル・レオンの二名が派遣される。

七七年、長崎着十四名（司祭七名・修道士七名）の大宗団を派遣する。

七七年九月にゴアを解纜《かいらん》出帆する。

七八年九月にマカオ到着。

七八年、八名（司祭四名、修道士四名）が、台風で平戸領壱岐に漂着。ジュリオ・ビアニとアフォンソ・デ・ルセナの両神父が壱岐での宣教に従事。アントニオ・ブレネスチーノ、ジュセッペ・フォルナレッチの両神父と四人の修道士は長崎へ移る。

七八年の日本在住のイエズス会員は、司祭二十一名、修道士三十名の総勢五十一名となる。

七九年七月七日、ヴァリニャーノ師一行、マカオから日本へ出帆。

七九年には、布教長フランシスコ・カブラル師以下の日本のキリシタン宗団は、五十三名のイエズス会士（司祭二十二名と修道士三十一名）で、十万人（十五万人とも）のキリシタンの司牧に当っていたとされ、隆盛の途上にあるように見えた。

口之津上陸の一行は、高台の堅固な場所に建つ、「岬の聖母の教会」の司祭館に落ち着くことになった。ここにはまた日本の教会を扶養する物質の大半が置かれており、司祭二名と修道士四、五名が常駐していた。当時の口之津村は二百戸の軒数で、ほぼ全戸がキリシタンであった。

有馬家十三代有馬晴信（この頃・鎮純《しげずみ》）は、自分の軍勢では、垓下《がいか》の敵・龍造寺勢に抗し難いことを知り、隣国の叔父大村純忠の援助を受けて窮地を脱しようと思い、亡父の弟純忠の愛娘《まなむすめ》キリシタンのドナ・ルシアとの結婚を考えた。

そしてあろうことか、異教徒の身で、この仲介を大村に滞在していたガスパル・コエリュ師に依頼したのである。勿論この間の交渉は、晴信の後見役で家老である有家・大浦城主ジョアン左兵衛尉徳円の働きによるものであったろう。

晴信は、依頼する条件に「自分が改宗することと、かつて自分が追い込んで棄教させた者を立ち返らせること」などを申しでた。

結果的にはこの結婚は成立しなかったのだが、イエズス会側にしては、晴信の申しでを「壊滅状態になっている高来のキリシタン宗団の回復の好機」と捉え、俗に云う「棚からボタ餅」の思いで受け止め、斡旋に動くことにした。

老練なコエリュ師は、晴信父義貞公の葬儀からの事を持ち出し、晴信にギューの音《ね》も上げさせぬほどに責め付け、完全に晴信の首根っ子を抑えた思った。

このような恥辱を受けて、なお文書による誓約まで差出して耐えたのは、ジョアン左兵衛尉徳円の「イエズス会からの軍事援助即《そく》有馬家の存続」という説諭があり、宣教師との友好関係維持の重要性を納得させられていたからであろう。

しかし、ルシアとの婚約は、純忠のコエリュ師に対する尊崇から生まれた独断により、一連のことを後見役の仏僧や親族らに無断で行ったとの反発を受けて、中止となった。面目が潰れたコエリュ師は、怒りで大村を去った。

晴信からは、コエリュ師の骨折りに対し「有馬へのご来駕を」との再三の要請があったのを断った挙げく、「殿の弟たちの一人をキリシタンにするなら有馬へ行く」とした。

晴信はコエリュ師の迎えに、キリシタンのジョウチンを遣わし、信仰を棄てていなかった泉州パウロの家に迎え入れた。

有馬でのコエリュ師は「殿がなし得ること」として、「殿は六、七歳になる御自分の幼い弟をキリシタンにさせるべきである」（『日』巻10・三四章p一〇一）と詰め寄った。

晴信は、末弟にキリシタンになることを命じて、コエリュ師の洗礼を受けさせ、ドン・サンチョの数名を得させた（松田毅一は、氏名は不明とされる）。

「（コエリュ師は、キリシタンに）立ち返った人々を説諭したり、異教徒たちに教えを説いたりしながらその地に約二ヶ月滞在した」（『日』巻10・三四章p一〇二）。

晴信の心にようやく、キリシタン宗団に向き合う心が生まれだしていた。

ヴァリニャーノ師は、翌八〇（天正八）年六月までを口之津で過ごし、大村純忠・喜前親子からの、長崎・茂木領寄進受領のため長崎に移動する。

師は丈《たけ》高く、身体は強健で、夜半に就寝し、午前三時に目覚めるという生活で平気であったと云う。挨拶のためヴァリニャーノ師を訪れた晴信は、

「自分もその所領（の領民）も、ことごとくキリシタンになりたい」との意向を表明した。答礼のため有馬に赴いたヴァリニャーノ師に、再度キリシタンになることを訴えたが、「有馬のこと、晴信のこと、その他キリシタンのことなど判らない」として、より熟した時が来るまで待ってほしいと述べるに止どめた。

口之津滞在中、日本国内の状況を見ると聞くとでは白と黒ほどの違いがあるとして、書き継いでいた『東インド巡察記』を完成させ、閉塞《へいそく》した宣教の現状打開のためにローマに送られる「通信制度」改定を行い、九州の三大布教拠点としての有馬領口之津港、大村領長崎港に次いで、豊後府内・臼杵の構築に取り組んだ。

布教状況の分析で驚かされたのは、ポルトガル語を理解し話せる日本人が、トルレス師から山口で幼児洗礼を受けたジョアン・デ・トルレス修道士ただ一人という現実で、新来の宣教師への日本語教育は全くなされていないことであった。

また布教担当者の宣教師と日本人の間に大きな齟齬《そご》があることであった。これには、Hidalgo《ヒダルゴ》（ポルトガルの一番身分の低い世襲貴族）出身で、貿易商であった布教長カブラル師の「日本人は傲慢《ごうまん》で、貪欲《どんよく》、信頼がおけず偽善的である」との考えが影響していたようである。

一五七〇（元亀元）年、天草の志岐に上陸以来、日本人修道士へのヒダルゴの軍隊的な指導や、黒人同様とみなした日本人の風習への嫌悪などは、ヴァリニャーノ師の「（日本の）人々は、皆色白く、洗練されており、しかも極めて礼儀正しい」（『東インド巡察記』一五章）とのザビエル以来の考えとは根本的に異なるものであったが、ヴァリニャーノと共に口之津に降り立ったローレンソ・メシアも「日本人は全てに表裏があり、真意を内に秘める。嘘つきで誠意がない。恩知らずで感謝することがない。平気で人を裏切る」（一五七九年書翰）と記している。

当時、有馬領に山積していた難題の処理に関わったことでの感想であろう。八〇年三月になって、ヴァリニャーノ師は、当時の日本の桎梏《しっこく》にどっぷり浸っていた領主晴信から、洗礼に至る障害を少しずつ取り払ってやり、やっと日野江城内で洗礼を授け、プロタジオの教名を与えることが出来た。

この間、窮状に瀕《ひん》していた晴信と日野江城にたいして、ヴァリニャーノ師が与えた援助をフロイスは次のように伝えている。

「彼（ヴァリニャーノ師）は、かなりの量の食糧を購入させ、毎日修道院に喜捨を求めに来る全ての貧者に施しを与えたほか、焼失した城に救助の手を差しのべるよう命令し、食料、およびかなりの範囲内でいくらかの銀を送付した。また、この目的のために定航船から十分に仕入れておいた鉛と硝石を提供した。これらのことで彼は六百クルザード（二千万円余）を費やした」（『日』巻10・三九章ｐ一六〇）。八〇年には、パルトロメウ・ヴァス・ランデーロのジャンクが、晴信とヴァリニャーノ師との約束によって口之津に入港する。この船が入港した時の、晴信の満足たるや尋常ではなかった。

「有馬氏の受洗を慫慂《しょうよう》し、且つ領内のキリスト教を繁盛ならしめるため、糧食・武器を多量に供給して苦難を救った船」（「ローレンソ・メシア書翰」）であったからだ。事実、この船の入港によって、龍造寺側は、有馬晴信の降伏文書に近似する起請文を得ていながら、抵抗の長期化を懸念したのか、日野江城の包囲を解き、和睦の成立に至る。

後に布教長カブラル師から、布教の「最良の使徒」として大友宗麟や大村純忠を紹介された巡察師は、「この殿たちが宣教師を領地内に入らせて、宣教を許しているのは、宗教的関心からではなく、商船を領内の港に誘い込み、税金の取り立てで利益を得る財政的関心からである」ことに気付く。

一五六二（永禄五）年のペドロウ・バレット・ロシンの定航船の横瀬浦入港から始まって、福田、長崎の入港地はすべて大村純忠領であった。

横瀬浦でトルレス師から洗礼（一五六三年）を受け、バルトロメウの教名を与えられた純忠は、交易により莫大な利益を受けながらも、その信仰の軌跡は必ずしもキリシタン一辺倒ではなかった。

受洗直後には、出陣の途次でこれまで慣れ親しんでいた軍神摩利支天《まりしてん》像を破却し、他にも神仏像を破壊したり焼却したりした。

しかし一五六四（永禄七）年築城の三城《さんじょう》には、観世音が祀られており、一五六八（永禄十一）年の伊勢御師《おし》による大麻配札の記録『肥前日記』には、大村民部大輔《みんぶたゆう》（純忠）の名があって伊勢信仰も維持していたことが知られる。

一五七〇（永禄十三）年三月頃には出家して「理専」（『歴代鎮西要略』）と名乗る。政略により大村家に入った者として、足許の脆弱《ぜいじゃく》さから僧侶・家臣団への気遣いがこのような屈曲を強いられたものであろう。

一五八〇年六月九日（天正八年四月二十七日）付で、イエズス会への大村純忠・純前《すみあき》父子連署による「長崎・茂木寄進」を、カブラル師の反対を押し切ってヴァリニャーノ師は受納した。

領地の所有は「イエズス会会憲」で禁止されていたが、これから増えるであろう教会や関連施設、扶養人数などを考えると、不安定なポルトガルからの財政に頼らなくとも、安定した財源や安全な避難場所の確保が必要であるとの思惑からの寄進受納の決断であった。

なお、茂木は有馬領で、小浜・口之津・島原への渡航地として良港であった。「大村氏が龍造寺側の攻勢を避け、領国の安全を考えて寄進を希望した」とヴァリニャーノ師は云うが、「武器購入などでの借財返済のためのもの」（『大村家秘録』）とあって双方の言い分には違いがある。イエズス会は体面上「借金返済の代わりに土地を取った」などとは云えなかったのであろう。

一五八四（天正十二）年の「有馬晴信の浦上寄進」については、「ヴァリニャーノ師が、日野江城包囲の際に示した援助への謝恩であった」（一五八九年八月付・コエリュ書翰）とあって、イエズス会の世俗的な一面が述べられている。

龍造寺隆信と激突した薩摩・有馬連合軍の沖田畷《おきたなわて》の島原合戦の前、晴信は、コエリュ師に対して「もしもデウスが敵に対して勝利を授け給うた暁には、高来《たかく》にある温泉《うんぜん》と称せられる多数の巡礼と多大の収入を有する僧院の全収入をデウスに奉献する」（『日』巻10・五五章p三四〇）と確約していたが、勝利の後では、薩摩側の圧力に負け、「僧院の収入分の把握が困難だ」として、長崎近傍で全住民がキリシタンである浦上の三、四村の土地を、温泉《うんぜん》の代わりにイエズス会に譲与している。

もともと大村領であった「浦上」は、イエズス会の要望を受けた大村純忠が、晴信に有馬領の「茂木」を提供させた見返りに、（「浦上」を）与えていたのではないかとは、本間貞夫氏（『貿易都市長崎の研究』）の指摘である。

『日本布教長内規』（六月二十四日付）では、日本布教区を都・豊後・下《しも》の三地区に分けることと、神学校・学院・修道院の設定の義務が明記されており、続く「神学校内規」には、真実・確固たる教義のみを教えるとある。

おそらくこれらは七月末頃に開催された長崎予備会議で、仮承認が行われ、本格的には臼杵・都・長崎の協議会で討議承認されたものと思われる。

有馬の神学校の建設は、一五八〇（天正八）年四月三日以降、六月二十四日以前に開始されたとされる。建物は、仏寺跡を修学の場を意図して欧風に改造された。

初代校長は、イスパニアの古い貴族出身のメルキオル・デ・モーラ師で、「日本人司祭養成」を目的として、それに相応《ふさわ》しい子弟二十二名が集められた。

一五八二（天正十）年二月二十日、第一次日本巡察を終えたヴァリニャーノ師は、「ローマ法王並びに国王陛下に援助と恩寵を請《こ》わん」がため、大友、大村、有馬三侯の名代である四名の若者、総勢十名の一行で、イグナシヨ・デ・リーマの船により長崎を出帆した。

今に名を残す「天正遣欧少年使節」の出立ちであったが、どうやら師の独断による決行であったらしい。しかし、「セミナリヨの成果」と呼ばれた若者達は、全員有馬セミナリヨの出身者であった（全員日本名は不明）。

正使：伊東マンショ（日向都於郡出身）、千々石《ちぢわ》ミゲル（有馬領千々石出身）

副使：原マルチノ（大村領波佐見出身）、中浦ジュリアン（大村領中浦出身）

随伴：コンスタンチーノ・ドラード（伊佐早出身）、アグスチーノ（大村出身）

少年の指導：修道士日本人ジョルジェ・ロヨラ（伊佐早出身）

「巡察師がシナに向かって出発した後に、副管区長（コエリュ師）は、直に有馬の地に赴いて、再びその地での布教に従事した。過ぐる頃（その地の）十字架は敵により切り倒されていたが、今や二十五基以上が各地に建立された」（『日』巻10・四三章p二一八）、有馬地方のキリシタン宗団の回復が見て取れる数であった。

有馬領神学校の変遷

有馬神学校の廃墟《はいきょ》に立つ時ほど、私はこの劇的なるものを感じる時はない。もしそれが廃墟と言うなら、これほどの廃墟はないからである。

戦国時代にここでラテン語を学び、西洋音楽を知った若者たちを偲ばすものは、何ひとつ残っていない。（中略）有馬神学校の廃墟、今は雑草に埋もれた日野江城の山腹に腰をおろすと、聞こえるのはただ沈黙の声だけである。

（『走馬燈』遠藤周作）

一五七〇（元亀元）年、天草・志岐（現・苓北、五和、佐伊津一帯）に上陸したフランシスコ・カブラル師は、トルレス師の後を承け、第二代日本布教長となった。一五六六（永禄九）年の領主志岐麟泉《しきりんせん》の受洗や、麟泉の継嗣として有馬仙巌の五男諸経（後、林専）がいたことなどが、志岐寄港の理由であったろう。

カブラル師は、志岐一帯の辺鄙《へんぴ》な寒村集落に驚き、以後彼の日本人観は、麟泉の棄教（一五七一）などもあって最悪の視線で推移していく。

一五七三（天正元）年九月、イエズス会総会長メルクリアンは、マチェラータ神学校長ヴァリニャーノをローマに呼び、「東インド巡察師」任命を伝え、「日本人のイエズス会入会促進に向け尽力するよう」との指示を与えた。

これが日本での「教育機関設置」の契機となったと思われる。

一五七九（天正七）年七月二十五日、布教状況視察の名目で、巡察師ヴァリニャーノ一行は、有馬領・口之津港に上陸し、岬の聖母の教会付属の司祭館で、予備会議を開催した。

そこで、聞くと見るとの違いが「現地からの通信内容」にあったとして、ローマへの報告は「上長の承認」を得た「年報方式」に変更することとした。

その第一報は、一五八二年二月十五日付・イエズス会総会長宛の長崎発・ガスパル・コエリュ師によるものであった。

一五八〇（天正八）年三月、日野江城内で何度となく衝突・揉み合・延期の末、有馬晴信の受洗がヴァリニャーノ師により行われ、プロタジオの霊名が与えられた。

しかし、「晴信受洗後、巡察師滞在三ヶ月の間に大小合わせて四十を越える寺社が仏像共に破壊された。それらの中には、日本で著名なきわめて美しい幾つかの寺院が含まれていた」（『日』巻10・三九章p一六五）とあり、この行為は、巡察師への謝意のために、有馬晴信が家臣に命じて破壊させたものだと云う。

一五八二（天正十）年の冬には、口之津居住の準管区長コエリュ、フロイス師らによる岩殿洞窟にある仏像などの破却・焼却があったが、これは仏僧や異教徒が仏像や教典の破壊を避けて、発見は不可能と思われた洞窟に隠匿していたものであって、コエリュ師の狙い撃ちであった。

一五八〇年六月二十四日、布教管轄区域を肥前中心の下《しも》、豊後、都と三地区に分け、それぞれに神学校《セミナリヨ》を置くことにし、まず有馬と安土とにセミナリヨを造り、豊後の府内と臼杵には修練院《ノビシアド》と学院《コレジオ》を設置することにした。

「セミナリヨ内規」（六月二十八日付）では、有馬と安土で発足する神学校の勉学上と行動とに関する項目が定められた。

近代的な人間教育の原理に基づく学校制度ではあったが、あくまでも「聖職従事者育成」を目的としており、一般人の教育に資するものではなかった。

『(生徒たちの) 大半は、貴人の子供たちであった。その世話に一人の修道士が当り、彼らの身体上のことを何かと管理した。更に彼らには (ラテン) 文法を教える教師、神学校の校長でありまた同時に別の家屋からなる少年たちの住居の院長である人、住居と離れた寝室、立派な広い教会などが与えられた。そこから四分の一里の地に、少年たちの遊び場として別の場所が宛がわれたが、それは目的に合った最も立派な寺院であった」(『日』巻10・三九章p一六七) とある。

九月十四日、巡察師は、フランシスコ・カブラルなどと共に豊後に到着する。異国での布教の必須の条件に、該当国の言語修得がある。ところが布教長ガブラルは、宣教師の「日本語修得」を、言語の複雑さを理由にして放置していた。ヴァリニャーノ師は、臼杵の修練院では「修練の精神にとって、克己《こっき》とイエズス会の精神に徹する事」を目的とし、十二名 (ポルトガル人六、日本人六) の修練生で発足することにし、また日本語教育の課程での宣教師への授業も始めた。

日本人の修練生については「本年、有馬の神学校は、つい先頃開設されたばかりなのに、早くも期待されていた収穫の初穂をもたらし始めた。副管区長コエリュ師は、六人の若者を修道士として受け入れ、彼らを豊後の修道院に派遣した」（『日』巻10・四七章p二六三）とある。

一五八〇年四月三日の復活祭以降、六月二十四日以前に、高来《たかく》の筆頭である主要な町（北）有馬で、神学校校舎の建設が始まった。

「晴信が贈与した土地にあった仏寺を改造した家屋に、高級武士の子弟二十二名が集められた。場所は静かで奥まった所であり、建物の前には広い運動場があり、数百メートル離れた所には休養のための別荘といったものまで付属していた」（『日本巡察記』）。

入校生が「上流家庭」に限られたのは、親たちからの財政的な寄進や、異教徒からの妨害を警戒してのものであった。生徒は自ら世俗を脱した証《あかし》に髪を切り、紺色の着物を着し全寮制での生活であった。学習の場には机と椅子が用意された。

神学校では、教義理解や教会祭典に必要なラテン語教育に力を入れ、神学生を「改宗の仕事と福音の伝播《でんぱ》に適した道具」（『日』巻7・五三章p三一五）に育成するための学習が始められた。

校長は、イスパニヤ人の貴族出身で「葡萄畑の熱心な働き手」と称されたメルキオール・デ・モーラ神父であった。神父は軍人の経歴もあり気性は激しかったようで、有馬晴信の仏僧への対応や、信徒の迷信・奴隷売買・蓄妾問題などで激しく衝突している。

一五八七（天正十五）年七月二十四、五日、豊臣秀吉は、「伴天連追放令」―在日宣教師の二十日以内の国外退去―とキリシタン大名高山右近の改易という驚天動地の出来事を突き付け、数日後には浅野長政・藤堂孝虎らを長崎に派遣して、「イエズス会領長崎」を接収し、公領とした。

「追放令」発動の直接の切っ掛けは、「筑前博多での、副管区長コエリュ師が、旗で飾り立てられ、極めてよく武装された西洋式の軍艦フスタ号で、まるで大提督のような服装をして秀吉に謁見したこと」（『バテレン追放令』安野真幸）で、宣教師は日本領土を乗っ取る尖兵《せんぺい》との印象を与えてしまい、以後、日本の最高権力者から来日宣教団は敵対視されるようになっていく。

退去を命じられた司祭や修道士は平戸に集められた。そこには前年入港していたドミンゴ・モンテイロの船が、物情騒然とした九州の状況のため、商人が集まらず滞貨を抱えて越冬していたためである。

大村純忠や大友宗麟の亡き後、イエズス会が庇護を期待できるのは「優れた城と殆ど全員がキリシタンである多数の兵士と貴人を擁する」有馬晴信であった。

コエリュ師は有馬へ走り、「有馬殿及びその他のキリスト教徒の領主たちに対し、力を集結して関白殿への敵対を宣言するように働きかけた。そして自分は、金と武器弾薬を提供して援助すると約束し、直に多数の火縄銃の買入れを（会員たちに）命じ、火薬・硝石その他の軍事品を準備させた」（『イエズス会と日本』一・p八四）が、小西行長と有馬晴信とはこの誘いには応じなかった。

しかし晴信は、「伴天連様方と共に、主なるデウス様の名誉、並にキリシタン宗団擁護のために、生命を抛《なげう》つ覚悟である」とコエリュ師の前で誓った。

博多では、秀吉から全てのキリシタン大名が棄教を強要されたとの噂があるなかでの晴信の返答は、改めてコエリュ師を勇気付けたことであったろう。

師は四名の宣教師を国外退去させ、大方の司祭・修道士の日本残留を決断した。

一五八九（天正十七）年、管区長コエリュは、有馬での武装蜂起には失敗したが、なお軍事力で「伴天連追放令」を撤廃させようと「フィリピンからの軍隊出動」

を計画し、ベルショール・モーラ神父をマカオに派遣したが、帰国の遣欧使節を連れて、日本渡航許可を持っていたヴァリニャーノ師に、その軽率・無謀な計画を指摘されて中止させられた。

一五八八（天正十六）年二月末頃、かつて豊後・府内に設立された学院《コレジオ》は情勢の変化に翻弄《ほんろう》されながら、山口・平戸・生月を経て千々石に移転した。

これらのコレジオは名ばかりで、趣旨に添った本格的なコレジオの授業は殆ど行われなかったようである。

その外、長崎の修道院《ノビシャード》は有家に、浦上の神学校《セミナリオ》は有馬の八良尾《はちらお》に設置することになった。そこは日野江城から雲仙岳に向かって四キロ程の猟師道を分け入った山腹の平地で、宣教師からはハキラオと呼ばれた。

三月、八良尾では、有馬にいた五十一名に都の十九名が加わり、七十名で授業が始まった。最年少は九歳の長崎出身のジョアン、最年長は二十二歳の河内のアレクシウスであり、他は十四、五歳の至純な魂の持ち主たちであった。

二月半ばから夏期時間で、起床は五時半、約十時間の学習に二時間の休憩があって、午後八時就寝。学習の中心はラテン語で、日本語や歌唱、楽器演奏などもあった。食事は白米に一汁一菜、祝日などには魚なども付くことがあった。

入浴は週一回で川・海での水浴も許された。冬期は二週に一回であった。

都からの少年たちは、長閑《のどか》な別天地で長期の流謫《るたく》からの解放感に浸ったろう。

一五八七年八月、大坂（都）のセミナリヨは、平戸生月島の一部村へ移動する。

一五八七年三月、有馬セミナリヨは浦上に移動するも、秀吉の浦上収公に伴い、長崎ミゼリコルディアへ移る。

一五八七年十二月、都と有馬のセミナリヨは合併する。

一五八八年一月、合併したセミナリヨは、有馬領八良尾へ移転する。

一五八九（天正十七）年、新領主小西行長に対する天草五人衆の叛乱があり、有家から天草に移っていた修練院が大村へ、神学校は八良尾から加津佐に移った。

一五九〇年には、七ヶ月を千々石で過ごした学院は有家に移っていたが、これも加津佐に移動となった。

加津佐での神学校や学院の場所は「そこは海辺に出口のある立派な家で、閑静なよい所にあった。有馬にあった学林も、セミナリヨのある加津佐城内に移った。学林の近くの分棟にセミナリヨがある所』（『東方伝道史』下・グスマン）であった。

加津佐にいたフロイスは「加津佐の学院と神学校は、そこが公の場所であり、旅人の通路また港でもあるため、その他から撤去して、殿の領内の奥まった所に併置するなり、分離しておくなりする方がよいと思われた」(『日』巻12・九六章p八五）と記しているが、旧加津佐町教育委員会は、愛宕山麓の天辺の高台に「コレジヨ跡」の碑を置いた。その場所は「公の場所」とは思えない所で、碑の設置には疑問が生じる。

五月、「心安まる」加津佐司祭館でコエリュ師が穏やかに帰天された。

七月、帰国の少年使節と共に舶来したグーテンベルグ式金属印刷機は、加津佐学院で荷を解かれ、日本初の活字本が刊行されることになる。

印刷機の到来により、これまで筆写していた教科書は印刷本となって生徒の負担が軽減したのに合わせて、歌唱・楽器演奏に油絵・銅版画などの情操教育にも時間が取れるようになった。しかし学習内容が多岐にわたるようになったためか、九十名近くの生徒のうち二十九名の退校があった。

一五九一月四月頃、豊臣秀吉が、朝鮮派兵のため名護屋に西下するとの知らせがあり、対策に追われたイエズス会では、加津佐の学院と、大村の修練院とを共に天草へ移転させ、神学校だけは、晴信の強い希望で再び八良尾へ戻されることになった。大村喜前も、修練院の天草移転を了承した。

これらの移転はスムーズに行われたように思えるが、実際は「領主に取って、神学校や修練院の維持は〝悩ましい重荷〟であった」とのことが、ヴァリニャーノの書簡（一五九八年七月一日付）に見えると云う。

一五九五（文禄四）年五月頃、使用人の放火により八良尾のセミナリヨが全焼した。これによりセミナリヨは、有家のジョアン安富佐兵衛尉徳円のかつてのコレジオ跡に移転することになった。

大村でも、八良尾放火以前に修練院にいた男が司祭の住居に放火する事件が起きていた。放火犯は「悪魔の唆《そそのか》し」によるとされたが、いずれも宣教師に対する日本人修道士らの不満が嵩《こう》じてのものであったらしい。

一五九七年九～十月頃まで、セミナリヨは有家に所在する。

一五九八（慶長三）年二月、「有家のセミナリヨは解散し、生徒の一部は（長崎の）トードス・オス・サントスに収容され、七人はマカオのコレジヨに送られ、残りの生徒たちは国内に分散された」（『キリシタン研究・第十一輯』）。

一五九八年、長崎では、新たに生徒七十人で神学校を開校する。

一五九九（慶長四）年三月、長崎奉行寺沢宏高の悪意のため、セルケイラ司教は、長崎のセミナリヨの生徒三十人を天草・河内浦に移す。

同年八月、セミナリヨは、河内浦から天草・志岐に移転する。

一六〇〇（慶長五）年、長崎に移転し、分散していた生徒が再び呼び戻された。

一六〇一年十月二十七日、長崎で発生した大火による類焼を免れたものの、長崎一極集中を避けることになり、晴信が新夫人ジュスタを迎えるため造成していた邸宅の提供を受け有馬に移ることになった。

その後、晴信の死、継嗣直純の棄教、領内宣教師の追放などが起きた一六一二（慶長十七）年まで、セミナリヨは最も長期間有馬に存続した。

一六一四（慶長十九）年十月、徳川家康の「キリシタン禁教令」により、全宣教師の国外退去となり、教会や関係施設の破壊などで、潜伏する宣教師はいたけど学林・神学校の存続は不可能となり、日本でのセミナリヨ教育の歴史は終わった。

一五八〇年から一六一四年までの『有馬のセミナリヨ卒業生名簿』（『有馬のセミナリヨ』北有馬町役場）記載の在籍者一三五名の魂の軌跡でもある消息動向を追って

みた。

日本人で司祭職就任者・二十八名（内アウグスチノ会一、フランシスコ会一、ドミニコ会二、他は総てイエズス会士）で、教区司祭九名である。

この内、二十八名の司祭で殉教十六名、司祭職で死去は十名、司祭職で棄教者二名がいて、司祭での殉教者は五十七％に上る。

同宿は十六名で、その殉教者は十一名で六十九％にもなる。

セミナリヨ関係では院長補佐一名、食料係り一名、教師として六名の名がある。印刷工二名、とくに南蛮絵師六名とあり、その活躍ぶりが偲ばれる。

修道会退会者は九名で「経歴未記載の者」が四十一名とあり、全体の三十七％がセミナリヨ入学後、経歴を追跡しようとしても手掛かりが得られなかったのであろう。

『キリシタン時代の日本人司祭』（H・チースリク著）の一六〇一年から一六四三年までの司祭職就任者は二十五名で、教区司祭は十二名となっている。

『日本キリシタン史の研究』（五野井隆史著）での一六〇一年から一六三一年までの日本人司祭職者は四十一名（イエズス会二十二、フランシスコ会一、ドミニコ会四、アウグスチノ会二）で、教区司祭十二名で、また司祭での殉教者は十名、イルマンの殉教者は六名（p三三七）とされている。

旧北有馬町旧教育委員会により、かつて「有馬セミナリヨ跡」に建てられた説明板には、「～セミナリヨのすぐれた教育理念とカリキュラム及び教育成果は、日本の文化史、教育史上特筆される」と記されていた。

第四章　戦国無常・有馬晴信の試練

元亀元（一五七〇）年秋、有馬義貞は、頃年の龍造寺隆信の攻勢に、領国経営の興味を失ったのか、嫡子《ちゃくし》義純に家督を譲り隠居の身となった。しかし、翌元亀二年六月、その義純は在位一年にも満たず、二十二歳の若さで急逝《きゅうせい》する。「御子《みこ》なく壮年にして御逝去《ごせいきょ》」（『世譜』）と記すが、居城日野江には、妻（伊佐早・西郷純久の女）と幼女が残された。

継嗣には、次男藤童丸はすでに松浦郡貴志岳城・波多壱岐守盛の嗣となっていたので、千々石城にいた三男鎮純《しげずみ》（天正十五年から晴信）が、義純の忘れ形見の幼女との結婚を前提として、有馬家十三代日野江城主に迎えられた。

『世譜』は、晴信を永禄十（一五六七）年生れの四歳、父義貞が後見人と伝える。

一五七六（天正四）年四月十五日の枝の主日に、義貞は、コエリュ師によって口之津で洗礼を受け、アンドレの教名を名乗る。ところが、同年十二月下旬、背中の膿瘍《のうよう》が悪化し、五十六歳で死亡する。

同年六月、口之津港に上陸したアフォンソ・ゴンザーレス神父は、島原半島の風光や住民の素朴な心に触れ「ここは（神の）約束の地である」と云ったという。

ところが、異教徒の重臣や僧侶らに、父の死を「神仏の懲罰《ちょうばつ》だ」と教えられた晴信は、それ故に宣教師を追放し、キリシタンには棄教を命じなければならないと唆《そそのか》された。

天正五（一五七七）年六月、龍造寺勢は大村氏討伐の軍を進め、下旬には降伏させ、十月には隣郷伊佐早の西郷純堯《すみたか》も従属、十二月には遂に島原半島北部の神代《こうじろ》に上陸すると、領主神代貴茂《たかもち》、島原城主島原純豊らは轡《くつわ》を並べて、龍造寺の軍門に降った。龍造寺は勢《いきお》いに委せ千々石城まで進み年の瀬になり帰国する。

天正六（一五七八）年正月、再び神代上陸の龍造寺勢の前に十一代深江城主の安冨伯耆守純治、その子下野守純泰、純治の弟安冨上野介純俊ら有馬家重臣の豪族諸氏が軍門に降った。

こうして高来島中の城持衆が殆ど龍造寺配下に降ったため、晴信に抗戦の余力はなく、龍造寺隆信に講和を申し出る外はなかった。

有馬鎮純起請文（龍造寺文書）

一、世上如何たる躰の転変たりと雖も、龍造寺鎮賢《しげかた》に対し、盡未来際悪行を企つるべからざる事

一、鎮賢御隔心の方角に至り、向後同心有るべからざる事

一、豊州に至り、鎮純身命の限り隔心たる事

附　万一鎮純家来たる者共、佐賀に至り、隔心然るべきの由申出で候と雖も、聊かも同心なく、鎮、内談を以て成敗すべき事

右條々、相違せしむるに於ては云々（以下略）

有馬十郎

天正七（一五七九）年己卯六月吉日　藤原鎮純　判（花押）

龍造寺鎮賢　参

有馬鎮純起請文写（永野御書キ物抜書）

一、世上如何たる躰の変化を為すと雖も、隆信、鎮賢に対し　鎮純たる
別心疎略なく候　佐嘉一篇に頼みいるべきの事
一、八幡城その外所々新構え、たたみ置くべきの事
一、自今以後　豊州の御下知請《う》くべからざるの事
天正八年二月廿七日　有馬十郎　鎮純判
隆信
鎮賢　参

一方、深江城主安富下野守純泰の龍造寺方への従属は、大きな喜びであったようで深江に隣接する布津村の支配を委せるとしている。

龍造寺隆信・鎮賢連署（北九州市今井書店蔵）

此の節　此方に対され　御心底を預けられ候条
布津村の儀進《たてまつ》り置候

御知行肝要たるべくの状　如件

三月八日

隆信・花押　鎮賢・花押

安冨下野守殿

龍造寺側への諸家の屈服で、有馬家は半島の内で小浜・有馬・有家の間に閉塞させられ、晴信は家臣の支え弱く、全く孤立無援の状態に置かれたことになる。天正六年の夏頃、島津に敗れた日向の伊東義祐《よしすけ》―嫡子の都於《との》郡《こおり》城主義益の妹の子が伊東マンショ―が、大友宗麟の庇護を求めたことから、大友・島津の対決となり、天正六年十一月の日向・耳川の戦闘で大友勢は思わぬ大敗を喫《きっ》する。

その後、織田信長（一五四八〜八二）は、上使近衛前久を以て「一月、信長奏請あって、義統、義久に諭《さと》し、その戦争を止め」と、大友と島津との間に和睦《わぼく》を成立させた。

こうして九州の勢力図、大友・島津・龍造寺の鼎立《ていりつ》から、最大勢力であった大友が弱体化したことになる。

その後は、肥後の去就を巡って、不知火《しらぬい》海沿いに出水《いずみ》から水俣《みなまた》を征して肥後・

筑後へ進出しようとする島津勢と、有明海沿いに筑後・肥後を制覇《せいは》しようとする龍造寺との対決が激化していく。

天正八（一五八〇）年八月、「島津義久、大軍を率《ひき》いて相良義陽《よしひ》を討ち悉く葦北の地を定む」（『八代郡誌』）とあり、八代を島津に奪われた相良義陽は、本拠地の球磨郡《くまぐん》に退去する。

薩摩は、肥前・肥後への兵站《へいたん》基地を八代に置き、太守義久四兄弟の三人兵庫頭義弘（忠平）・左衛門督《かみ》歳久・中務大輔《たゆう》家久が詰めた。

天正九（一五八一）年「有馬晴信また龍造寺隆信に叛《そむ》き、密かに薩摩の島津と志を通ず」（『藩翰譜』巻四p四七九）とある。

「有馬家中興の祖」と称される有馬貴純霊雲公の母（氏澄公室）は、薩摩国主島津修理久豊の女《むすめ》で、有馬家はもともと島津とは縁戚の関係にあった。

この薩摩への援助請願は、前年の十月末に都訪問を終えたヴァリニャーノ師が豊後から薩摩を訪れた時の、島津義久の「ポルトガル人及び司祭たちと親善関係を結びたい」との言葉から、薩摩国主はキリスト教に好意的だと判断し、有馬晴信に対し、薩摩側の援助を受けるようにとの勧めがあったのかも知れない。

今までキリシタン迫害の立場であった晴信が、口之津港に上陸した巡察師ヴァリニャーノを訪ね「住民と共に悉くキリシタンになることが悲願である」と伝えたのは、口之津を中心とする信仰心が挫けない信徒団の団結に着目し、その中心にいる宣教師を味方にして窮地を切り抜けようと考えてのことであった。

その後は、ヴァリニャーノ師への尊崇の念へと変わっていく。

ヴァリニャーノ師の助言を待つまでもなく、北上する島津の武力は、晴信にとって強力な援軍と映ったはずであった。

天正十（一五八二）年十一月七日、肥後出兵の途次の小川路の旅宿で、宮崎城主上井覚兼《うわいかくけん》は、薩摩太守島津義久の名代として八代《やつしろ》在陣の次弟兵庫頭義弘（忠平）との連歌を夢想する。

松風はながれて水の泉かな　　忠平

山ふかく入りてき夏山のかげ　　覚兼

連歌の内奥《ないおう》は理解し難いが、覚兼によれば、天正九年、龍造寺の侵攻に絶望的となった晴信が、島津義久に援助を願って来たのは、「霊山温泉神《うんぜん》（四面五所大菩薩）のお告げによるもの」と忖度《そんたく》しており、知ってか知らずか、晴信がクリスチャンであることなど、歯牙《しが》にも掛けていない。

それも道理、上井覚兼の先祖は、信濃国諏訪社の祝《はうり》・大神《おおみやし》氏であるとされ、諏訪を名乗るほど敬神の家柄に育った彼の目に、異境神の存在など考えられないことであったろう。

天正十二（一五八四）年三月、島津・有馬連合軍が、島原・沖田畷《おきたなわて》で龍造寺隆信を討ち取った時、覚兼は参戦こそしていなかったが、その戦後処理で島原に乗り込み、有馬晴信の領国経営の根幹にある島原からの収入を抑えて、早速、晴信らキリシタンにより破壊されていた温泉四面宮《うんぜんしめんぐう》の再興に取り組ませ、晴信に宿敵龍造寺を倒した安堵感《あんどかん》にいつまでも浸《ひた》らせることはなかった。

天正十年十二月十五日、早朝、義弘公から伊集院忠棟と覚兼に呼び出しがあり、「御弓箭《きゅうせん》（戦争）御行之儀《てだて》」についての談合があった。その後、去る十三日から八代を訪れていた有馬晴信は、改めて近習の両使を以て「向後の身上に異心なき事」の申し入れを行い、その夜は、宿舎となっている正法寺で晴信主宰の饗応の宴を催した。

主座に義弘・家久・覚兼・矢野出雲守を迎え、晴信、舎弟新八郎（薩摩への人質）

が応接に努めた。飲酒・乱舞、義弘は有馬内衆の面々へも盃を廻した。しかし帯同していた晴信後見役ジョアン安冨左衛門尉の参席はなく、改めて薩摩側の彼に対する不信が示され、晴信が有馬へ帰帆後も、八代に拘留される状態が生じた。

十二月十八日、有馬領内での龍造寺の動きが活発化しているとの知らせが晴信の許に届き、帰帆する晴信は、中書公家久と覚兼の渡海を嘆願したが、家久の同意は得たものの、「将の行動は軽くはない」として鹿児島の承認が届くまでは渡海も援軍の派遣も認められないことになった。

天正十年一月二十八日（一五八二年二月二十日）、第一次日本巡察を終えたヴァリニャーノ師は、世紀の壮図《そうと》・遣欧少年使節を引率して長崎を出港する。使節を見送る「殿はすでに大人だった」（『日』巻11・八六章p三五二）とある。『世譜』の誕生年では十五歳、欧文献の「一六一二年、晴信が死罪に処せられた時、五十一歳」に従えば二十二歳となろう。

ヴァリニャーノ師の離日前の慌《あわ》ただしい日々のなかで、実は「晴信の結婚式」を行っていたことが『キリシタンになった大名』（結城了悟著・p六二）にある。相手は、母と共に洗礼を受け、ルシアと名乗る兄義純の娘である。

総じてキリシタン大名について書かれた家系・経歴には、幕府の威を憚《はばか》って隠《いん》蔽抹殺《ぺいまっさつ》・歪曲《わんきょく》がなされていることが多いようである。有馬家の場合は特にそうであると思える。

「晴信に男女七人の御子《みこ》ましますー」（『世譜』）として、次の三名の生母（晴信妻）を挙げるも、なお母子の数では要領をえない。

（一）山田兵部少輔純規《ひょうぶしょゆうすみのり》の娘は、長女と嫡男直純の母とある。

（二）家臣荒木伊賀守の娘を妾として生ませたのは、高麗御曹司純貞と有馬丹後守直経の妻となった三女で、この妾は、晴信が朝鮮出兵中の乳母《うば》である。

（三）酒井摂津守某の妻になった娘には生母の明記がない。

（四）菊亭大納言晴季の娘ジュスタ（未亡人・結婚時二十二歳）には、三人の男子フランシスコ、マテオ、僧実尊と二人の女子が生まれている。

（一）、（二）、（四）が「生母三人」であるが、ここには、最初の夫人ルシアの名と（三）での名が挙げられていない。

「母君、公を産み、文禄二（一五九三）年正月二十三日、終に鬼簿に入り云々、義純の女とするなり」（『鳳誉記』）での女はルシアのことである。

天正十九（一五九一）年、有馬の教会で巡察師から、教皇シスト五世の書状や「真の十字架の神聖なる木片」が嵌入《かんにゅう》された黄金の十字架や剣・帽子などの授与式を終えた後、日野江城での宴会の席に「ドン・プロタジオの奥方ドナ・ルシアが息子たち及びドナ・ルシアの母堂（中略）ドナ・マリアまた姉妹のドナ・マセンシアと連れ立って現れ、巡察師に向かってドン・プロタジオに与えられた栄誉を感謝した」（『日』巻12・p七二）とあって、ドナ・ルシアには何人かの子供がいたことが推察される。

その数年後、「本年（一五九七・慶長二）、パードレ・ラグーナが高麗に行きました。有馬殿の妻が出産して、彼女が亡くなり幼児も死んだからです」（『覚書』F・ピレス）で述べられている「妻」もルシアのことである。

また、ルシアの墓の傍で暮らしていた母マリアが、臨終の時、霊的な形見を「江戸で（公的な）人質になっている晴信の娘、自分の孫娘にも分けるように」（一六〇六～七・慶長十一～二年度年報・p一九三）との記述がある。

これは、ルシアの娘の生存が窺われる内容で、これに続いて伏見の司祭館から「関東諸国の一つである上野国《こうずけのくに》（現・群馬前橋）へ嫁いだ有馬殿の娘を訪ねて告白を聴くために赴く」（一六一一〈慶長十六〉年度年報p二五三）とある。

徳川家康により江戸に人質として抑留されていた、晴信の夫人代わりの娘が、縁あって上野国厩橋《うまやばし》の酒井家に嫁いだ。孫娘もまた祖母・母と同じくキリシタンであったから宣教師が出掛けたと云うのである。

『世譜』での「酒井摂津守某の妻」になった娘の母は、晴信の最初の妻ルシアの忘れ形見であった可能性が高い。

なおパゼスは、「父の二度めの夫人ドンナ・ジュスタとの間に出来た八歳になるフランシスコと六歳になるマテオの幼い弟二人を死刑にせよと命令してあった（中略）夜半一人の卒が牢に入って来て、一撃でマテオの胸を刺し、フランシスコの喉に斬りつけた」（『日本切支丹宗門史』上・十五章p三〇九）とあって、異母弟二人の殺害は、兄有馬直純の命令によるものであったとしている。

「二度目の夫人」とは、正室としては二人目と云う意味であろう。

いずれにしても、「晴信に男女七人の御子」の実態は掴みにくい。

沖田畷戦・前夜の波動

沖田畷《おきたなわて》とは、現島原市の北側寄りに所在する地名である。

天正十二（一五八四）年三月二十四日、筑後・肥後の武力による主導権争いの中で、佐賀の龍造寺隆信勢と有馬晴信・島津家久連合勢とが、「沖田畷」で初めて全面対決し、思いがけなくも一代の梟雄《きょうゆう》龍造寺隆信が落命し、連合勢が勝利を得るという、桶狭間の織田信長の勝利にも譬《たとえ》られるほどの戦勝ぶりであった。

有馬側は、この一戦の勝利によって、宿敵龍造寺からの積年の侵攻に決着を付け、領国の安泰とキリシタン宗門の保護・発展の条件を手にしたと思われたが、戦勝の後も帰陣しない薩摩番衆の横暴に、今しばらく忍従を余儀なくさせられる日々が続くのである。

天正十（一五八二）年十二月十三日、有馬晴信は先着していた安冨左衛門尉《さえもんのじょう》と共に、八代在陣の将島津義弘《よしひろ》の許を訪れ、既に薩摩先陣が勝利を収めた「千々石城攻撃」を感謝し改めて「薩摩の配下に属する」ことを誓った。

この間、今は薩摩と誼《よしみ》を通じている筑後（柳河市大和町）鷹尾《たかお》城主田尻鑑種《あきざね》を包囲攻撃している龍造寺側が、十ヶ所ある兵士屯所の二ヶ所を撤収した旨、晴信の許に届き、有馬の情報力に薩摩側が驚くことがあったが、これは田尻攻撃が長期化の様相になる一方で、薩摩側の有馬への援助継続に対応して、薩摩・有馬へ警戒策からやむなく兵力を分散したものであった。

千々石城襲撃を終えた薩摩勢の八代帰還を待っていたかのように、またぞろ龍造寺側の日野江城への放火で、晴信は急遽帰帆するのであるが、左衛門尉の帰国は許されなかった。

有家城主の安冨左衛門尉徳円入道は、先代義貞公の頃に入信し、ジョアンの教名を得ており、家老として終生を通じ、有馬家存続に忠節を尽くした人物である。深江城主安冨正佐《しょうさ》入道貞直を父とする三人兄弟の末で、長男は深江城主伯耆守純治《すみはる》、次男の安徳城主上野介純俊《すみとし》は、安冨家から安徳直治《なおはる》の養子となり、永禄六（一五六三）年十二月の伊佐早梅津の戦で戦死した直治の後を承けて、安徳城主となった。城は旧島原鉄道・安徳駅から東方の高台にあったとされるが、現在は城跡の確認は困難である。

なお、アルメイダ修道士が島原布教の折り、誘われて安徳に立ち寄ったとされる時の城主は上野介直治である。

晴信の八代訪問に先んじ、有馬の戦況視察から帰った稲富新助によると、薩摩側の勢いを以て、龍造寺所属の深江・安徳両城を一挙に踏み潰《つぶ》そうと主張する薩摩陣営の戦略に対して、左兵衛尉は説得に依る両城の開放を主張して譲らず、薩摩側が、八卦《はっけ》に「戦勝」の卦が出ていると言っても主張を変えなかったので、戦略上の邪魔者扱いで拘留された。薩摩側はどうも左衛門尉の真価を見損なっていたようである。

天正十年十二月十日、八代陣中へ鹿児島から「野村民部少輔是綱《これつな》暗殺」の知らせが届いた。事件は十一月三日夜半のことで、既に犯人二人が確定され、逮捕・処刑の手筈になっていたが、実は犯人は逐電《ちくでん》しており、それも八代・徳ノ渕から有馬派遣軍に紛れて島原に渡っていたことが判明し、彼らの乗船地である八代に逃亡の手助けをした者達がいるのではないかと詮索が始まった。

その結果、翌年三月になって明らかになったのは、犯人一味の陰謀は八月頃から進められたが、中に老中村田経平《きょうへい》、御使番比志島国貞などの名があり、藩庁の一部も荷担しているという大事件であった。

天正九（一五八一）年十一月初旬、ヴァリニャーノ師に従って都歴訪からの帰途、アルメイダにとり二度目の薩摩訪問の時、それは彼の死の数ヶ月前であるが、アルメイダはフロイスに、薩摩でのキリスト教の庇護者であった野村是綱のことを語っている。

「少年時代、王（太守義久《よしひさ》）と共に育てられ、彼より大いに愛せられ、また全国に於て最も身分の高い一人の貴族であった。この人はパードレの国王と語る機会を作り、また機会ある毎《ごと》にデウスの教を賞賛し、その道理に適《かな》いたること、また都地方に弘布《ぐぶ》したることを語り、信長その他同地方の大身らが、パードレを庇護し、その領内に聖堂を建てることを見れば、その教がよきことは疑いない」（『日本年報』上・一五八四年一月二日付・総会長宛フロイス書翰）と語っていたと云う。

その人が、坊主などに煽られた太守の従兄弟である二人の武士によって、巡察師らが薩摩に着いて間もない夜半、斬殺されたのである。

王は非常に悲しみ、全力を尽くして犯人の詮索を命じた。

二人は「秀吉を頼って都に逃げたが、鹿児島からの追っ手に助命を条件に説得され、帰郷したところを捕らえられて斬首に処された」と云うが、『上井覚兼日記』では、事件の詳細を述べながらもその死についての記述はない。

天正十一年三月の頃まで、鹿児島には「南蛮僧《パードレ》の家屋（司祭館）」があり、古くからの少数の信者もいたので、巡回の司祭が訪れており、最期は三度めの訪問者はアルメイダであった。ところが臨戦下の薩摩では仏僧の意向が強く、太守義久の健康不良も長引いていることから、「南蛮鴃舌《げきぜつ》の者が我が国に居るのは、全く仏神の冥慮《めいりょ》に逆らうものである。一刻も早く追放せよ」（『薩藩雑録』）となった。

野村是綱のようなキリシタン庇護者の抹殺や迫害によってキリシタン教界を追い詰めていき、その結果、ザビエル師上陸の地薩摩からキリシタン宗門が締め出されたのである。

三月二日、龍造寺側の筑前（朝倉市）古処山《こしょさん》城主秋月種実から「龍造寺と薩摩との御和平の儀」の提案があった。

この頃、秋月は豊前の大半を切り取り、龍造寺は肥前に次いで筑後を制圧、大友は豊後一国に筑前の一部を維持しており、残る肥後は島津と龍造寺の草刈り場と化して、やがて両家の全面対決は避けられないだろうと思われていた。

弘治三（一五五七）年の大友宗麟の秋月攻めにより、父文種や兄を討たれている秋月種実にとり、大友は宿敵であった。島津と大友を和睦させ、その後で大友を倒そうというのが、種実の遠謀で、底意は私怨の鬱憤《うっぷん》による仲介役であった。

しかし、九州戦国末期の和睦・同盟は、一種の流行と思えるほど形式的で、結ばれては消え、消えては結ばれる水の泡のような脆《もろ》い約定《やくじょう》が多かった。

五月十日、宮崎に帰郷していた覚兼は、島原口で負傷した唐人の原藤七兵衛尉の報告で「安徳（城）が有馬に寝返った」ことを知る。

五月二十日、その覚兼の許に、筆頭家老伊集院忠棟《ただむね》から「去る六日、深江・安徳両処先非を改め御奉公の由を申したので、薩摩・有馬勢で両処に入城した」との書状が届いた。

ところが、二十二日には「ひとまず安徳へ軍衆を入城させた処、深江は前言を翻《ひるがえ》し、有馬へは帰服しない」と伝えて来たと云う。

何れにしても安徳城の有馬側への帰順は、天正六（一五七八）年一月以来のことであり、島原↑安徳↑深江と繋がっていた反有馬の通路に安徳という楔《くさび》が打ち込まれたことで、有馬家の運命を切り開く端緒となり、沖田畷戦を勝利に導く分岐点となるものであった。そしてこれは安富左兵衛尉の奔走の結果、成立したもののである。

天正十一年九月二十七日、薩摩の八代陣営に秋月の使僧両人が持参した提案の大要は、「大友制覇の暁には、島津を九州守護とし、肥後の地割も明確に区分し、有馬からも兵を引く」（『上井覚兼日記』）と云うものであった。

十月九日、薩摩は「かれこれ御損もないことなので、秋月中媒に委せる」ことになり、二十五日、この提案を受け入れ龍造寺との和平を成立させた。

地割については「肥後国を半国づつ領知することになり、高瀬河より南東を島津領、北西を龍造寺領とし、龍造寺家晴を南関へ置く」（『鍋島直茂譜考補』）ことを双方が認めたので、肥後に於ける龍造寺・島津の境界は高瀬河で区切られることになった。

龍造寺家晴は、のち諫早家の祖となる人物である。

十月十四日、有馬から八代に「太守義久公から上井覚兼派遣の報が届き為悦《いえつ》」との使書が寄せられたが、龍造寺との和平が成立したので、二十二日には「有馬渡海の儀は、秋月殿の媒介で、龍造寺より和平の儀仰せられた上は無用の由」と定められた旨、有馬へ伝達することになり稲富新助が使者に立った。

「庇護者と頼んだ薩摩の王が、今日まで救援を延ばしたため、重大なことは何も起こらなかった。しかし有馬に叛いた諸城を克服するために、薩摩の軍が高来《たかく》地方に来ることを期待して一年半に及んだが、薩摩軍は肥後国の征服に従事して兵力を同所に用い、時には高来の守備のため部将を派遣することがあったが、その際には部下は常に海賊を働き、敵も味方も容赦しなかった」（『日本年報』上・一五八四年一月二十日付フロイス書翰p三二六）と云う事情はあったが、稲富新助の報知が、いかに衝撃的であったか、或は直後に起きた城内での三度めの火災などもあって、晴信は「高熱を患い、そのために苦しんだが、他からの薬を服用することを望まないで、（中略）修道院から少量の聖水が届けられると、殿は頸に掛けていた聖遺物をその聖水に浸し、十字の印しをした上でそれを飲んだ。すると殿の病気は癒え再び熱に襲われることはなかった」（『日』巻10・四八章p二七七）。

この頃、龍造寺は、大村純忠を家族と共に大村城を追い「貧素で不便な場所」に蟄居《ちっきょ》させており、人質となっていた嫡男サンチョ喜前《よしあき》に「非道で悪辣《あくらつ》な異教徒の家来」を付けて大村城主とし、完全に龍造寺の支配下に置いていた。

有馬では、たとえ薩摩が撤収しても、大村を味方に出来なくても、加津佐にいる副管区長コエリュ師に代表されるイエズス会の支援、有馬の神学校長モーラ師や、それにジョアン左兵衛尉を筆頭とする有馬のキリシタン家臣達の力強い支えがあると信じて堪えるしかなかった。

かつて柳河の蒲池鎮並《かまちしげなみ》は、龍造寺との講和が仇となって滅亡させられていたし、筑後の田尻鎮種は、薩・龍の和平締結により、薩摩の後楯《うしろだて》がなくなったとして再び龍造寺に隷属《れいぞく》することになっていた。

天正十二（一五八四）年二月になり、島津義久は再び有馬表に出兵することを決して、領内に出陣の触を出すと共に、兵船の造営を命じた。

三月十三日、弟家久は薩摩・日向・大隈三州の精兵三千を率い、必勝の祈願を立てて、海路により安徳純俊の城に入った。

【余録】　第四代イエズス会総長メルクリアン師は、『ポルトガル領東インド史』編纂中のマフェイイリ師の推薦で、インド管区巡察師ヴァリニャーノ師に「フロイスを布教の第一線から退かせ、日本布教史の著述に専念させよ」と指令し、日本布教副管区長コエリュ師に伝達した。

一五八三（天正十一）年秋、フロイスは、加津佐の教会（所在不明）で『日本史』編述の命令を受理し、執筆を開始したと思われる。

十六世紀後半の加津佐は、最初の「日本通信」や、ヴァリニャーノ師による『東インド・イエズス会史』の執筆開始、日本初の活字印刷物の刊行などもあり、光彩に満ちた町であった。

昭和三十四（一九五九）年、松田毅一氏は、スペインの王立歴史学士院図書館で、虫食いでぽろぽろと剥げる文書の一枚に「一五八五年六月十四日　カヅサで識《しる》す」とあるのを目にされた。これが四十枚の「日本覚書」（『日欧文化比較論』）で、すでにシュッテ師によりフロイスの筆跡・原文であることが実証されていた。

フロイスは在日三十二年、一五九七年七月八日、六十五歳で長崎で歿、我々に織豊時代の研究に不可欠な資料『日本史』を残してくれた。

この書は、昭和五十二年十月二十日中央公論社から松田毅一・川崎桃太訳で隔月出版として全十二巻、われわれのもとに届けられた。

昭和三十八（一九六三）年十月十日、東洋文庫から柳谷武夫訳『日本史・キリシタン伝来の頃』が出版され、全五巻の完了は昭和五十三年六月九日であった。

平成十二（二〇〇〇）年一月、中央公論新社から文庫本の体裁で全十二巻『完訳フロイス日本史』の毎月刊行が始まった。

有馬晴信の聖戦・沖田畷

有馬を絶望の渕《ふち》に陥《おとしい》れた「龍造寺・島津の講和」には腑《ふ》に落ちない面がある。「和睦は島津太守義久の拒絶により成立せず」（『島津義久』桐野作人）とある一方で、龍造寺隆信は「政家、不戦《たたかわず》して和睦せん事を深く悔みしとかや」（『豊薩軍記』）とあって、秋月種実の仲介による講和は、両者の首脳の思惑にそれぞれ不満があったようで、その結果、有効性に脆弱《ぜいじゃく》さを内包していたと思われる。

沖田畷戦後の四月になり、秋月は「龍造寺の違約に依り首尾が壊れたことは、決して我らの粗雑な仕方からではない」（『薩藩旧記雑録』）と島津側に弁明したのも一理あることであった。

この頃、肥後では薩摩に降ったはずの阿蘇大宮司惟将《これまさ》の柱石御船《みふね》城主甲斐宗運の龍造寺寄りの態度や、筑後の田尻鑑種《あきたね》に対する龍造寺側の攻勢などがあって、八代にいる薩摩の寄合衆（鎮将平田光宗、筆頭家老伊集院忠棟、上井覚兼）はこれらの平定が目下の急務として、依然として肥後での龍造寺との対決は避けられないとしていた。

　これに対して国守島津義久は、かねて晴信救援よりも肥後国人衆の征伐を優先している寄合衆に不信を覚えて、通常は家臣から登用する家老職を、寄合衆に睨《にら》みを効《き》かせる意図で父貴久の弟尚久の子である図書頭《づしょのかみ》忠長を一族から国老の名で登用して八代に配した。

　上井覚兼らは、天正十一年十月九日に「太守義久が、秋月の中媒を受け入れた」として、十月二十五日には八代陣中の寄合衆の合意で、稲富新助を有馬に派遣して「有馬渡海中止」を伝達させた。

　ところが太守義久は、「有馬御出勢の儀、御くじ下り候一定（確定）」と、神慮こそ人為《じんい》に優《まさ》るものとして、有馬渡海派遣の意志を変えてはいなかったのである。

　天正十二（一五八四）年正月、龍造寺は島津の援軍はないと見て有馬侵攻の兵を興《おこ》したが、島津は、新納《にいろ》武蔵守を有馬の安徳城に配し対決の姿勢を執《と》った。

　一方、肥後では島津方の合志親為《こうしちかため》の竹迫城《たかはえじょう》へ龍造寺隆信の攻撃があり、太守挙げての出兵が行われたが救援は間に合わず、合志親為は家督を弟親重に譲ることで龍造寺に降った。

そしてこの救援に招集された軍勢を率いて太守義久の四兄弟の末弟宮崎・佐土原城代の中務太輔《なかつかさたゆう》家久（三八歳）を総将として「有馬渡海」の上意が下った。

「中務家久、邦三月十三日、高来の島に着航し、安徳上野介純俊が城に入り、邦三月十五日、安徳の城を出て島原へ陣を寄せたり」（『九州治乱記』）。

「中務は、（一五歳の一子と八百の兵で）有家の町に到着し、彼らはそこで我らの修道院と教会の近くに投宿した。当時、加津佐にいた副管区長（コエリュ）は、中務および彼に伴って来た他の殿たちを訪問させた」（『日』巻10・五〇章p二九〇）。

イエズス会側でも晴信と共に薩摩勢の到着を歓迎した様子が窺われる。

「〈キリシタン宗団の破滅と死〉が目前だとすれば、それへの戦いは、キリスト教徒が死力を尽くして戦う最終戦争＝アルマゲドンとなる。教会の敵への非和解的な戦い＝〈聖戦〉である」（『教会領長崎』安野真幸p一五一）。

戦が近いことを実感した有馬では、全ての市民が十字架のもとに集まり、祈りの業《わざ》や断食、鞭打ちの苦行を行って、デウスの御慈悲を願う声々が満ち溢れた。

コエリュ師も晴信の許を訪れ、教皇グレゴリオ十三世から届いていた聖遺物入れを頸《くび》に掛けてやると、晴信は「我らの主なるデウス様が戦において立派な勝利を授け給うであろう」とひれ伏して答えた。家臣らもできる限り告白して聖体の秘蹟に与《あずか》り、己が身を強化しようと努めた。

島原半島の周囲は海である。有事《ゆうじ》に制海権を握ることは重要であった。

安冨左兵衛尉には十三艘の軍船があり、これに天草志岐の晴信の叔父志岐林専（義父は麟泉）、天草久種らの軍船も加わり、強力な武装船団を構成していた。

海路からの大村兵三百人の深江城援軍を阻止し、龍造寺側の島原城駐留の兵士五千人が乗る五十艘の船を三会城に廻らせ、糧食を満載した二十艘の船を深江浜に追い込み、船諸共《もろとも》鹵獲《ろかく》して、諸戦における海上制覇で勝鬨《かちどき》を上げた。

龍造寺隆信の高来・神代到着は、三月十九日とある。

戦巧者《いくさこうしゃ》の家久には籠城して龍造寺の侵軍を待つ考えはなかった。孤立している深江城救援に、必ず神代から多比良・三会と島原道を通って来るとの確信から、対決の場を東は海浜で、北西には温泉岳が迫る森岳の麓の平場に定め、迎撃のため築いた砦に三千名ほどを配した。

三月十五、六の両日、晴信は、二門の大砲で島原純豊の島原城を砲撃したが、その成果に目を見張った家久は、開戦当日「（それを）船積みするように命じた。それらは中型の半筒砲《ファルコン》で、殿の伯叔父《おじ》にあたり、有馬の家老ジョアン左兵衛殿の持船で同所にあった最大の船に積み込まれた」（中略）ジョアン及びドン・プロタジオの家臣である他のキリシタンの貴人たちは、（中略）海岸沿いに来ていた敵の戦列の端に鉄砲による打撃を加えるためそれらの船に乗りこむように命ぜられた」（『日』巻10・五二章p三一〇）。

この艦載砲の砲撃で「海浜を進む一隊」は算を乱し、壊滅する。

「有馬殿の執政ドン・ジョアンというドン・プロタジオの叔父である甚だよきキリシタンの船に二門の大砲があって、よく順序を立ててこれを発射し、敵兵が多数であったため、砲撃はよく效を奏した」（『日本年報』上・p三四五）。

「キリスト教徒である有馬殿は、イエズス会のパードレたちから援助を受けた。彼らは自らの所有する兵士と、性能の良い大砲で武装したフスタ船で有馬殿を助けた。有馬殿がパードレたちから受けていた援助が原因で、肥前の領主は有馬殿に報復出来なかった」（『証言録』マルコ・アントニオ）。

フスタ船とは、喫水《きっすい》が浅く細長い船のことで、小回りが利《き》くこともあって軍艦《フスタ》として使われていた（長崎二十六聖人記念館に模型展示）。「性能の良い大砲」とは、洞富雄氏（『鉄砲』）が云う「後装砲」のことで当時の日本では珍しいものであった。

船載砲は、照準係のポルトガル兵士、装薬係のアフリカ黒人、点火係のインド人による操作で発砲された。

フスタ船の武装規模については「大砲・弾薬・三百人の守備隊が十全に装備されていた」（『報告書』フランシスコ会士・アセンシオン）とする一方で、「安冨越中守に鉄砲三百挺を司《つかさど》らせ、兵船十三艘に取乗せ云々」（『世譜』）とあっても、実は「左兵衛の持船」とは、コエリュ師が教会領長崎から回漕させた「船《フスタ》」であったのを、イエズス会の立場上「左兵衛の船」としたものであろう。

龍造寺側にも「二門の大砲」があったが「いづれも日本で製造されたものではなく、ポルトガル船の舶載《はくさい》した仏郎機《フランキ》と呼ぶ鋳銅製《ちゅうどうせい》の後装砲であった」（『鉄砲』洞富雄 p二三八）という。しかしこれを実戦に使うことはなく、神代から島原への道筋にある「大野城を隠れ家・倉庫・食料庫とした。そしてそこに多量の火薬、二門の大砲、米千俵、戦のための兵器や軍需品を貯蔵せしめた」（『日』巻10・

五三章p三二四）とある。砲手がいなかったのかも知れない。

天正十二年三月二十四日午前八時、戦端の火蓋は切られた。

龍造寺勢は、三方に軍勢を配置して島原を目指した。

島原道の畦道《あぜみち》を主力の精鋭と六人に担がせた輿《こし》に乗った隆信が進み、海浜に沿って隆信の次男江上家種・三男後藤家信（武雄鍋島藩祖）の諸勢は島原城での合流を目指して進み、丸尾山へ向かう山手を総大将鍋島信生（佐賀藩祖・直茂）らが進んだ。総勢二万五千が三方から来るのを望見するや、薩摩の軍兵も「互いに顔を見合わせ唇も髭も震《ふる》わせ、死の汗を流した」と云う。

薩摩・有馬が待受ける前方には、一条の畷《あぜみち》（三～四米《メートル》・横に五～七人の幅）を挟んで両脇は「飛込みける程に草摺《くさずり》・上帯・胸板まで見えず、部《はま》りて働き得ず」と云う深地《ふけち》であった。

まず大軍が進むべきでなかった沖田畦道《あぜみち》で勝敗の命運が岐《わか》れた。先頭の激戦で前進が滞《とどこお》る時、「進まざるを大将御立腹《ごりっぷく》」と吉田清内が叱咤《しった》する。煽《あお》られた兵士らは底なし沼とも知らず競《きそ》って深地に馳せ入り、身動きならず縁日《えんにち》の射的さながらに猛射を浴びて沈んだ。

この戦での晴信・弟エステワン兄弟のことは「緊迫した争闘や凄惨な合戦に慣れていない」にも拘《かか》わらず、薩摩の異教徒たちに「評価と人望」を改めさせる奮戦ぶりであった。交戦中「エステワンの額の鉄兜に弾が当った。その勢いはいとも激しく彼を地面に倒してしまった。ドン・プロタジオは駆け寄ったが、（ドン・エステワンは）もう死んだものと思いこんでそのまま放置しておいた。（中略）ふたたび目をやると彼が身体を動かし、手を挙げているのが認められた。若者は掠《かす》り傷一つ負うこともなく奇跡的に正気を取り戻した」（『日』巻10・五三章p三一五）。

晴信の兜や鎧にも何発かの弾が命中したが傷付くことはなく、キリシタンの若者は巻いた帯に至近弾を受けたが、その弾も彼を傷付けることなく足下に落ちたとフロイスは続ける。

まさにこれは、使徒パウロの言葉とされる「神の武具を取り、腰に真実を帯し、身に正義の鎧を着《つ》け、信仰の楯を手にし、助かりの兜をかぶり、霊の剣を持って、悪魔に対して戦う」場面の再現のような描写である。

「神を信じていれば被弾しても死することはない」というキリスト教冥加説は、原城に籠もる天草四郎の着物の袖を、幕府軍の弾が撃抜く頃まで信じられていた。

時刻は午后二時に近かった。戦局は数に優る龍造寺に有利に進展していると思える頃、薩摩の若武者川上左京亮忠堅《さきょうのすけただかた》らは、敵兵の動きに逆らい隆信の旗本域に迫った。隆信が声高《こわだか》に「我はここにあり。汝ら何《いづ》れへ敗走するや」と訇《よばわ》るのに「貴殿《との》を探し求めて参った」と吼《ほえ》て首を獲《と》った。

龍造寺山城守隆信（一五二九～八四）五十六歳、有馬と構えて二十二年、全肥前の制覇を目前にして落命する。「御大将討たれる」の報で、恐怖に襲われた兵士は烏合《うごう》の衆と化し、「聖なる正義の鞭」をその背に受けて一挙に敗走を始めた。龍造寺隆信の厳命に参戦していた大村純忠は、戦場三十六キロ近くでこの敗走兵と出会っている。

龍造寺隆信を斃《たお》すの報は「夜の十時に有馬城にもたらされた。一同が示した喜悦のほどは格別であった。鐘が打ち鳴らされ人々は熱狂した。戸や窓が開かれ、明るい灯明が一方から他方へと走り、あたかも有馬は混乱しているかのようであった。同様に歓喜はその他、高来の全土においても、かの暴君がことに脅迫していた長崎でも見受けられた」（『日』巻10・五三章p三二二）。

一方、薩摩側にも「総将家久手負《ておい》」があったことを伝えている。

「龍造寺四天王の槍柱江里口藤七兵衛なる者が、隆信の讐《あだ》を報ぜんと薩摩武士の真似《なり》をして、馬上の家久に近付き高股《たかまた》に鋒鋭《きっさき》く一太刀を浴びせて落馬させた」（『直茂公年譜』）ところを、家久廻りの者により江里口は斬殺されたと云う。

フロイスは「中務が三会《みえ》から帰る途中、一人の少年が、馬上の家久に近づき、腕とふくら脛《はぎ》の二ヶ所に傷を負わせた」とする。

「清げなる小姓の者が、多くの人を押し分け、家久を見つけ切りたり。伝聞にこの若者、隆信の小姓なり」（『薩藩旧記雑録』）などがあって、佐賀側の藤七兵衛説は、どうも戦記特有の表現らしい。

龍造寺側にあって最強で不落を誇っていた深江城も戦意を捨てて投降する。

「安冨下野守純泰は、島原城にいた父伯耆守、弟新八郎を捨てて深江を退《の》き、神代を経て龍造寺領の藤津に渡り、政家、信生から懇ろに迎えられた。他方、父伯耆守らは島原式部大輔らと有家に留められていたが、嫡子の逃亡が明らかになったので、五月十五日に討果された」（『九州治乱記』）とある。

三月二十六日、隆信の首、肥後・佐敷に到着。

二十七日、太守義久による首実験あり、寄合衆、諸軍勢各蹲踞《そんきょ》して列座。やがて義久は「肥前一国の主なれば、粗忽なきよう介添えを付けて高瀬に送り給う」（『島原軍記』）とある。

隆信の尊体は、佐賀・龍泰寺大圭和尚が島原に赴き、どのようにして見出したのか、北高来・湯江村の和銅寺まで運び茶毘《だび》に付し、その霊骨を持ち帰り葬ったと云う。

島津より隆信の首《しるし》を佐賀に返すため、使者が筑紫・榎津に持参したが、佐賀方は「不運の髑髏《どくろ》この上要用なし」として受け取らなかった。仕方なく持ち帰る首桶が、高瀬河を越えようとすると急に重くなった。高瀬河は、かつて秋月の仲裁により、島津と龍造寺との境界線とされた場所である。首の重みを察した使者は、願行寺を訪れ隆信の法要を依頼して帰途に就いた。明治四年、佐賀・高伝寺に龍造寺家墓地が整備され、現在は隆信公の魂霊もここ安置されている。

島原半島では、元文五（一七四〇）年島原市護国寺境内に、昭和四年島原市北門・暇古戦場跡に、昭和六十二年には雲仙市満明寺の丘にそれぞれ隆信を祀る慰霊碑が建立された。

勝利と恩寵の日々

天正十二（一五八四）年三月二十四日、有馬・島津の連合軍が沖田畷で「龍造寺隆信始め数千騎討取《うちと》り」と勝利しても、龍造寺の降伏ではなかったから、島原半島北目《きため》筋では依然として危機的な政情が続いていた。

この度の戦闘では「島原から三会にかけての戦場だけで二千を超す死者と、三千の負傷者が出たと証言されている。（中略）薩摩側の戦死者は二百五十人内外で、有馬のキリシタンからは、十五ないし二十人の死者がでただけであった。その他同じく相当数の負傷者がでた」（『日』巻10・五三章p三二二）とある。

四月二日、「神代城、未《いま》だ落居せず」との注進で、筆頭家老伊集院忠棟・家老上井覚兼らが、島原滞陣の諸衆に迎えられて三会《みえ》に到着した。

上陸の第一夜は、三会・寺中城《じちゅうじょう》が「あがり城（領民の緊急避難所）」でまだ混雑を極めていたので、安全のため乗船して来た自家船で過ごした。

「不慮の軍に討勝ち有馬が陣を開きし上は、高来《たかく》より帰らんと思ひけれど股の疵未だ癒《いえ》ざれば暫く島原に逗留」（『四家合戦異説』）とは、先に負傷した総将中務大輔家久の疵が意外に重傷で、戦後処理遂行が困難と見なされた所為《せい》での派遣であった。

上井覚兼の島原駐屯三十六日間の「四月二日、三会へ着船から、五月七日午刻計《うまのこくばか》り島原より出船」(『伊勢守日記』)までの「島原滞陣」日記中に、家久負傷の経過についての記述はない。

四月三日、早速《さっそく》、忠長・忠棟・覚兼らは、神代・井福《ママ》(伊福)・森山《ママ》(守山)などの城域に数百艘の船で接近し、足軽らを上陸させ火矢で村々を焼き払い、抵抗する者を討取るという索敵殲滅《さくてきせんめつ》戦を展開する。この日、伊福城が投降した。

六日、神代・守山の城主から恭順の旨と人質の申し出があった。

この人質は暫定的との判断で、寺中城にいる図書頭忠長の許ではなく、戦勝の直後に千々石城に入城していた、晴信の弟エステワンの許に連行された。

九日、伊佐早侵攻に備えて、森山城に詰める晴信の許に、当座の方策が伝えられた。神代など北目筋の諸城は薩摩側で守備番を置き、有馬側は深江・安徳・島原・三会の諸城の「火の番」に付けというものであった。

他には「御奉公入魂《じっこん》」であった安徳上野守純俊と安富左兵衛尉への謝意と、麦刈り・田植えの耕作時分だから百姓らへの乱妨がないように警戒することなどであった。

またこの日は、島原城に籠《こも》り、空砲で攻撃を装《よそお》った三百名の大村キリシタン兵の内、大将格四名が人質を出すことで全兵士の帰還が許された。

一方出陣の途次で「隆信の死」を知った大村純忠は、踵《きびす》を返して大村・三城《さんじょう》に入り城主の地位に復権する。

参戦の大村喜前《よしあき》は晴信の兄波多三河守鎮《しげし》（後・三河守親）の許に再び逃れた。

十日、龍造寺の反撃態勢の有無を探る意図で、龍造寺領の島原出兵の港である五ケ浦・竹崎城へ海上からの奇襲が試みられた。戦は、敵兵の討伐・家財・妻子の奪取など一方的な戦果をえて、龍造寺側に再攻勢の準備を与えない程、蹂躙《じゅうりん》し尽くした。十四日には、鹿児島福昌寺僧を迎えて沖田畷戦慰霊の大施餓鬼が行われることが決まった。

十一日、先着の将平田光宗、伊集院忠棟らが八代への報告を理由に帰帆する。

十九日には、図書頭忠長も覚兼の引留めを無視して、八代へ帰帆してしまった。

その結果、戦後処理の全てが覚兼に集中することになったが、彼の頭越しに度々八代にいる忠棟への直訴《じきそ》が行われるなど、諸地頭衆寄合での指揮系に乱れが生じた。

神代貴茂《たかもち》は、「現在の薩摩への御奉公を認められ、北目筋で未だ支配が決まっていない所領、一～二ヶ所が欲しい」と八代陣屋に訴えでた。

沖田畷戦では深江城加番で詰めながら龍造寺大敗の後、城主安冨下野守が領民と共に佐賀・藤津へ逃れたのに、神代城へ居直り領民の散逸を防いだこと、今は伊佐早攻略の先頭に立つ素振《そぶ》りを示すことで、「御奉公」と主張しているのだと云う。この老獪《ろうかい》な貴茂の向背《こうはい》ぶりに、さすがの伊地知忠棟も呆《あき》れ「少しも忠節の条これなし」とその訴えを退けたが、貴茂の真意は、北目筋の一ヶ所でも所持出来たら儲けものとの打算で、盟友の伊佐早西郷氏と連携《れんけい》を取り、やがて龍造寺復権の端緒《たんしょ》にしようと思っていたのであった。

二十二日、八代からの使者を迎え、主要な武将との談合が行われ、即日、その要旨が覚兼によって晴信の許に伝達された。

「薩摩諸勢の半島逗留には、百日の期限があること」

薩摩には、出陣の軍役を田畑の面積によって決めた『出陣賦《てくばり》』があった。

天正十一（一五八三）年七月十一日の、有馬渡海を記した覚兼の『日記』に、「一町衆（三拾石知行の者）は従者壱人を連れ、弓・鉄砲・兵糧は自前、中間《ちゅうげん》・車夫を壱人づつ馬は三頭。一町未満の無足衆《むそくしゅう》は三十日間の兵糧は自前。雑兵《ぞうひょう》と呼ばれる四反《よんたん》以下の者には最初から兵糧支給、武器は各自前で、逗留期限は百日」とある。

従って「諸勢日数を定めての渡海故に近々引揚げ」との覚兼の言葉に、晴信は「疲弊《ひへい》した我が家中では現状の維持は困難である。御番衆のもう一、二ヶ月の駐留を」と懇願した。

伝達には「温泉山《うんぜんざん》神宮・僧院再建の料地として、一～二ヶ所を必要とすること」の一項もあった。

沖田畷戦の直前、晴信は「もしデウスが敵に対して勝利を授け給うた暁には、高来にある温泉《うんぜん》と称される多数の巡礼と多大な収入を有する僧院の全収入をデウスに奉献する」とコエリュ師に誓文《せいもん》を届けていた。

ところが天正十（一五八二）年十月、晴信が龍造寺の桎梏《しっこく》を断つため、薩摩に援助を求めに行き、薩摩が有馬派兵を決定したことを「温泉山《うんぜんざん》の御告《おつげ》」によると受止めていた覚兼は、「きりしたん宗」の破壊により「殊勝の霊地が哀れな為躰《ていたらく》」となったのを見て「温泉山御再興」を決意し、それを晴信に告げたのである。「このたび（島原での）勝利が、自分たちが奉じている（神仏）像のおかげであることをドン・プロタジオに説得し、彼が必要もないのに信奉しているデウスの教を棄てるならば、収入をふやし種々の援助をしよう」（『日』巻10・五四章p三三二）と強要した。晴信は「御神料地のこと、いかにも指図《さしず》に従う」と力なく答えざるを得なかった。

この結果、「長崎の近傍で全住民がキリシタンである浦上の地（有馬代官支配）を殿は我ら（のイエズス会）に与えた」（『日』巻10・五五章p三四一）。

一五八七（天正十五）年に、長崎が公領となった時、大村喜前や有馬晴信らは「これは自分の領地であり、パードレたちの滞在中彼らに与えたのであるが、今、関白の命によりパードレたちが去るについては、再び自領とすべきものであると主張し容易にこれを回収した」（『日本年報』下・p二四九）とあり、茂木・浦上が再び元に戻ったことが述べられている。

やがて半島内で最も豊かな島原町・村・三会（総石高五千石程）を料地と定め、

ここを薩摩の直轄地として、悪辣《あくらつ》な異教徒の老人が島原代官として任命された。しかし、「温泉山御再興」は覚兼の意図通りに実現されたとの記録は見出せない。温泉山再興の修造料地を除《のぞ》き、神代城や北目筋の諸城を始め全ての領地は晴信に与えられたのであったが、その際「北目筋の神代より山田までは、元々有馬領ではなかった」との文言《もんごん》があり、他者からみて、北目筋は有馬家にとり固有の地域ではないとの認識がもともとあったと思われる。なかでも「高来の鍵」とされた神代は、以後の島原半島争乱の火種となって燻《くすぶ》り続けるのである。

五月二日、長崎で勢力のある三派、純忠女婿桜馬場城主のベルナルド長崎甚左衛門、岬の要塞にいる南蛮僧伴天連、長崎内町（嶋原・大村・平戸・文知・外浦《とうら》・横瀬浦）の地下衆《じげしゅう》（定住者）などと接触した覚兼の使僧玉泉坊が帰着した。

島原城にいた大村勢は、純忠の三城《さんじょう》には入らず甚左衛門の許に身を寄せており、使僧の訪問を喜んだ。岬の司祭館の伴天連《パードレ》らは、ポルトガル兵を使って、龍造寺の支配であった西彼杵郡外海《そとめ》地区二十ヶ処から人質を確保し、薩摩への友誼《ゆうぎ》の証《あか》しとしていた。地下衆は、大村・有馬に代わる長崎への薩摩支配を望んでいると云う。

五月七日、大筋での戦後処理を終えた上井覚兼の八代帰帆の日である。人質として、神代貴茂・島原純豊、大野・西川《さいごう》（西郷）・井福・森山城からの者らが連行された。神代貴茂は、覚兼の従兄《いとこ》右衛門尉など宮崎衆が警護して八代へ連行された。

島原純豊は、何かと理由を設けて出発を遅らしていたが、フロイスによれば、「彼らは堂崎城の傍らに人質として置かれていたが、その一、二ヶ月後、夜間密かに船で佐賀に向かって脱出した。だが彼に伴っていたその弟及び他の貴人たちは、ドン・プロタジオの兵士たちによって、間もなく殺害された」（『日』巻10・五三章p三二二〜三）とある。

これに対し「島津の家人によって討たれた」（『九州治乱記』）ともあることから、当地の郷土史家大久保昇氏は、「島原純豊の生死」が判然としないと各史料を探査して、朝鮮出兵の『佐賀陣立名簿』の中に、島原純豊の名を見出し、彼の生存説を立証されている。

六月二十一日、鹿児島の太守義久の許を晴信の使者が訪れ、「御太刀・馬・南蛮笠・水晶花瓶・唐墨」などを持参し、「御高恩により、晴信年来の胸霧散じ…」

との口上を述べた。

七月二十九日、森山で深江の落人《おちうど》十余人が発見され、内四人が斬殺された。

十月十五日、秋月種実の再度の骨折りで、龍造寺政家は「先非を改め無二の御奉公」と島津義久への全面的な降伏起請文に署名血判を以て奉呈した。

十一月には、肥後出陣中の覚兼の許に晴信は南蛮犬を届けている。

一五八四（天正十二）年八月四日、マカオ商人ランデーロのジャンクが、マニラからマカオへ行く途中でフィリピンから初めて平戸に入港した。領主松浦法印は「スペイン人をかつて見たることなし」として大層歓迎した。当時、平戸には二人のイエズス会神父がいたが、松浦公とは仲が悪かったという。

乗船の神父には、プロビンシャルであったアウグスチノ会士のフランシスコ・マンリッケとパブロ・ロードリゲス、フランシスコ会士のファン・ポーブレとディエゴ・ベルナールの四人がいて、約二ヶ月間滞在し、特にマンリッケの仲介で平戸・マニラ間の交易が開始される機運をつくり、松浦侯から教会堂を建てる補助を与えるとの約束まで取り付けた。

なおファン・ポーブレ修道士とは、天正十年八月、台風により破船状態で口之津港に到着し、裸足で教会まで歩いて感銘を呼ぶポーブレ修道士である。

　これまでイエズス会独占であった日本宣教が、跣足派の修道会との競合時代を迎えるという意味での平戸寄港であり、神父らの上陸であった。

　天正十三（一五八五）年二月二十日、鹿児島・内城《うちじろ》の太守義久（五五歳）の許を、晴信（二四歳）が安富左衛門尉を供に、大村純忠の使者らと訪れた。初見参には国重の太刀・御馬一疋・鎧甲《よろい》を持参。義久は遠路の旅を労《ねぎら》い、御酒に雑煮《ぞうに》を振るまった。

　歓談の日々に、晴信は「官途と御字（偏諱《へんき》）」を懇願する。当初は有馬家先代と将軍家との関係を理由に固辞していたが、やがて「官途」は「左衛門大夫《だいぶ》」という伊地知右衛門大夫忠棟と同格の称を、「御字」には「久」を与えて「久賢《ひさまさ》」と名乗らせた。

　「御字」拝受の御礼には、御太刀・黄金弐拾両・緞金《だんきん》一端、「官途」の御礼には、御太刀・白糸五十斤・南蛮頭巾・南蛮合羽《かっぱ》などを贈呈した。

　宴席では男児のいない義久は、佩刀《はいとう》を晴信に与えるなど慈父のような愛着を示し、若き武将の前途を祝福するかのようであった。

この頃、時代は大きな転換を迎えようとしていた。

天正十四（一五八六）年五月、大坂城の秀吉の許に伺候した大友宗麟は、島津攻勢の苦衷《くちゅう》を訴え、翌年三月の島津征伐の確約を得た。

天正十五（一五八七）年七月、関白秀吉は島津征伐を終え九州地域再分配を行ったが、その結果、有馬領は安堵されたが、肥前の大半は龍造寺家政に与えられ、神代・古部・伊古の地は「古来有馬領にあらず」として晴信から取り上げ、鍋島飛騨守信生（後・加賀守直茂）に与えられた。則ち有馬領に佐賀領神代という反キリシタンの楔が、再び島原半島の目附として打込まれたのである。

また島津征伐に不参加の伊佐早西郷信尚《のぶなお》は改易され、諫早は龍造寺家晴に与えられた。しかし、この領主交代の間に、西郷信尚の伊佐早領奪取や、晴信の神代城の争奪などの事件が頻発する。

「下地方の上長ベルショール・デ・モーラ師は、他の一司祭を伴って神代城に赴いたが、そこは昨（一五八七）年、武力によってドン・プロタジオ（晴信）の支配下に帰した所である。城主（貴茂）とその家臣たちは、説教を聞いた後、城主とその母堂および一人の息子と娘、さらにその他の仏僧たち全員が受洗した」

(『日』巻11・七〇章p一七二)。城主の妻となる人は、一五六三(永禄六)年四月、初めて島原に来たアルメイダ修道士から洗礼を受けた島原純茂の娘である。

その後、異教徒の間で過ごしたため受洗していたことを思い出すことがなかったという彼女は、この時、信仰をとり戻すことが出来た。

天正十二年五月から肥後八代城に人質として拘留されていた神代貴茂は、同年十二月末になって、宮崎にいる上井覚兼へ使者を遣わし「有馬殿が神代で色々狼藉をするので、子息を人質に置き自分は帰国したい」と訴えた。覚兼は「八代城代の平田光宗と相談されたし」と答えているので、どうやら人質を解かれて神代に帰れたようだが、期日は明確にしえない。

天正十六(一五八八)年一月、加津佐にいるコエリュ師は、前年の佐々陸奥守成政に対する肥後国衆による叛乱の鎮定検証で、肥後にいる黒田シメアン官兵衛、小西アゴスチィノ行長、浅野長政らを訪ねた。とくに浅野は、豊臣秀吉の相聟(互の妻が姉妹の関係)で秀吉の腹心のはずで、コエリュ師の訪問はキリスト宗団の庇護の依頼であった。

五月十八日「秀吉、浅野弾正少弼・戸田民部少輔に長崎支配を委任し、支配の条目を定める』（『大村市史』）とある。

有馬晴信も、長崎に浅野弾正長政を訪ねた。そこで薩摩から「雲仙再興料」として抑えられている三会と島原とを取戻してもらいたいと、千クルザード（二千七百五十万円）の賄賂を差出し、神代城を有馬のものにして戴けるなら更に二千クルザード（三千五百万円）を差上げると申しでると、秀吉の蔵入地に関与していた浅野は何れも快諾の返答を与えた。

ところが、龍造寺側は、「秀吉の許可証」を持参して、三会・島原、神代城は自分たちの所領であると訴えでた。

その申出に浅野は「それらの地を渡すことは罷りならぬ。上洛し関白の裁断を仰ぐまでプロタジオは従来どおり、自領として所有してよい」と龍造寺を退けた。

しかし、龍造寺側は「莫大な賄賂」をもって関白に嘆願するところがあって、後日、関白は「神代城を明け渡すように」（『日』巻11・七四章p二二二）と晴信に命じた。

有馬晴信の神代貴茂闇討ちは、天正十六（一五八八）年七月以降のこととされる。

「味方としては皆佐賀その外引取りしかば、籠城も叶い難く、これを幸にして暫く従い、時節を待たんと程よく返答しければ、有馬が旗下多以良八郎重純が城中に招き、晴信面会ありて奔走あり。日暮れて帰る途中、多以良犬の馬場という所へ伏兵を以て不意に貴茂主従を暗打《やみうち》して悉く討ち亡ぼす」(『神代古代史』)。

果たしてこの期の貴茂暗殺に意味があっただろうか。半世紀後の松倉支配下で起きた『島原・天草の乱』に、北目筋諸村の不参加は、この期の「貴茂暗殺」が南目筋不信として住民意識の底流に残っていたとも考えられる。

第五章　荒波に浮きつ沈みつ武将晴信

一五八二年八月十二日（天正十年七月二十四日）、聖クララの祝日に、マカオを出帆した二艘の内の一艘のジャンクが口之津に入港した。

三度の台風に遭い奇跡的に沈没を免れたアントニオ・ガルセスの船で帆は破れ帆柱は折れた難破船の状態であった。

乗組員は「夜分に裸足《はだし》のまま行列を作り、鞭打ちの苦行をし連祷《れんとう》を唱えながら下船して来た。それは自分たちを無事に救出してこの港に連れ給うたデウスの強力な御手から受けた偉大な御加護に対して、感謝の気持ちを表すためであった」（『日』巻10・四三章p二二一）とは、副管区長付き司祭として口之津にいたフロイスの実視記録である。おそらく下船の様子から「跣足《せんそく》派修道士」の上陸と見ていたであろうが、それには触れていない。一行はそのまま湾岸の道を早崎方面に進み、住院で体を休めたと思われる。

『岬の聖母教会』と呼ばれた教会は、住院からなお「小銃の着弾距離（約百メートル）」くらい離れた甚だ高い場所にあった。

フロイスは、乗員が下船する際「裸足のまま」と荒れ狂った波浪で靴まで奪われたかのような表記であるが、実はこのジャンクには「跣足《せんそく》修道会派の修道士ホァン・ポブレ・ディアス・バルドとディエコ・ベルナールの二人が乗船していた」（『フランシスコ会士たち』トマス・オィデンブルク）。

口之津上陸後の二人の動静は不明であるが、ドン・プロタジオ晴信の日野江城は、龍造寺勢の包囲攻撃で落城の噂しきりの中で、晴信には初めてのフランシスコ会士の二人を迎えて歓待する余裕はなかったと思われる。

日本訪問を目指しながら、フランシスコ会士ポブレらの口之津上陸は、遭難による漂着と扱われたらしい。

十二月、修理を終えたジャンクはマカオへ去った。

「アントニオ・ガルセスのジャンク船が、口之津よりシナ（マカオ）に帰った四、五日後、有馬の城は第三回の火災に遭い、そこにあった物は悉く焼け大いに窮乏した」（『日本年報』上・p三二七）とある。

「一五八四年八月四日、ポブレ以下ルソンの托鉢修道会士が、マニラからマカオへ航行する途中、逆風のため平戸に入港した。領主松浦鎮信は彼らを歓待し（中略）贈り物とルソン総督宛書状を帰還する船長に付託《ふたく》した」（『近世日本とルソン』清水有子p一〇〇）として、これを松浦とフィリピンの間での国交、フランシスコ会の上陸など共に最初であったとされている。

一五八三（天正十一）年十月頃、天草久種領の天草下島・河内浦《こうちのうら》城の司祭館で病床にあった「生ける車輪」と称されたルイス・デ・アルメイダ師が昇天（五八歳）された。心労を伴う長年の宣教活動で蝕《むしば》まれた彼の様子は、八十歳を越えた老人のように見えたと云う。

島原半島には、アルメイダ師の足跡《そくせき》を伝える一片も残っていないが、師によってキリスト教の光が点《とも》されたことは紛《まぎ》れもない事実である。

佐賀・藤津地方で、龍造寺氏と交戦中の有馬氏陣営の大村純忠を、上長トルレス師の命《めい》で見舞ったアルメイダ修道士から「横瀬港と南蛮船」のことを聞き、強い興味を抱いたのは「大型船が約百艘ほど碇泊出来る港」を持った有馬領の島原城主島原純茂であった。

一五六三（永禄六）年、四旬節の第三週（三月十四～二十一日）に、アルメイダ修道士は日本人ベルシオール伝道士を伴って海路島原に到着した。

佐賀の龍造寺との攻防のため藤津地方に出陣する有馬義貞や島原純茂らに、慌ただしい中ながら「創造主の存在」が語られた。

聖週（四月四～十日）を横瀬浦で迎えるため島原を離れる迄に五十名に洗礼を行い、出発前の枝の主日・四月五日には純茂の二、三歳の幼女にも洗礼を施し、マリアの教名を授けた。このマリア、長じて隣領神代《こうじろ》の神代貴茂《たかもち》の妻となるが、異教徒の中でいつか幼児洗礼の記憶をなくしていたことは既述の通りである。

一五六〇（永禄三）年、イエズス会の「医療禁令」に従い医療活動から退《の》いていたアルメイダ修道士であったが、断れない要請があれば応じることもあった。

「博多の領主が戦争において銃創を負った三人の治療を依頼した時、主なるデウスの旨に叶い、体内に残りし銃丸《じゅうがん》を抜き取り約十五日をへて全治せり。彼は多くの金銀を提供せられたれども何も受けず」（一五六二年十月二十五日付・耶蘇会のイルマン宛・アルメイダ書翰）、文中で自分のことを「彼」と表現していることに「茶医療」を気遣った彼の生真面目さが感じられる。

天正十二（一五八四）年の沖田畷戦後、安徳城主安徳純俊は、膝頭の膿腫《のうしゅ》により高熱や腫れ激痛を和らげるため、神仏の加持に頼ったが恢復《かいふく》の兆《きざ》しはなく重篤《じゅうとく》に陥った。それを知ったコエリュ師は、有馬にいた日本人ロケ修道士に「主の教え」を説かせ、目覚めた純俊に洗礼を施した。

「すると彼は聖なる洗礼の功力《くりき》によって、それまで味わっていた苦痛が和らぎ、日を経て元気を回復していった」（『日』巻10・五五章p三四〇）。

おそらくアルメイダ師健在ならば、天草から海路馴染みの安徳を訪れ、得意の外科術で純俊を助けたことであろう。

天正十三（一五八五）年二月二十日、太守島津義久の許を、有馬晴信は三百人の家臣と共に沖田畷戦での御厚恩への感謝のため参上した。

同年九月には、大友との交戦のため肥後・御船《みふね》宿に滞陣の島津義弘（国守義久弟）の許に駆け付けるが、義弘からは属臣扱いで「遅参」の叱責《しっせき》を受ける。

数回の酒宴で蒙《こうむ》った勘気も解けた晴信は、「有馬家お見捨てなきようとの神文」を懇望すると、既に「キリシタン誓詞《せいし》」（違背の時は天道の伽羅佐《ガラサ》を失う）は行われていたが、義弘は「南蛮宗には神文はそくわず」と上井覚兼の土代《どだい》（草稿）で「書状」を渡すにとどめた。

天正十四（一五八六）年、雨期の六月初旬、島津は豊後大友へ筑後・日向の両路から侵攻することに決した。図書頭島津忠長（義久従兄《いとこ》）、筆頭家老伊集院忠棟が率《ひき》いる三万の軍勢には、肥前から龍造寺・松浦・波多・有馬氏らも名を連ねていた。

七月十日、この軍勢は筑紫広門《ひろかど》の勝尾城（鳥栖市）を陥落させるが、前段の鷹取城攻めで龍造寺隆信を屠《ほふ》った川上左京亮《さきょうのすけ》が広門の弟晴門《はるかど》と相打ちで落命する。

一方、戦勝で混雑する路上に「捕獲した女童《めわらわ》など数十人を連れた濫妨人《らんぼうにん》がいた」ことを、上井覚兼はあたかも見慣れた景物のように「日記」に書き流している。

七月十四日、太宰府まで進軍した島津勢は、四王寺山《しおうじ》（四一四メートル）の中腹に築いた大友方の英傑高橋紹運《じょううん》が八百人で守る岩屋城攻略を開始した。

攻防十二日間の結果、落城時の生存者五十人、全員が割腹し果てると云う凄惨な玉砕戦であった。

伊集院忠棟はこの岩屋城攻めに「薩摩国守は長崎の統治権を持ち、伴天連らは薩摩の家臣である」との意識で、有馬にいる下《しも》の上長モーラ師に「本状を受理次第、即刻、当城を攻撃のために、予に（城攻撃の）大砲・弾丸・火薬・砲手を送り寄こせ。これにつきいかなる不手際、遅延《ちえん》があってはならぬ。（もし遅延などがあったら）現下、我らの掌中にあるこれら九ヶ国（九州）を征服し終えた暁には、それら何れの国にも以後教会・伴天連の残留を許さず」（『日』巻11・六二章p六八）と、命令に応じなければ伴天連の在留をみとめないとする居丈高《いたけだか》な通告を行ったが、モーラ師は、返答に価せずと無視した。

岩尾落城の後、救援のため中国筋から毛利元就《もとなり》勢が豊前に到着すると、島津勢は立花山城（福岡東区・紹運嫡子統虎《むねとら》、後の立花宗茂が城主）攻略を止め、博多の街を焼き払い撤退する。

九月中旬には、讃岐・仙石秀久、土佐・長宗我部元親父子らの軍勢が、豊後府内へ上陸したが、嫡子義統《よしむね》ともども豊後国死守の意識は薄く、キリシタン王国の崩壊を憂慮し留《とど》まっていたコエリュ師の忠告も無視したので、師は次善策のため下関へ向かった。

十月二十五日、臼杵の丹生島《にうじま》城は、宗麟の一族に多数の領民、二十名余のパードレなどの避難により飢餓・井戸水の枯渇などで収拾が着かない混乱に陥っていた。この城を目指して、二百名ほどの薩摩の先発隊が眼前にあるものを掠奪《りゃくだつ》し破壊し、焼却しながら緩慢《かんまん》に進軍して来た。そして丹生島城を三日間包囲して去った。

丹生島城包囲のことを、出兵先の宇佐地方で知った義統らは、府内までは還《かえ》ったが敵が去った臼杵には行こうともせず、酒宴を張り遊興に耽《ふけ》っていた。

薩摩軍は通過する所を焼き払い、打壊し蹂躙《じゅうりん》して進み、通過した後には何一つ満足なものは残らず、逆らう者は殺害された。そんな中で最も嘆かわしいことは「実に夥《おぎただ》しい数の人質、とりわけ婦人、少年、少女たちを拉致《らち》するのが目撃されたことである。これらの人質に対して、彼らは異常なばかりの残虐行為をあえてした。彼らのうちには大勢のキリシタンも混じっていた」(『日』巻8・六七章p一七三)ことであった。

「薩摩軍が豊後で捕虜にした人々は、肥後の国に連行されて売却された。(中略)(肥後の住民は)彼らをまるで家畜のように高来《たかく》に連れて行ってそこで売り渡した。かくて三会や島原の地では、時に四十名もの売り手が集まる有様で、彼らは豊後の婦人や男女の子供たちを(貧困から)免れようと、二束三文で売却した。売られた人々の数はおびただしかった」(『日』巻8・七四章p二七八)と、戦場の裏で行われていた弱者の現実を書き留めている。

『大航海時代の日本人奴隷』（ルジオ・ソウザ、岡美穂子共著）では、前出の「四十名もの売り手」のことを「四十名もの豊後から来た女、子供～」（p一六四）と訂正されている。

天正十五（一五八七）年三月一日、関白秀吉は九州薩摩征伐のため、三十ヶ国、四万人の軍勢で大坂を出立した。主力軍は高山右近を筆頭に黒田孝高《よしたか》、蒲生氏郷《うじさと》らのキリシタン大名であった。彼らは「九州攻めを島津氏に抑圧されているキリシタン大名や信者を解放する聖戦と位置づけ高い士気を示していた」（『豊臣政権と天皇制』藤田達生）のは、前年秀吉に謁見した、コエリュ師や大友宗麟が、島津遠征を懇願した結果であったろう。

一五八七（天正十五）年三月十二日付・ルセナ書翰に「彼（晴信）は司（コエリュ師）の説得によって薩摩の者たちとの関係を解消して関白殿の軍団に入った」とあるが、晴信を島津から「引き剥《は》がした」のは、小西行長艦隊の口之津寄港による威圧であったろう。

「この者は高麗の側からこの西国の島を包囲し、薩摩側についている沿岸の諸領主を天下の主の側につかせた。（中略）平戸・大村・有馬・天草・志岐であり、これらの殿は全般的には彼（小西）の味方となって薩摩を棄て、後に関白と称する天下の主羽柴筑前とむすんだ」（『アフォンソ・ルセナ回想録』）とある。

四月六日、秀吉が滞陣する高良山に、大村純前・有馬晴信・深堀純賢など肥前諸氏が参上し御目通り頂いた御礼を述べ、以後は秀吉勢の一員として随伴している。

五月八日、川内《せんだい》の泰平寺に陣する秀吉の許を、法躰《ほったい》となり龍伯と号した島津義久は「一命を捨て走り入る間、御赦免」（『秀吉判物《はんもつ》』）とあり、秀吉の軍門に降った。

六月七日、秀吉は福岡・箱崎に到着、箱崎神宮に陣を敷き九州全域の知行割、島津の放火で焼け野になった博多再建のための区割などを命じ、コエリュ師には教会建設用地を与えた。

同十日、平戸碇泊のナウ船を博多に回航するようにコエリュ師に依頼する。

同十五日、コエリュ師、長崎へ帰る許可を得る。

同十七日、高山右近、フスタ船にコエリュ師を訪ね、迫害の懸念《けねん》を語る。

同十八日、船長ドミンゴ・モンティロは、ナウ船の回航困難を弁明。

夜、全キリシタン大名への見せしめとして、高山右近が改易追放となった。

同十九日、朝、秀吉は家臣・諸侯を前に、キリスト教非難の演説を行い、夜に『伴天連追放令』が告示された。高山右近の改易を目にした結果、「キリシタン大名の中で、小西・大友義統・大村喜前・有馬晴信等々という多数が棄教した」（『バテレン追放令』安野真幸p一六九）。

一五八八年二月二十日付・有馬発の日本年報は、フロイスが書き送った長文からなる原文をマカオにいたヴァリニャーノ師が編纂要約したとされ、原文に比して省略・抹消された部分が多いと云う。

「小西を始め重立ったキリシタン達に棄教を勧告し、有馬晴信・大村喜前等が関白の命令に服した箇所は抹消」（『南蛮史料の研究』松田毅一　P四九七）とある。

『伴天連追放令』と有馬地方

天正十五（一五八七）年六月七日、「（太）宰府を御立、博多を経て箱崎に着給ふ、（中略）八幡宮本社の神殿を以、秀吉公の御座とし給ふ、（中略）相従ふ諸大将、諸々の士卒は八幡宮の近辺に仮屋を立ならべて陣屋とす」（『益軒《えきけん》全集』巻5・p二二四）とあり、この箱崎には「二十余日逗留し、九州の政を執行した」。

関白秀吉の九州下向は、豊後・大友氏を薩摩の侵攻から救うことであったが、降伏した薩摩の取り潰しはなくて、九州の「国分《くにわ》け」の後、筥崎《はこざき》宮の本殿から、これが遠征の真の目的であったかと思われる、キリシタン宗団やキリシタン諸侯に対する二通の書状発行により、歴史的な「キリシタン邪教」観の宣言を行ったのである。

一通は、天正十五年六月十八日付の十一ヶ条の「覚《おぼえ》」と題された秀吉の「朱印状」で、伊勢神宮の神宮文庫架蔵の書冊『御朱印師職古格』（『古文書之写』上・下）、神宮門前町の『三方《みかた》会合記録』（全十六冊中の二冊目）などに残されている。

二通目は、天正十五年六月十九日付の五ヶ条の「定《さだめ》」と題されたもので、平戸・松浦史料博物館にあり、この方は『伴天連追放令』として広く知られている。

この二通とも案文《あんもん》（控）で正文《しょうもん》は発見されていない。なお「定」の全文は、『日本史』（巻1・一六章p二二九）や『天下人の一級史料』（山本博文）などでその研究成果と共に知ることが出来る。

神宮文庫にある「覚」は、「高山右近中心のキリシタン党」と「代表コエリュのイエズス会」を対象にしたもので、それが神宮文庫に残るのは「伊勢一国十六万石の領主蒲生氏郷《がもううじさと》教名レオンの考えによっては伊勢神宮の破壊も予想される」（『國學院雑誌』岩澤愿彦《よしひこ》・第80巻11号）として、伊勢御師《おし》の請願により下付されたものとされる。

『伴天連追放令』が、「『制札』として日本の主要な都市に掲げられると同時に、巡礼者で賑う奈良・高野《こうや》・伊勢の三ヶ所に送られた」（一五八八年十一月二十二日・ロウレンソ・メシア書翰）とは、南都六宗の奈良、真言密教の高野、神道の伊勢皇太神宮などが、「制札銭《せいさつせん》（制札下付の謝礼銭）」で購入して告知したことを言っているのであろう。

イエズス会にとって、「定」の正文である「伴天連儀、日本の地にはおかせられ間敷候間《まじくそうろうかん》、今日より廿日の間に用意仕り帰国すべく候」は大打撃であった。

一五八六（天正十四）年、イエズス会の意向を無視して、二十一年ぶりのポルトガル船の平戸入港となったドミンゴス・モンテイロの船は、世情騒然の中で、「その商貨売れざりし故」越年を余儀なくされ、平戸港に碇泊していた。

そのモンティロ船長には「黒船の儀は商売の事候間、格別候の条、年月を経《へ》、諸事売買致すべき事」で交易商売は禁止でないとされた。

そして平戸が帰国乗船地とされたので、そこの領主松浦侯に渡された「写し」が、松浦史料博物館に残るものであろう。

なお、筥崎宮座主豊前守方清にも「箱崎宿陣町々を触れ廻れ」(『豊前覚書』)と渡されたとあるがその所在は不明である。

穏やかな「覚」から激烈な内容の「定」と、短時の間に変化があったのは、キリシタンの大檀那《おおだんな》で「キリシタン宗門のことをジュストの宗門」と呼び慣《なら》わされる程であった播州明石領主六万石高山右近教名ジュスト(三五歳)が、秀吉の「キリシタン棄教」勧告を持参し、説得に赴いた茶の師である千利休を「拒否」し、改易追放処分にされた事を挟み、他のキリシタン大名の「不名誉な棄教」(ルセナ『回想録』p一三三)もあって、「伴天連の邪法」、「日本は神国」と誰に憚《はばか》ることなく宣言出来た安心から内容も激化したものと思われる。

天正十五年五月十八日、関白秀吉が九州在陣中、下《しも》のキリシタンの柱石大村純忠バルトロメウ(一五六三年受洗・五五歳)が、病臥《びょうが》中の坂口館で昇天した(『綜覧』巻

12・p一六七)。

五月二十三日には、大友宗麟フランシスコ(一五七八年受洗・五八歳)も、療養先の津久見の館で昇天する(『綜覧』巻12・p一六七)。

先立った二人の亡き後、残るキリシタンの柱石は有馬晴信プロタジオ(一五八〇年受洗出二七歳)である。

秀吉の博多滞陣に伺候して、有馬晴信や大村喜前らがまだ博多にいる頃、関白の家臣らは大村で城や教会を破壊し、長崎では多額な罰金の徴収を始めるなど領民を不安と艱難に陥《おとしい》れ、有馬でも十字架や教会を破壊しようと来たが、キリシタン達は、彼らの不敬な蹂躙《じゅうりん》を許さなかった。

有馬のキリシタン達は「領主その他は転向するとも、我らは死するか、パードレ達と共に国を去る」(『日本年報』下・p二四七)との覚悟でこの苦難に立ち向かおうとしていた。

晴信は「教会及び領土を保全するため、少しく己の意を曲げたが、心は前よりも強く、遠からず領地に帰るであろう」(『日本年報』下・p二四八)と有馬へ伝えて、秀吉が博多を離れた七月二日以降に、有馬領四万石の安堵《あんど》を得て家臣らと共に帰着した。

晴信の帰着を待って、長崎の上長モーラ師に「司祭の派遣」を懇願した。有馬には、すでに自主活動が出来る信徒宗団《こんふらりや》が生まれていた。

「司祭の派遣要請」とは、秀吉の西下に際し、コエリュ師が「秀吉軍への参加を勧めた」のに、「薩摩軍の優勢を信じて参加を渋る」晴信を懲《こら》しめるため、高来地方の司祭・修道士の全員と神学校を長崎に引き揚げていたからである。

要請《ようせい》に応《こた》えて長崎から日本語に堪能《たんのう》で数年前は神学校の教師で有馬では馴染みのあるアルヴァロ・ディアス師が、風雨の中、日野江城下の河口津に、夜間人目を避けて到着した。歓喜と慰安に酔い痴《し》れた住民は、その夜から師を訪ねて人波が途絶える事がなかったという。

到着四日目の夜、ディアス師は帰着の晴信の許を尋ねた。晴信は以前と変わりなく迎え、博多で関白との間に生じた問題の経過について「心弱くも暴君の言に従うに至ったが、心中には信仰を存し、その罪を悔いて公に贖《つぐな》いをなし、新たな決心をもってパードレ達と共に、領民の改宗に力《つと》める。師は安んじて有馬におられよ」(『日本年報』下・p二四七)と語ると、ディアス師も「扉を閉ざした神学校でミサを捧げましょう」と応じた。ディアス師は晴信の行為を許し、デウスへの奉仕を共に誓った。

秀吉の「国分け」により薩摩の直轄地であった島原・三会の地は戻ったが、「戦国期に押領・侵犯して拡張した分は認めず」により、「高来の鍵」であった神代の地は佐賀・龍造寺政家の宰領となった。

有馬の仇敵で、神代と同盟関係であった伊佐早純堯《すみあき》・信尚《のぶなお》父子は、島津征討遅参の理由で領地没収となり、跡に筑後・柳河から龍造寺家晴が、抗戦する純堯らを排除して入部する。晴信にしてみれば、「沖田畷戦前」と同様の両面に「龍造寺の刃」を受ける状態で、これはどうしても打開しなければならないと思えた。

八月七日、「是より先、佐々成政、肥後国中の『指出《さしだし》』を徴《め》す。隈府《わいふ》（菊池市）の隈部《くまべ》親永、肯《がえん》ぜず。是日、成政、親永を攻め尋《つい》でこれを降す」（『綜覧』巻12p一七六）。

肥後国人五十二人の代表格隈部親永が、新領主佐々成政への「土地面積・年貢量」提出の拒否から生じた、六ヶ月に亘《わた》る「肥後一揆」の勃発《ぼっぱつ》である。

九州討伐に従っていた佐々成政は、越中国新井郡で二十万石の大名であった。

その彼が、信長以来の適材・適所の「人事配置」により肥後一国（相良領除く）を与えられていた。一揆の原因《もと》は箱崎での六月十八日「覚」にある「其の国郡知行の儀、給人に下され候事は当座の儀候」（三条一部）について、肥後の土豪衆などが理解し納得などしている筈もなかったことが一揆の引き金であった。

佐々成政に対する肥後国人衆の蜂起の間隙《かんげき》を捉えたドン・プロタジオ（晴信）は、「抜け目なく手を尽くし（中略）相手の意表を突いて突如神代殿を襲撃した。（中略）城主は降伏し、彼の母と長子を人質として有馬殿に引き渡した」（『日』巻11・六七章p二二八）。

その後、秀吉の敵となっても神代城の引渡しを拒否しようとする晴信に「自滅行為」だと思い留まらせたのは小西行長であった。

九月七日、秀吉は肥後鎮圧のため「小早川秀包《ひでかね》を将と為し、筑後・肥前の諸将を率《ひき》いて肥後に入らしむ」（『綜覧』巻12p一七九）。

肥前からは、病気のため参戦出来ない龍造寺政家の名代として、佐賀滞在中の龍造寺家晴が、筑後の新領主小早川秀包の許に馳せ参じた。

九月二十一日深夜、伊佐早では家晴が肥後一揆出陣の留守を狙って、西郷純堯の弟西郷純門、天裕寺住持泰雲など西郷恩顧の輩《やから》が、本拠高城《たかしろ》に攻め込み、各地の百姓らもその地の代官を襲って、全域の奪還を果たした。

この蜂起には「約定」に従い、有馬勢も兵船を以て積極的に参戦した。

十月四日の早旦、「伊佐早蜂起の注進」で、家晴は手勢千五百騎を以て帰着する。「西郷勢はこれを見て勇気挫《くじ》け、一戦にも及ばず」（『島原半島戦国史』p二七九）とは余りにも情けない結末であった。敗残の徒は島原地を目指して落ちて行ったと言う。

天正十五（一五八七）年十一月二十六日、副管区長コエリュ師は、秀吉を買収しての『追放令』の撤廃や、「長崎の要塞化」などの企《くわだて》などを進める一方で、晴信と面談し、彼の勇気と忠誠心を打診するために、幾人かの司祭と共に、再度高来に赴いた。「再度」とは、『追放令』が出た直後、晴信に対して「キリスト教徒の領主を糾合《きゅうごう》して迫害者秀吉に敵対するよう～そのための資金と武器・弾薬を提供する」（『キリシタン時代の研究』高瀬弘一郎p一一七）旨の説得を行うため訪れていたのである。

コエリュ師を迎えて、「予《よ》にはキリシタン宗団を守るための準備が出来ている。

全員が平戸から高来に移って来られよ」との言《げん》に「イエズス会員を有馬領に潜伏させる」決意をなし、併《あわ》せて学院は千々石、修練院は有家、神学校は有馬・八良尾《はちらお》に移し、七十名の司祭や修道士、七十名（有馬セミナリヨ在籍・五一名と都から十九名）の神学校生徒などが有馬領で過ごすことになった。

天正四（一五七六）年、有馬義貞の受洗後の有馬地方では、六ヶ月の間に約二万人の改宗があったと言う。この度《たび》は有能な司祭と修道士で練達の説教師が半島全域で宣教を行うことで、あたかも宣教の処女地のように集団改宗が相次いだ。

モーラ師が訪れた神代城では、天正十六（一五八八）年七月までに、貴茂の家臣・仏僧など千六百人以上が受洗したが、その後、貴茂は謀叛《むほん》の嫌疑で暗殺される。

安徳では、セスペデス師により「真の門」から入信した千六百人を越える人々が受洗した。

島原・三会では二千八百余名が受洗、また徹底して行われた仏僧への改宗を拒《こば》む僧は、薩摩で浄土宗寺院を伸展させている前島原・法然寺住持運誉上人を頼って去って行った。

一五八八年九月十八日（天正十六年七月二十八日）日曜日、千々石では、肥後一揆

から帰った晴信弟ドン・エステワンが千々石城で病により急死した。

「ドン・プロタジオの二番めの弟で千々石の領主であるドン・エステワンが死去した。二十数歳の若者で、司祭や修道士たちに対して大いなる愛情を抱き、デウスの教えに深い尊敬の念を寄せていたので、（千々石の）学院は彼の庇護のもとにその地に設置されていた。彼は七日間、（発）熱し、口と鼻から流血して死亡した」（『日』巻11・七三章p二一八）とある。

天正十七（一五八九）年十一月五日、それはコエリュ師の死の半年ほど前にあたる、ある日曜日のミサの後、コエリュ師は衰弱の身で四名の説教師である日本人修道士を伴って加津佐を出発し、半島北目筋の宣教の途《と》に就いた。

山田・守山・西郷・伊福・多比良と廻り、三百三十七人に洗礼を授けた。

大野城域では四百人が受洗した。西郷村では潜伏中の西郷信尚（晴信の甥）が受洗し、有馬では異母弟の西郷家明も受洗した。領民の受洗は四四〇人であった。伊福では二二六人が受洗した。守山では八七六人、山田では四八〇人、多以良では一二四五人が受洗した。この後、「確乎とした信仰を樹立させるため、四人の司祭にその任を与えた（『日』11・八七章p三七〇）。

まさに北目筋にキリシタン・ブームが到来したと云える盛況であった。

大凡の概数で、島原・三会～千々石までの北目域で六六〇三名、加津佐～安徳の西南域で四八二四名の新たな受洗者が生まれた。

加津佐では、他の地方から移住して来た八十二人の成人が、口之津では三十人がそれぞれ受洗したと云う。

この状況はまるで苦境期に咲いた徒花《あだばな》のような、イエズス会宣教師団と晴信による有馬領「キリシタン王国」の誕生と言えなくもなかった。

高山右近の来島とコエリュ師逝去

天正十五（一五八七）年十月一日から十日間、京都・北野の森で九州戦勝祝賀の大茶会《おおさのえ》が催されることになった。その初日の午後、筑後・立花宗茂から「隈部親永の肥後の叛乱は、豊前・城井常陸介鎮房や、肥前伊佐早・西郷信尚らまで拡がっている」との早打ちが届いた。

茶会は一日で中止となり、西国の諸大名に一揆鎮圧が命じられた。

騒乱は十二月二十四日になり「叛乱領主らの抹殺」で鎮定となるが、秀吉が望んだ「国郡知行の儀、給人に下され候事、当座の儀候」との趣旨徹底には、翌十六年一月、浅野長政・加藤清正・小西行長ら上使衆による二万の兵を率いた「太閤検地」（天正十年から始まった秀吉による全国統一の検地）などにより、次第に浸透するようになっていく。

一揆鎮圧には、上使衆加勢のため近隣領主の参加が義務付けられた。豊後からは大友義統上洛中のため岡城主パウロ志賀太郎親次が参加し、その足で有馬領加津佐にコエリュ師を尋ねた。

岡城に匿《かくま》い布教を続けるフランシスコ・パシオ師、ゴンサーロ・レベロ師の消息や、天正十五年、一万田《いちまだ》城で救出した天草五人衆の一人ドン・ジョアン天草久種が、「コエリュ師の軍事計画に従い武装蜂起する」と知らされた秀吉が、「ジョアン殺害」を命じていることなどを伝えたい思いがあったのであろう。

肥後「検地」を終えた上使衆が、「有馬領検地」を行うとの風聞は、有馬に衝撃をもたらした。上使衆による詮索は、直ちに晴信のイエズス会貢献が露見し、秀吉への背信行為発覚に至り、延《ひ》いてはキリシタン宗団消滅の危機に直結する懼《おそ》れがあったからである。

有馬の修道院と教会とは扉を閉じて、宗団所有財産の隠匿《いんとく》・分散に格段の配慮がなされた。天正十六年五月二十三日、有家の修練院《ノビシャード》（十七名在籍）は、設置に心を砕いたジョアン左兵衛・妻ゼロニマの嘆《なげ》きを越えて、ドン・ジョアン天草久種の天草河内浦への移転が決まった。過る日の三月十五日からの聖週間には、南蛮人司祭の日本語による「キリストの死」の説教で信徒の感涙を喚《よ》んだ有馬修練院の移転であった。

千々石の険しい山地の狭隘《きょうあい》な藁葺《わらぶ》き家屋の学院《コレジヨ》（二十名在籍）と、八良尾の人里離れた山間に建つ藁葺きの神学校《セミナリヨ》（七十三名在籍）は移動せず、上使衆の動向に応じて山中へ逃避することになった。

閏五月十五日、「肥後を二分し、これを加藤清正及び小西行長に与え、清正を隈本《くまもと》に行長を宇土に鎮《おさえ》せしむ」（『綜覧』巻12・p二〇六）。

秀吉直臣で一万石未満であった加藤清正は、玉名《たまな》郡・山鹿《やまが》郡・山本郡・飽田《あきた》郡・詫摩《たくま》郡・菊池郡・合志《ごうし》郡・阿蘇郡・葦北郡など九郡で十九万四千九百十六石の入部となり、小豆島・室津《むろのつ》一万石の小西行長は益城《ましき》郡・宇土《うと》郡・八代郡・天草郡の四郡で十四万六千三百石（仮定）の入部という、二人とも大抜擢であった。

両人の起用は、隈本を朝鮮出兵の食料基地に、宇土を水軍基地とすると同時に、薩摩の抑えの任務もあったと云う。

有馬・大村にとっては、小西の移封は願ってもない僥倖《ぎょうこう》であったと云えよう。

「天正十六（一五八八）年六月十三日、（小西行長）大阪出船、同二十七日、宇土入部」（『肥後国誌』）とある。

小西行長の肥後下向に同伴していた高山右近は、その足で加津佐のコエリュ師を訪ねた。

「上地方の小豆島からジュスト右近殿が高来に来訪した。彼はただ司祭や修道士たちと会って慰めを得たいばかりに遠路はるばる来たのであった。（中略）彼は仏僧のように頭髪と髭を剃り、日本の幾人かの貧しい僧侶（に見られる）ように紙（でつくられ）、それも使い果してぼろぼろになった衣（紙衣《かみこ》）をまとい、変装し、六、七人の家来だけを伴って訪ねて来た」（『日』巻11・七四章p二二四）。

加津佐では直ちに告解をし、聖体を拝領した。その後、天草移転直前の有家の修練院に赴き、当初の目的であった、イエズス会創始者イグナチヨ・ロヨラにより創案された「霊操」を修練院院長ペドロ・ラモンの指導で、粗末なあばら屋で初めて体験し、総告解をなして終えた。

「霊操」は禅宗の座禅に似るが、実は四週間に及び目的に従った観想である点で異なる。一週は「罪」について、二週めは「キリストの生涯について」、三週は「殉教と死と埋葬をめぐる祈り」、四週では「キリストの復活と顕現への祈り」を、一回は一時間で、一日五回繰り返さなければならない。

川村信三氏は、「島原半島に一ヶ月半滞在していることで、三十日を要する〈霊操〉のプログラムを実施するために十分な時間があったと考えられる」とし、「（霊操を行った）その事実は、イエズス会の宣教師たちのような生き方を選択すべく、命を賭して〈神の国〉の僕《しもべ》になるとの決断をしたもの」（『高山右近とその時代』川村信三）と述べておられる。

フロイスは「彼は数日間、ある貧素な家に身を寄せて心霊修行に勤《いそ》しみ、その間に総告白をした」（『日』巻11・七四章p二二五）として、川村氏との相違がある。

有馬での心霊修行に勤しむ合間には庭や厠《かわや》の掃除をして過ごした。別れに再び副管区長の許に立寄り、差し出された路銀や隠棲のための資金など受け取ることなく「深い名残と感動」だけを残して去って行ったと云う。

一六一四（慶長十九）年の秋、高山右近は国外追放で長崎に集められていた時、モレホン神父の指導で二度めの「霊操」を行ったと云う。

天正十六（一五八八）年、「寺沢志摩守・藤堂佐渡守、長崎に差越され、御料所（公領）に仰付けられ、鍋島飛騨守に御預置きなされ候事、文禄元辰年、寺沢志摩守初めて長崎奉行仰付けられ候事」（『長崎奉行の研究』鈴木康子）。

四月二日、「肥前長崎を蔵入領と定め、鍋島信生（直茂）をその代官となす」（『綜覧』巻12・p一九八）。

龍造寺家家老鍋島信生の代官起用は、肥後国人衆一揆鎮定の論功であると共にキリシタン大名大村・有馬の抑えの意味もあった。

更に翌十七年には、鍋島に加えて豊前小倉城主六万石毛利吉成の代官任命もあり、長崎領六町・浦上への行政全般の把握が計られた。これらの配置により、九州遠征の目的は、「長崎没収・直轄地化による対ポルトガル貿易の独占」であって、「その大きな狙《ねら》いを匿《かく》すための手段が『バテレン追放令』であった」（『長崎キリシタン史』山崎信二・p二二三）との驚くべき指摘もある。

天正十七（一五八九）年の新春に、関白秀吉は下《しも》の諸侯に「上洛と伺候」を命じた。多数の宣教師とその諸施設を秘匿《ひとく》している晴信にとり、それは「死」の危険を伴うものであったが、拒否すれば「敵」と見做《みな》され「領地没収」とあっては「デウスのお加護」を信じる外はなく、相当な覚悟を抱いて大村喜前と共に上洛を決意した。

上洛を拒否したのは天草久種である。それに行長の宇土城築城の夫役《ぶえき》も断り、前年の「肥後一揆」と同様の、小西行長対天草豪族の対立構図となった。

肥後一揆での「秀吉配下の甘言により首謀者全員が抹殺された」ことへの不信と、肥後国人の意地もあったのであろう。志岐林専（諸経）を語らい蜂起を決意した。

天草での騒乱発生が予想される頃、河内浦の修練院は難を避けて大村に、平穏な有馬領では、千々石の学院が有家の修練院跡へ、八良尾の神学校が加津佐へと移動し、やがて神学校の近くに「同じ教師が両方を教える便宜」のため有家の学院も移された。

八良尾での七十余名ほどの神学生が不健康に過ごすのを快《よ》しとせず、加津佐の代官西殿の兵士駐留の番所として造られた広く立派な「公の家《おおやけ》」を「神学校のため貸して欲しい」とのコエリュ師の申し出に、西殿が快く「了承」したことでの移転であった。

「八良尾のセミナリオの児童も亦《また》加津佐に移った。そこは立派な家にして又海辺に出口のある閑静なよい所であった」（『東方伝道史』下・グスマンｐ四七四）とある。

「有馬国加津佐城にある学林《コレジヨ》である。この学林の近くの分棟にセミナリオがある」（前掲書・下・ｐ五二五）とあるので、セミナリヨも学林も海の近くにあったと思われる。

「加津佐城」跡は六反田名《ろくたんだみょう》の「山腹」にあるが、片岡弥吉は「城内《そこ》では『海辺に出口～』とはいえないであろう」（『イエズス会教育機関の移動と遺跡』）と「城内コレジヨ」説を否定して、「城内を城下と解すべき」と用例を挙げて述べておられる。

現在、愛宕山《あたごやま》中腹の約四〇ｍの高台「天辺《てっぺん》」に、確証はないまま『コレジヨ跡』の掲示があるが、そこもまた「海辺に出口のある場所」とは考えにくい。

「加津佐の学院と神学校は、そこが公の場所であり、旅人の通路、または港でもあるためその地から撤去して殿の領内の奥まった処に併置するなり、分散しておくなりするほうがよいと思われた」（『日』巻12・九六章p八五）となる。

「公の場所」は「西殿の番所」で、幕末にも番所があった西宮町一帯であり、通路は、土瀬戸の丘を越えて、現温泉神社の参道を横切り、旧庄屋跡がある入船町から串山への渡河地点の西上町へと至る道（往還）である。この「西番所」の裏一帯は砂浜で、海に続いていた。

加津佐で港と呼べるのは、岩戸山蔭の堀川河口の「船泊り」で、番所から目《もく》睫《しょう》の間である。これらの条件に合うのは水月名西宮町一帯であり、そこに神学校・学院・教会・司祭館が軒を並べ、高台となる須崎墓地や米・野菜が採れる土地（レンダ）を所有していた。コエリュ師にとり、加津佐村は「好みと心の慰安により適した処」（『日』巻11・p三九三）であったのも当然であった。

天正十七（一五八九）年十一月十七日、有馬領小浜村で薪《まき》にするため割っていた犬桜《いぬたら》の古木から、赤と黒の中間色の「十字架」が出現した。千々石駐留のアントニオ・フェルナンデス師は、直《じき》に有馬の上長ベドゥロ・ゴーメス師に知らせ、コエリュ師はそれを「ガラス張りの聖遺物入れ」に収め有馬の教会に保管した。

この「聖なる十字架」の拝観に人々が群れをなして訪れ、遠く山口や都からまで訪れるようになった。この事は『日本にて奇跡的に出現したクルスの物語』として、ヨーロッパにも紹介された。その後このような奇瑞譚《きずいたん》が、長崎・大村でも五例報告されている。

一五九〇（天正十八）年五月七日の午前六時過ぎ、加津佐の司祭館でコエリュ師は、「その霊魂を偉大な平和と安穏《あんのん》のうちに主なるデウスに返した」（『日』巻11・八九章p三九九）。イエズス会に入って三十四年、日本で十八年を過ごし、十年間はイエズス会を統轄しての、六十二歳での一期であった。

コエリュ師の、通訳兼秘書役のフロイスは「師は深い思慮と沈着な判断力を備え、謙遜かつ柔和で控えめであり、他方、会話においては快活で親切でもあった」（『日』巻11・八九章p三八七）と追悼《ついとう》しているが、どうであろうか。

死の直前の夜半には、「龍造寺・島津両氏の圧迫と屈従を強いられた時代に苦渋を共に」して来た晴信を有馬から呼び、宗団への変わらぬ庇護を託した。

秀吉の狡知な罠《わな》を見抜けず『伴天連追放令』の口実を与えたとしても、日本宣教で示されたコエリュ師の誠実さは、他の及ぶ所ではなかった。

生命の最期の四ヶ月間に、各地で七千六百四十九人の「霊魂の改宗」が果たされていた。

「師は息を引き取ると修道者らしく綺麗に身を整えられた後、白いダマスコの衣装を着せられ、頭には（イエズス会の）角帽を戴き、足には革製の靴を履き、両手に聖杯《カリス》を持った（姿で）、その遺体は上品にしつらえた柩に納められた。その柩は絨毯《じゅうたん》の上に安置され、逝去したその月曜日には終日夜まで蝋燭がともされ、一つの箱に十字架が置かれた」（『日』巻11・八九章p四〇一）。

ペドゥロ・ゴーメス師は、学院・修練院・神学校の上長に対し、また長崎・内海・志岐・大矢野・栖本・千々石・三会・島原の司祭館と長崎のミゼリコルディア宛に、有馬での葬儀に参列するようにとの指令を出した。

五月七日（月曜日）、終日ローソクが点《とも》され、大勢のキリシタンが訪れ、男子も婦人も子供たちも、柩に安置された師の足に接吻した。

初夏の日は長い。夕方になって加津佐の司祭館を出た柩は、口之津港から日野江城下の有馬に運ばれ、夜半近くにミゼリコルディアの館に到着した。

翌八日（火曜日）、午後四時過ぎ、各地からの司祭の到着を待って、教会へ向かう柩が出発した。混乱を避けるため、葬列の指揮は、有馬殿の兄弟と叔父のジョアン越中守が行った。

葬列の先頭は、三百五十のシリオス（意味不明）を掲げた者が立った。

二番めは、二百人の少年が十字架を掲げ、連祷を唱えながら進んだ。

三番めは、長崎の聖ミゼリコルディアの旗と百人の会員が続いた。

四番めは、神学校で育てられている同宿が連祷を唱えながら進んだ。

五番めには、十字架と金色の燭台の後を、学院の修道士三十六人が続いた。

七番めには、ゴーメス師が二人の老司祭を伴い進んだ。

八番目、先頭を有馬晴信と肥後の内藤如安が歩む後を、六人の司祭によって蓋を開けた柩が進み、その後を小西行長の一兄弟と肥後のジョルジ弥平次が従った。

参列が教会に到着し、棺は、翌日まで安置されることとなった。

五月九日（水曜日）、司祭や修道士たちの六十名が出席し、二つの宵課が行われた。ゴーメス師が歌ミサを捧げ、都の上長オルガンティーノ師と有家学院長フランシスコ・カルデロン師が助祭と副助祭を務めた。大村修練院長ベドゥロ・ラモン師が、日本語で説教をした。

祭式と祈祷、ミサ聖祭と説教が終わって、棺は教会傍の墓地に運ばれた。墓穴に棺を納めるに先立ち、司祭全員が、コエリュ師の手に接吻した。晴信も同席の貴人たちも同様に振る舞った。

棺が墓穴に降ろされ、最初に鍬を手に土をかけたのは有馬晴信であった。コエリュ師の葬送の儀式は、日本のキリシタン宗団が行った最初で最後の盛儀であったろう。

納棺が終わり、司祭と修道士全員が集まった一室で、巡察師ヴァリニャーノ師が残していた封書が開封され、討議の結果、コエリュ師の後任に日本副管区長としてペドゥロ・ゴーメス師が選任された。

第六章　遣欧少年使節 ヴァリニャーノ師と帰国

一五九〇年七月二十一日（天正十八年六月二十日）、マカオから船長アントニオ・ダ・コスタの定航船が、三、四日遅れてジャンク一艘が長崎港に入港した。

定航船には遣欧少年使節四人とインド副王ドアルテ・デ・メネーゼの使節の任を帯びたヴァリニャーノ師とメスキータ師ら五人、ジャンクには新来のペドロ・モレホン師ら八人の司祭とマテウス・デ・コーロスら四人の修道士、十二人が分乗していた。

少年使節四人は全員無事であったが、少年たちに日本語を教えていた諫早出身の修道士ジョルジェ・ロヨラ（二七歳）は、前年の九月十六日、マカオで病没していた。また、一行と共に印刷文化史上に一時期を画した日本初の金属活字印刷機も揚陸された。

二日めには、長崎にドン・サンチョ大村喜前と兄弟・重臣らが駆付けた。

三日めには有馬晴信、弟ドン・レアン（氏名不確定）と重臣らも到着した。千々石ミゲルの母親、原マルチノの両親、中浦ジュリアンの姉妹、後に伊東マンショの母親なども来て、八年余の歳月の壁を越えて再会を祝福し合った。

一行は、数日間を絶え間ない客の応接で過ごしたが、千々石ミゲルはマカオからの病気を引きずり病床にありながら「諸王候により受けた栄光と厚情のこと」などを語ると、晴信は「羨望に堪えぬ」と応じた。

一五九〇年までに、ヨーロッパではこの「ジパングの少年たちの足跡」は、九十種にも及ぶの刊行物により紹介されたと云う。

八月九日、「関白は日本の果ての地方の戦に忙殺されているので、その間は有馬に来られたし」との晴信の誘いで一行は有馬に移動した。

有馬では、城中に築いた新たな屋敷を、ヴァリニャーノ師に祝別してもらい、そこで饗応の宴が開かれた。部屋や広間は、黄金と絵画で飾られ、これを見たポルトガル人が「日本にこれほどのものがあろうとは思わなかった」と云った。

一五八二年、沖田畷戦から十年も経たない間の変容ぶりである。

「ドン・プロタジオは、この屋敷と城の構築にも満足することなく、その気品において、また大志においても現に有している領土だけで満足せず、その祖父（仙巖殿）と父ドン・アンデレ（義貞）が、かつて有していた全領土を己が主権のもとに回復して、当肥前国の完全な領主になることを熱望するに足る人物であることを（気品と大志に於いて）示した」（『日』巻11・八六章p三五五）という。

イエズス会による誠に奇妙な晴信への賛辞である。

ヴァリニャーノ師は有馬で三日を過ごし、加津佐の司祭館に移り、八月十三日（邦七月十四日）から二十五日（七月二十六日）まで毎日六時間の十三日間、幹部を集めた日本イエズス会第二回総協議会を開催した。

出席者は、副管区長ゴーメス（スペイン・アンテェケラ生）、秘書フロイス（ポルトガル・リスボン生）、都上長オルガンティーノ（イタリア・プレッツア生）ら司祭二十五人と日本人修道士ロレンソ、ヴィンセント法印、ファンカン・シオン（有家シモン?）、不干齋ファビアンら十名であった。此の間、四少年は有馬に留まった。

一行のマカオから有馬に至るまでの経緯を簡単に振り返ってみる。

一五八八（天正十六）年四月二十二日、インドのゴアを出航した一行は、七月二十二日頃、マカオに到着する。そこで『伴天連追放令』が出ていて「巡察師での入国など不可能」であることを知り愕然《がくぜん》となる。

一五八五（天正十三）年代、コエリュ師の「インド副王から秀吉への感謝状」を届けようとの「思い付き」に、インド副王ドゥアルテ・デ・メネゼスが賛成し、日本へ行く予定のヴァリニャーノを自分の使節大使に任命して、秀吉宛の礼状と贈答品を託していたのを役立てて、「インド副王使節」の資格でなら入国が可能ではないかと、あれこれと手を尽くして、二年近くもマカオで待機した後、ようやく入国の許可をえて、長崎入港となったのである。

長崎到着から上洛の許可が下るまで、巡察師は有馬や、加津佐での宣教師の全体協議会開催などで慌ただしい時を過ごしたが、到着しての緊急の仕事は、コエリュ師が「イエズス会の軍事化」のため集めていた武器・弾薬の処分であった。

一五八九（天正十七）年二月十一日、コエリュ師は、イエズス会幹部七名の協議会を有馬で開き、「海外に軍事援助の要請」で一致をみた。

「日本に於て教会が安定するためには、確乎とした基地を有し、そこを要塞化することが必要だ」と見做したためだと云う。

コエリュ師のこの処置をマカオで知ったバリニャーノは「無分別、不可能、危険、軽率と口を極めて罵倒し、日本に至ってその方針を破棄させようとの決意であった」（『キリシタン時代の研究』p一〇七～一二八）。

「関白殿は関東の戦にありしが、巡察師到着し印度副王の贈物をもたらしたりと聞くや、このことを報じたる浅野弾正に良くこれを都に導くことを命じたり」（一五九二年十月一日・フロイス書翰）。

上洛について、黒田官兵衛、小西行長からは「高麗の使者、宮殿に来たり、従者三百人であったから、司祭らは少なく、ポルトガル人を多く連れて来るように」との助言があった。

一行は使節の四少年と、メスキータ師ら四人の司祭と三人の修道士、十二人のポルトガル商人、通辞としてアンプロジオ・フエルナンデスとジョアン・ロドリゲスと従者その他で二十六人の構成となった。

長崎代官の小倉城主毛利壱岐守、龍造寺家家老鍋島直茂に「巡察師を都に召喚せよ」との通達が届いたのは十一月であり、それにより巡察師が長崎を出発したのは十二月の初めとされる。

十二月中旬、一行は小西行長の父ジョウチン立佐支配の室津《むろのつ》に着き、立佐邸を宿舎とし、他の随員も近隣に宿を得た。ところが師らに「召喚」を伝達する毛利壱岐守・鍋島直茂は都から帰郷したとのことで、上洛の手懸りがないままに室津で、満二ヶ月も放置されたまま過ごしたのである。

これには理由《わけ》があることで、反キリシタン派の連中が「巡察師一行は（インド副王使節とは）偽者《にせもの》で、伴天連たちが関白を説得して追放令以前の状態に復帰させようと考えた大芝居である」と秀吉に吹き込んだからだと言う。

天正十七（一五八九）年十月から、秀吉は北条氏直の小田原城攻めに出陣し、奥羽経略と続いて、京都に凱旋したのは、天正十八年九月一日であった。

当時、秀吉の強い要請によりようやく実現した黄允吉、金誠一の朝鮮使節団は天正十八年七月二十二日に京都に到着し、柴野の大徳寺を宿舎としていた。

ところが何かと口実を設けて、使節団と会おうとせず、十一月七日になってやっと聚楽第で接見している。

一五九一年一月二十五日（天正十九年正月元旦）を、一行は室津で過ごした。

この時期、関白秀吉は、諸国諸大名の新年祝賀のための伺候を求めていた。

室津通過の領主で、遠国からの珍客の室津逗留を知り、訪れた大名に備前国守毛利輝元、豊前の黒田長政、晴信の兄波多信時、日向の伊東裕兵《すけたけ》、小西行長の娘婿対馬の宗義智などの中に豊後の大友吉統《よしむね》もいた。その吉統は、巡察師や伊東マンショらの逗留を知り驚く。

彼は一五八七（天正十五）年の『追放令』と同時に、秀吉の恫喝《どうかつ》に屈し受洗三ヶ月の身で棄教していた。その上、領内から全宣教師の追放を行ったが、六万人とも言われたキリシタンの「幼児に洗礼を授け、死者を埋葬し病人を見舞い、信仰の弱い者を激励し、異教徒たちに説教し洗礼を施した」（『日』巻8・p三〇四）のが、鍛冶職人の老人ジョランと、湯布院の刀職人ジョウチンであった。

日本最初の殉教者として認定された二人は、「キリシタンに関わる厳禁行為」に従わなかったと言う理由で吉統により斬殺されていた。特にジョランの妻・二人の息子、家僕までも惨殺された。

フロイスは、室で滞在三日間の大友吉統のことを「顕著な利益を受けた人々のうち、第一人者は（中略）豊後国主であった」（『日』巻2・二四章p六七）としている。巡察師が、吉統の過去の行為を許し、和解したことを意味しているようだ。

アゴスティノ行長も巡察師の許を訪れた。そして兼てからの懸案であった一五八九（天正十七）年の天草合戦の相手天草久種との「和解」の道筋が示された。天草政情の安定を願う巡察師を喜ばせたいという思いから「久種の本渡を含めた天草の統治」を認めると言う大幅な譲渡によって和解が実現することになった。

一五九一年三月三日（天正十九年閏正月四日）、一行は聚楽第へ参上した。秀吉の甥秀次の案内で「謁見の間」に進み、上段に座す秀吉の前に「緑色の繻《しゅ》子《す》で包んだ小箱に納めたインド副王親書」を奉呈した。修好締結の印に、秀吉とヴァリニャーノの間で盃が交わされた。奉呈式が終わり、普段着の秀吉が広間に出て、一行に労《ねぎら》いの言葉をかけた。秀吉は、伊東マンショ、千々石ミゲルらにも言葉かけた。

三月二十四日頃、インド副王宛の公式書簡の返事受領をロドリゲスに委せて、一行は都を去るが、以後、ロドリゲスはイエズス会の外交担当官の任務を継続していく。彼の歩みを尋ねてみる。

一五八〇（天正八）年十二月二十四日に豊後・臼杵で修練院の落成式があり、日本人六名・ポルトガル人六名が入所した。

翌八十一年には、養方軒パウロ（七〇歳）、息子のヴィセンテ法印も参加し、彼らの文学的知識の指導を受けたのが前年入所のジョアン・ロドリゲス・ツヅ（通辞）であった。この時は運営を見守るヴァリニャーノ師も二ヶ月間、講義を行ったが、その際の通訳はフロイスであった。

同年にロドリゲスは、府内に創設の「聖パウロ学院」で司祭となる勉学にも参加している。その後、政治情勢に翻弄《ほんろう》されて、この「学院」は山口・平戸・長崎・千々石を経て有家に移った。

一五八八（天正十六）年三月には、安土に創設の神学校《セミナリヨ》も移転を重ねて、有馬領山中の八良尾《はちらお》に移って来る。このセミナリヨの教授陣の中にラテン語教師としてロドリゲスの名前がある。

一五八九年四月、セミナリヨが加津佐へ移る頃、長崎に出たロドリゲスは再来日のヴァリニャーノと再会し、その信頼を得てイエズス会の外交担当となったのである。

一五九一（天正十九）五月頃、誇大妄想の征服欲に駆られた秀吉の『朝鮮出兵令』により、役人らは下《しも》の全ての場所で種々の資材を求めて動き廻っていた。

宗団は難を避けるため加津佐の学院と大村の修練院は天草へ、セミナリヨは晴信の強《た》っての要望により再び八良尾の山中に移った。この度は九十人の生徒を収容出来る新築の建物への移転であった。

巡察師は、四人の少年を天草の修練院に編入させた後、八良尾のセミナリヨで近在の司祭や修道士と四、五日を共に過ごすため全員に集合を命じた。

そこへ豊後の敬虔《けいけん》なキリシタンが訪れて来た。彼らは大友吉統の手により斬殺されたジョラン（の）砕けた遺骨と遺物を小箱に納めて持参していた。

ジョランの遺体は、十字架に懸けられ白骨となるまで曝《さら》され放置されていた。彼を慕う人たちは「遺体が異教徒達の間に埋められているのは相応《ふさわ》しくなく、司祭たちがいる場所のキリシタンたちの間に埋葬するほうがはるかに適している」（『日』巻12・一〇三章p一六四）として、オルガンティノら三人のキリシタンが、危険を顧みず辛苦《しんく》艱難《かんなん》の道を八良尾神学校まで持参して来たのである。

「巡察師は相当の歓喜と名誉とを以て（遺骨）を迎えるべきだと考え、神学校内に一基の立派な柩を作らせ（中略）翌朝、巡察師はまた荘厳ミサを捧げ、その後、行列をもって聖なる遺骨を祭壇上のそのために設けた場所に運んで安置した

（『日』前で同章p一六五）。

豊後からのキリシタンらはジョランを「至福な人」と呼んだ。

一方、揚陸された金属活字印刷機の設置は、加津佐に決まった。梱包一式は、長崎から陸路茂木港へ運び、そこから口之津港へ到着し、加津佐で建物が最もしっかりしているセミナリヨの一室に設置された。

十月には印刷機の組み立てが完了し、操業が始められることになった。コンスタンチーノ・ドラードを中心に、ヨーロッパから印刷術の研鑽を積んできたアゴスチーノ、活字の鋳造《ちゅうぞう》と印刷術を体得したゴアから参加のジョヴァンニ・バティスタ・ペシェ修道士、地元の便宜を図るためペドロ・ちくあんの四人が印刷要員ということになった。

本来なら指導的立場のジョルジュ・ロヨラもいるはずであったが、帰国直前のマカオで病のため還らぬ人となっていた。しかし、ドラードたちは、日本に帰国するまでに既に三冊の製本刊行を体験していた。

天正十五（一五八七）年、ゴアでの船待ちの十一ヶ月の間に借りた印刷機で、原マルチノの『巡察師父われらがヴァリニャーノ様に捧げる感謝の演説』を製本した。

天正十六（一五八八）年、マカオでは、舶載した自前の印刷機で、ジョヴァンニ・ボニファシオの教訓集『キリスト教子弟の教育』六百部を、続いてヴァリニャーノ師の原稿をデ・サンデ師がラテン語に訳した『遣欧使節見聞対話録』八百部を製本刊行していた。

天文十八年、日本での最初の製版は、ザビエル師の日本上陸以来、盲目の高野《こうや》聖《ひじり》ロレンソ、ダミアンなどにより人々に語られ、国字による原稿が出来上がっていた「サントス（諸聖人）のご作業（生涯）」でなければならなかった。キリスト境界を取り巻く状況は日々に厳しく、宣教師たちが語る「聖人の生涯」を正確に深く理解し、それを日本語に再現した人はイルマン養方パウロであり、子息のイルマン・ビセンテであった。

「集められた個々のサントスのご作業を取捨選択し、一本に纏めたものが『サントスのご作業の内抜書』であった」（尾原悟『サントスのご作業』解説・外題）とある。名誉ある金属活字本第一作の誕生が加津佐であった。なおこの活字本は、オックスフォード大学ボードレン・カレッジに所蔵されていると言う。

文禄・慶長の役　講和の使徒小西行長

室町幕府第三代将軍足利義満は、明国に朝貢し、日本国王に封じられた。応永二十五（一四一八）年、第四代足利義持が、日・明の「通行関係」を中断したのに対し、派遣された明使呂渕《ろえん》は、明皇帝の言葉で「汝の父も朝鮮の王も、我に事《つか》えているのに汝は事えない。我は朝鮮と共に出兵するから、汝は城を高くし、池を深くし待て」と伝えた。朝鮮は明国に臣属の関係であった。

翌二十六年六月には、「倭寇の跳梁《ちょうりょう》に手を焼きその本拠地の対馬を伐《う》つ」という名分《めいぶん》で、朝鮮国による対馬への襲撃があり、「応永の外寇《がいこう》」と呼ばれた。

天正十四（一五八六）年一月二十六日、島津義久は秀吉と副管区長コエリュ師との接触を恐れ、その上洛については、再三恫喝《どうかつ》を加え妨害していたが、意を決した師は、フロイスら司祭四人と修道士四人を伴い船行によって堺を目指した。

三月十六日、聚楽第での秀吉への謁見の際には、司祭・修道士八人と同宿十五人、セミナリヨの少年数人併せて三十余人を引連れ、威を誇る様子が見られた。

秀吉は謁見の席で「己は朝鮮及びシナ国を征服するために渡航する決意をした(中略)パードレ達に求める助力は十分に艤装《ぎそう》した大いなる帆船二艘を調えること」(一五八六年『日本年報』下・p一五〇)と語る言葉に、コエリュ師は頷《うなず》き、列座の諸侯は耳を疑ったと云う。

四月五日、「大友宗滴(宗麟)大坂に抵りて、秀吉に謁し島津氏の豊後侵入の事を訴へ、これを伐たんことを請ふ、秀吉これを諾し、宗滴を大坂城内に饗す」(『綜覧』巻12・p一二五)。

その後、毛利輝元への「九州出陣の用意」を命ずる朱印状で「朝鮮征伐」に触れ、八月の安国寺恵瓊《えけい》、黒田長政への朱印状では「明国進出」をも明示した。

天正十五(一五八七)年六月、博多の秀吉の許に出頭した対馬の宗義調《よししげ》、養嗣子義智《よしとし》の、対馬服属の条件に「朝鮮国王の来朝を促し、遅滞あらば即時同国に出兵すべき旨」を告げるように命じた。聚楽第でコエリュ師に語った言葉の具体化である。

明国・朝鮮との戦となれば、国運を賭《かけ》けた戦であったが、当時の国際秩序を理解していたのは凡《およ》そ禅僧と朝鮮貿易を行う宗氏ぐらいで、秀吉はその埒外《らちがい》にあり、朝鮮国王といえども国内の一領主との認識で、朝鮮との戦も国内戦と同じとの認識であった。

天正十六年十二月、宗義智氏は、秀吉から朝鮮国王宣祖《せんそ》の臣従を意味する「国書」（正式の外交文書）を受取ってくるようにと命じられたが、それが実現するはずもなく、ひとまず「通信使の派遣」で秀吉の意に添おうと考えた。

天正十七年三月、正使に博多・聖福寺《しょうふくじ》僧景轍玄蘇《けいてつげんそ》、副使に対馬領主宗義智で「通信使招致」懇願策を携え出発する。宗ダリオ義智は小西行長の娘聟である。「通信使招致」に賛同した小西行長も朝鮮に人脈を持つ博多貿易商鳥井宗室を加えた。

六月、主都京城の国王宣祖帝への贈物は、二羽の孔雀と鳥銃・長鎗・日本刀などであったが、鳥銃（小銃）は、この時が初めて朝鮮にもたらされたと云われる。

十一月、「通信使派遣」は、再三の折衝の挙げ句ようやく決定となった。

上使・黄允吉《コウインキツ》、副使・金誠一《キムソンイル》の黄金コンビであったが、所属する派閥、二人の性格の違いから、日本軍侵攻の判断が異なり、朝鮮側緒戦の連続敗戦を招いた。

天正十八（一五九〇）年三月、通信使一行三百人は京城《ソール》を出発し、七月十九日、宗義智と共に京都に着き、柴野の大徳寺を宿舎とする。

「是月、朝鮮王李昖、僉知（文官）黄允吉を正使とし、司成（儒官）金誠一を副使とし、宗義智と共に来聘せしむ」（『綜覧』巻12・p二七八）。

九月一日には、秀吉は小田原征伐から京都に凱旋して、朝鮮使節の参内などを画策していたが不調に終わり、十一月七日になってやっと聚楽第での会見となった。

朝鮮からの国書には「国内統一を賀し、隣好を致す」とあったのを「朝鮮の服従」と理解した秀吉は、その返書に、朝鮮に明国遠征の先導をさせ「仮途入明《みちをかりてみんにいる》」とし、応じなければ「征伐」すると記した。

「中国・朝鮮と平和が保たれ、貿易が円滑に行われれば利益があがる人々を背景にもっていた」（『文禄・慶長の役』上垣外憲一《かみがいと》）宗義智らの開戦回避の努力は報われず、小西行長にあっては「日本キリシタン宗門の存続」のため、献身的な忠節を尽くし、「秀吉の宥恕」を得たいとの思惑《おもわく》も空振りに終わった。

天正十九（一五九一）年一月、朝鮮出兵に対し「不戦和議を講じ、交易を弘むること富国の第一」（『武功夜話』）として強く秀吉に諫言していた弟の大和《やまと》大納言秀長が病歿した。

三月九日、朝鮮出征の会議が開かれ、席上、諸侯の発言を制し「結構でござる」と出征に同意した五大老の徳川家康と前田利家は、三百有余万石の大身ながら一兵も渡海させることなく勢力を温存し秀吉の愚行を際立せた。

三月十五日、石高により人数割をした「軍役の規定」が告示された。

四国・九州からは壱万石につき六百人の割当で、領地が東へ移るに従い、壱万石に弐百人となっていた。

戦費は、生野銀山産出の銀によって豊臣家が賄うとして「文禄通宝」が鋳造《ちゅうぞう》された。

八月□日、淀君の初子である最愛の鶴松が夭折する。

九月四日、渡海の期日を定め伝達する。

十月十日、出陣の根拠地を松浦郡名護屋とし、この日、築城にかかり、十二月中旬に竣工する。また一辺五㎞の城下町も建設された。

文禄の役《えき》（一五九二〜九三年）を朝鮮では「壬辰《じんしん》の乱」と呼んだ。

秀吉の養女婿で五大老の宇喜多秀家が司令官で、先鋒の第一隊に小西行長、第二隊に加藤清正とことごと競合《きょうごう》する二者が配された。

小西の麾下《きか》には、下《しも》のキリシタン武将のプロタジオ有馬晴信、サンチョ大村喜前《よしあき》、ジョアン天草久種、ジョアン大矢野種基、ファン栖本通隆《すもとみちたか》、クロン上津浦《こうづうら》種直、志岐領主ビセンテ兵右衛門、平戸のゼロニモ籠手田《こてだ》安一、異教徒の松浦鎮信法印、五島純玄《すみはる》（宇久姓から五島姓となる）らで、総勢一万八千七百人、それに長年の朝鮮交易で国内事情や地理に通じた対馬の宗義智《よしとし》が先導役として参加していた。

第二隊の加藤清正には、鍋島直茂、相良長毎《ながつね》など二万八百人、第三隊は黒田長政、大友吉統《よしむね》など九軍までの編成で十五万八千八百人は、殆ど四国・九州勢であった。

水軍の九鬼嘉隆、藤堂高虎、脇坂安治、加藤嘉明らで九千四百五十人。七五人の将に率いられた兵員総数十六万八千二百五十名であった。

晴信は、日野江城留守居に弟の有馬備中守純忠を据え、安富・安徳・結城・峯・鬼塚など戦闘員の家臣、奉公人を併せて八百名、軍船大小五十艘分の水主《かこ》・

舵取・舟子などや非戦闘員の陣夫（兵糧・戦闘用具など輸送）など千二百二十四人など総勢二千余人で、「戦闘のための各種の武器や弾薬を多量に蒐集し、その点で異彩を放ち他の追随を許さぬものがあった」（『日』巻2・三六章p二一六）と云う。

これらの装備は、密貿易や或は「（この行為は）大村と有馬の二大名の要請で始まった。この大名たちはイエズス会とポルトガル商人が昵懇《じっこん》の間柄であるのを利用して、銀を預けてこれを中国で金に交換してもらうのである。中国は銀本位体制であるから日本におけるよりも、中国での銀売却が有利であった」（『宣教とヨーロッパ』佐藤彰一）などによる蓄財の豊かさ故のことであったろう。

文禄元（一五九二）年二月二十七日、晴信軍は日野江城下の河口や口之津港から出陣、三月二十五日、対馬豊崎の大野浦港に到着する。

秀吉からは「御身はシナで大身《たいしん》に取り立てよう」などと煽《あお》られたが、参戦するキリシタン各武将の心情は、皆同じく「日本のキリシタン宗団の保護と維持」のためであり、出陣をためらい「キリシタン」を理由に処罰を受けて「領土没収・移封」などの危険は避けなければならなかった。特に晴信、喜前の領内には、多数の教会や付属諸施設・司祭、修道士の存在があり、その維持が必要であった。

有馬・大村領の残されたキリシタン領民は「主の加護」を願い、鞭打ちの苦行をしながら家を離れた夫・子の無事を祈った。

文禄元年三月一日、小西行長の第一軍が大坂を出発した。

三月二十六日、豊臣秀吉、京都を出て、名護屋に向かう。

四月三日、小西、加藤の大隊が名護屋から出陣。

四月十三日、釜山城占領。十五日、東萊《トンネ》城占領。

五月三日、首都京城に侵入占拠。「朝鮮の軍隊とは、帳簿の上で存在するばかりであった」(『キリシタン大名』スタイン)のが、快進撃の理由であろう。
六、七月にかけ、釜山上陸の緒戦《しょせん》から西は平壌、東北は会寧まで日本軍の支配下となったが、肝心の兵站線《へいたんせん》は延びきり、海上は李舜臣の制海権下にあり、明軍遼東副総兵祖承訓が五千の兵を率いて参戦したことにより、戦況は暗転、小西郡は平壌から退却するに至って、常勝日本軍にも憂色が漂い始めた。
兵員の損耗も高く、小西麾下一万八千七百人の戦病死者数は一万二千七十四人で、致死率で七六・四五%であり、フロイスも派遣全軍の三分の一、五万人が死亡したと記す。武器・弾薬・食料の不足、寒気に対する衣類・履物の問題、疫病の蔓延、従軍医師の少なさなど山積する課題の解決策はなかった。

戦況視察に来ていた石田三成・増田《ました》長盛・大谷吉継らの奉行も「講和・撤退」が喫緊《きっきん》の用務であると認めざるをえなかった。

八月、明国・遊撃将軍の肩書で、沈惟敬《しんいけい》という遊説《ゆうぜい》の徒「其の人貌《かたち》痩《や》せて、しかも口懸河《くちけんが》の如し。蓋し弁士也、且つ言う、平義智（対馬領主）、平秀吉（豊富秀吉）と相知ると」（『宣祖実録』）が外交担当者として、小西行長の前に出現する。

八月二十九日、降福山麓《カンポク》で沈惟敬と小西行長との講和会談が行われた。

「私が帰国して（明の神帝）に（会談の内容を）報告すれば、何らかの処断がある。その間の五十日を停戦の期間としよう」（『懲毖録』p一五一）との沈惟敬の提言で休戦が成立した。しかし、この間、日本軍は、朝鮮の義兵（ゲリラ兵）の活動に悩まされている。

文禄二（一五九三）年一月六日、小西が守る平壌城が、明の大軍に包囲され、総攻撃を受ける。そのため小西軍は、京城を目指して夜間撤退を行った。

「平安（平壌）の合戦の折、有馬ドン・プロタジオ殿は天然痘をひどく患い、その上ほとんど失明したが、アゴスティノは彼を非常な名誉をもって待遇し、見捨てはしないと約束した。（中略）天然痘はたいした病痕を留めることもなく快癒したが、いっぽう眼病はきわめて憂慮すべき状態にあった」（『日』巻2・四二章p二八五）、この眼疾は晴信の宿痾《しゅくあ》となって終生彼を苦しめる。

朝鮮の戦雲に晴れ間が見えない一方で、日本国内のキリシタン宗団には「鬼の居ぬ間」の平和が訪れて、各地で活発な宣教活動が行われ多くの信徒の誕生が見られた。

文禄二年、定航船は平戸に入港し、長崎には翌三年の入港もなかった。このため生活物資の入手に苦しんでいた長崎に、朝鮮従軍のキリシタン諸侯の手配により肥後の小西領から米二千俵、筑前の黒田孝高領から米とお金、都のオルガンティーノ師も米二百俵、有馬・大村、奉行寺沢広高からも米、長崎の私人某、関白秀次からも米などの寄贈があった。信仰の絆《きずな》がもたらした隣人愛の行為であったろう。

同年三月十五日、京城に再び沈惟敬が現れ、小西行長との「講和会談」を行う。明側は「加藤清正により捕らえられている朝鮮の二王子（臨海君・順和君）の釈放、朝鮮故土の返還、日本軍の釜山への撤退」などを提言し、日本側は「明国からの講和使派遣、明軍の遼東までの撤退」を主張し、これらが実現すれば「二王子を釈放し、四月八日までに京城を明け渡す」と確約した。

四月十七日、日本軍が京城から撤退したことにより、明国の講和使派遣となり、謝用梓、徐一貫が選ばれた。講和使と共に、朝鮮に来ていた石田三成らが名護屋に帯道することになった。

秀吉は、明国の使節を「詫び言」の使者として引見する。朝鮮使節引見の時と同じ過《あや》ちを犯したことになる。

七月二十日、明国への返礼使として小西行長の家臣内藤如安が選ばれ、「講和条件を記した国書」を持って北京に出発した。

ところが明国側から、豊臣秀吉の「降伏文書」を要求されて、困り切った小西と沈惟敬は、「降伏文書」を偽造して、内藤如安に託した。

明国朝廷は、その「偽国書」を真に受け、返礼の冊封《さくほう》使派遣を決定する。

後に「国書偽造」の罪に問われた沈惟敬は処刑されたが、小西行長は石田三成ら三奉行も関与していたこともあり、叱責で済まされた。

同年十二月、戦場で下の兵士も他軍の兵士と変わりなく荒《すさ》みきった残虐性を見せるのに驚き、小西は副管長ゴーメス師に懇請《こんせい》し、日本からグレゴリオ・デ・セスペデス師を釜山の倭城に派遣してもらい、全員への司牧を依頼した。

慶長元（一五九六）年八月二十九日、「明の冊封日本正使楊方亨、朝鮮通信使黄愼等、大坂に着す、秀吉、対馬府中の宗義智の老臣柳川調信をして、黄愼等を責めしめ、明使と共に見るを許さず」（『綜覧』巻13・p一一二）。

慶長元年八月三十日午後八時頃、京・大坂地域で数ヶ月に及ぶ大地震が起き、冊封使を迎えるための宮殿なども倒壊し、圧死者が伏見では二千人、京・六条で二百人、大坂では六百人を数える大惨事が生じた。

そんな中での会談である。

九月一日、「秀吉は、冊封正使楊方亨、副使・沈惟敬らを大坂城で引見し、誥《こう》命《めい》・勅諭・金印・冠服《かんふく》を受く。明日《あくるひ》、秀吉、冊封使を饗し、相国寺承兌《しょうだい》をして誥勅を読ましむ。秀吉、明の違約を怒り、冊封使を追還《おいかえ》し、徳川家康などの諫止を郤《しりぞ》けて、朝鮮出兵を決す」（『綜覧』・巻13・p一一二）。

秀吉は、「日本国王」の称号は受け容れたが、「朝鮮四道の割譲の拒否、朝鮮からの全軍撤退」の文言を違約として激怒し、講和は破綻《はたん》し、更に「慶長の役」へ突入する要因となった。

この会見で、明使節から「日本大名・武将」への官職授与があり、大都督《そうだいしょう》石田三成、宇喜多秀家ら五人の筆頭に小西行長、亜都督《じしょう》に徳川家康、前田利家ら十人の中に晴信、義智の名もあり、武人晴信の名誉心を満足させたことであったろう。

九月四日、堺市在住の晴信叔父千々石直員《なおかず》ジョアンが司祭宛の手紙に「この時、堺に滞在していた有馬ドン・プロタジオ晴信殿は、早朝にシナ使節を訪問しようと望んだが、通過すべき路が巨大な壁の倒壊や材木や屋根瓦に無数に抛り出された堆積によって、阻まれているのを見ると道に進み続けることが出来ぬ程であった」（一五九六年度・年報補遺・p三〇五）とある。この地震で沈惟敬の家臣二十名以上が亡くなったという。

文禄・慶長の役七年間に、晴信は一度も日本に帰らなかったと言うのが通説であるが、これにより日本の土を踏んでいたことが知られる。

慶長二（一五九七）年の末頃、小西の熊川倭城を囲む砦で、晴信正室ドナ・ルシアが出産の事故で母子ともに死亡する。

この慰問のためにフランシスコ・ラグーナ師が渡鮮している。年が明けて「ドナ・ルシアの遺体が有馬に運ばれた。長崎の同宿とイルマンたちは、葬式のため有馬に行った」（『キリシタンになった大名』結城了悟・p八〇）とある。

日野江城跡から八良尾へ一㎞ほど登った集落の共同墓地に、「上臈《じょうろう》の墓」と伝えられる「気品のある墓碑」があり、碑銘に「光り」を意味する〈流《る》しや〉の文字や、埋葬年などが刻字されている。ドナ・ルシアの母ドナ・マリアは晴信に、「娘ドナ・ルシアの墓の傍の小屋で貧しく暮らさせて頂きたい」（一六〇六～〇七年・「日本の諸事」）と頼んだとあるが、年代も埋葬者の年齢も異なるが、これは朝鮮から運ばれたドナ・ルシアの墓碑ではないかとの思いが残る。

慶長三（一五九八）年三月十五日、「秀吉は醍醐三宝院で花見の会を催した。（中略）七月にはすでに病重く、八月十八日、ついに秀吉は伏見城に薨じた。六十二歳である。喪は秘されたが、朝鮮の諸将には撤退の指令が出された。帰還に最も苦労したのは、全羅道の南岸、順天に駐屯していた小西行長であった」（『文禄・慶長の役』上垣外憲一・p一六五）。

フランシスコ会 日本布教へ

一五六四（永禄七）年十一月、フェリペ二世の命により、後に初代フィリピン総督となるミゲル・ロペス・デ・レガスピは、五隻の艦船に兵士五百を率いて、メキシコ西海岸から冬の北東モンスーンに乗じ、九十三日間の航海で太平洋を横断し、フィリピン諸島に到達した。

六五年二月にセブ島に上陸、七十（元亀元）年五月、イスラーム教徒が支配し中国東南アジアの交易の拠点であった呂宋《ルソン》島のマニラを制圧する。

ここには既に四十名の中国商人と二十名の日本人商人が定住していたと言う。総督レガスピと共に進駐したのはスペイン系の托鉢修道会アウグスチノ会、ドミニコ会、フランシスコ会などである。彼らは、中国人や日本人との接触により、フィリピン宣教の後は、これらの国での布教を目指すこととした。

一五七七（天正五）年七月、フランシスコ会士がマニラに上陸した頃、ホアン・ポブレ・パルドは、富裕な水先案内人であった。

一五七九（天正七）年、水先案内人のホアン・ポブレは、フランシスコ会士ペドロ・デ・アルファロ神父らを広東《カントン》に案内したが、船中での態度に感銘を受け、自身も聖職者を志すことになる。

同年十一月に広東での宣教を断念し、マカオに撤退したアルファロ神父は、イエズス会司教メルキオ・カルネイロの庇護により、マカオに修道院を開設した。

一五八二（天正十）年三月、ヴァリニャーノ師に率いられた遣欧少年使節の一行が長崎から到着し、船便の都合でマカオで約九ヵ月を過ごすことになる。

またヴァリニャーノ師の命を受けたマテオ・リッチが中国宣教の準備に入るなど、未来への展望が期待されていた六月、キリシタンの擁護者であった織田信長が、明智光秀により本能寺で斃《たお》され、都のキリシタン宗団には大打撃となった。

五月、修道士となったホアン・ポブレは、イエズス会士アルホンソ・サンチェス神父に同道しマカオに到着する。ところが、スペインとポルトガルとの反目からフランシスコ会の修道院は破壊され、神父は放逐されていた。

七月、ホアン・ポブレ修道士らは、二隻のジャンクに分乗してマカオからマニラに帰ることになり、ポブレは旧知のアントニオ・ガルセス船長の船に乗った。

マカオを出帆して間もなく三度の台風に遭遇し、一艘は台湾沖で座礁し、ガルセスの船は檣を折りながらも口之津に漂着することが出来た。

八月十二日、「彼らは身を救うために荷物の一部を海中に放棄し（船は）帆檣《ほばしら》を折ったまま入港した。彼らは夜分に裸足のまま行列をつくり、鞭打ち（の苦行）をし、連祷を唱えながら下船して来た」（『日』巻10・四三章p二一二）とある。

フロイスは、ポブレらを跣足派の修道士であることに気付いていたであろうに、その後の消息に触れていない。十二月末頃修理を終えた船は出帆していった。

一五八四（天正十二）年八月四日、ヴィンセンテ・ランデーロのジャンクが、マニラからマカオに向かう途中、台風のため平戸港に入港した。

これはフィリピンから日本に来た最初の船であった。乗船していた修道士は、フランシスコ会士ディエゴ・ベルナール、ホアン・ポブレ、アウグスチノ会士フランシスコ・マンリッケ、パブロ・ロドリーゲスの四人である。

一五六五（永禄八）年の大村領福田港襲撃以来、イエズス会との関係が疎遠になっていた平戸領主松浦鎮信は入港を歓迎した。

二ヶ月間の船舶修理を終えて平戸を離れる頃、六十八歳のホアン・ポブレ修道士らの「清貧と謙遜」を旨とする態度に感銘を受けた人達のなかに、八年間もイエズス会の下働きをしていたゴンザレス・ガルシアがいた。ポブレ師からフランシスコ会のことを聞くと、マカオに行き、商人として働きその利益でマニラに渡った。一五八七（天正十五）年に、マニラのフランシスコ会修練院入りを許される。

一五八六（天正十四）年六月、マニラ総督やフランシスコ準管区長ホアン・デ・プラセンシアが、松浦鎮信《しげのぶ》や日本副管区長コエリュ師から、宣教師の不足を補うために「日本へのフランシスコ会士の派遣」を求める書翰を受けて、その準備をしていた時、グレゴリオ十三世の「イエズス会以外の日本での宣教は厳禁」（「一五八五年一月文書」）により準備は中断された。

一五九二（文禄元）年五月、秀吉の使節原田孫七郎ガスパルが、ルソン総督ゴメス・ペレス・ダスマリニャスに「～幡《はた》を偃降《ふせおろ》して来服せよ～」との「服属要求書」を手渡す。

突然の対応に苦慮した総督は、「友好親善」の対日返書を作成し、漢字に精通したドミニコ会のファン・コーボ神父を使節として派遣する。

七月二十六日、コーボ師は、ロペス・デ・リャーノの船で薩摩京泊に到着する。八月十五日（天正二十年七月八日）、名護屋で秀吉に謁見。

「イエズス会の司祭たちには、すぐにこの使節が危険なものであることが判った」（『日』巻2・三二章p一七四）。案の定、秀吉との会見の席上で「ポルトガル人の悪口をまくし立て」秀吉のポルトガル人への怒りを掻き立て、長崎にある教会や修道院の破壊を引き起こさせてしまう。

秀吉が「ルソンが余を君主と認めなければ朝鮮征服のあと攻撃だ」との恫喝《どうかつ》にコーボ神父は「我らの王はスペイン王のみ、望みは修好条約締結」と主張し、会談は実りのないまま終わった。

コーボ神父らは、ある大雨の日に、密かに長崎を出て薩摩へ行き、そこからルソンを目指し出帆したが、台湾近郊で嵐に遭い、座礁した船から上陸した処を、異教徒により惨殺されてしまった。

一方、マニラでは、ドミニコ会士ファン・コーボの帰着がなく、マニラの防備も貧弱であることから、第二次使節の派遣が急がれた。

一五九三年九月二十日（文禄二年八月二十五日）、帰還しない使節団のために、二艘に分乗した第二次の使節団が名護屋に到着した。

ペドゥロ・ゴンザーレス・カルバハールの船に、フランシスコ会の準管区長職を終えた正使ペドロ・バプティスタ・ブラスケス神父、副使は船長のカピタン・ペドロ・ゴンザレス、バルトロメウ・ルイス修道士が乗船していた。

ルソン招降外交の策謀者原田喜右衛門の船にフランシスコ・デ・サン・ミゲエル、今や修道士となったゴンザレス・ガルシアらが分乗した。ガルシア修道士は日本語堪能ということで通訳としての参加であった。

秀吉は裸足《はだし》で縄帯の見窄《みすぼ》らしい装いの兄弟《フラーデ》を前に「伴天連《パドレー》と違い一向宗のように百姓や下賤《げせん》相手の僧侶」と軽んじたのか、「修好条約」の締結を認め「都での居住」許可まで与えた。

都では広大な妙満寺跡に、キリシタンや異教徒の寄進により、「ヨーロッパで見られるような二階建での僧院スタイルの修道院と、三つの祭壇と歌唱席をもつ聖堂が完成した」。これは諸天使の聖母に捧げられた。

また聖フランシスコの「癩を患う人に慈悲」を与えようとの目的で、聖アンナに捧げられた病院、聖ヨゼフに捧げられた病院なども建てられた。

そこで患者の膿爛《うみただ》れた傷を洗い包帯を巻く会士の姿は見る者の魂を動転させ、宗門への追随の意志を嫌が上にも高めた。

「(かつて豊後での施療院では)、武士や僧侶、富裕な商人などエリート層のキリスト教離れを引き起こすことになった。(中略)ハンセン病者や貧民を治療するアルメイダたちの姿に嫌悪感を抱いたからである」(『宣教とヨーロッパ』佐藤彰一p一七二)とあって、時期の違いを越えて、都と豊後での地域差が窺える。

一五九四(文禄三)年九月末、修好条約の強化のため第三次の使節が平戸港に着いた。

マルセロ・デ・リバデネイラ(初期宣教の記録を残す)、アウグステン・ロドリゲス、ジェロニモ・デ・ヘスス神父(第二期の創始者)らである。

こうした相次ぐドミニコ会士、フランシスコ会士の訪日は、イエズス会との関係を紛糾させる事態を招くことになる。

十二月、フランシスコ会の管区長バウティスタ神父は、ジェロニモ・デ・ヘスス神父を同伴し長崎へ行く。

ミゼルコルディアの組が経営する聖ラザロ病院の小聖堂に住んで宣教を始めたが、グレゴリオ教皇勅書を楯にしたイエズス会の妨害で、奉行寺沢志摩守広高の退去命令を受けるが、長崎での居住の取得は許可された。

長崎での一年間の滞在中、「(二人は) 長崎から島原半島へ行き、当時有家にあったセミナリヨで数日を過ごしたので、生徒たちは彼のためにいろいろな催しを行った」(『二十六聖人と長崎物語』結城了悟) と云う。

一五九五年(文禄四) 年十一月には、ホアン・ポブレ・デ・ザモラ修道士が状況視察のため来日、同月、バウティスタ神父と共に上京し二～三ヶ月滞在し、その後、九六年のサン・フェリペ号で四度目の来日をする。

「わたしは、単純で貧しい兄弟たちが人々に教えを説く一方で、あわれな癩病者が改心し、貧者が洗礼を授かり、又貧しいにもかかわらず、人々が自分たちの貧しい説教師の生活を心配しているのをこの目で見た」(『フランシスコ会士たち』トマス・オンデンブルグp五九) と、ボブレ修道士は兄弟の活躍を述べている。

一五九六(文禄五年十月から慶長) 年四月には、神学教授マルテン・デ・ラ・アセンシオンと弟子のフランシスコ・ブランコ修道師ら師弟が到着した。

一五九六(文禄五) 年八月十三日、フイゲイレドの船で、総てのフランシスコ会士の国外退去を明言する第二代司教ペドロ・マルチネス(一五九八年二月、マラッカ近海で没) が、六名の神父を率いて到着する。

それ以前の七月十二日（文禄五年六月二十七日）、フィリピン・キャビテ港から船長マチャス・ランデチョのサン・フェリーペ号が乗客・乗組員二三三名（内修道士七名）を乗せてメキシコへと出帆した。

当時の動力は風と櫓である。マニラからメキシコまでの航海は四ヶ月、時に六ヶ月の場合もあった。黒潮に乗り日本列島の東岸を北緯三九～四〇度（千葉～岩手）位まで北上、ルソン交易の日本商人が教えたと云う偏西風を利用して太平洋を横断するのである。北上中に台風に遭えば日本列島に吹き寄せられることになる。

一五九六年十月十八日（邦九月二十七日）、フェリーペ号は再三の台風で羅針儀箱・舵を壊したまま、長宗我部《ちょうそかべ》元親十万石領の土佐・浦戸湾口に漂着した。

「流れ候船を取り留め候時は、その船主改め来たり次第に少々酒手を取り候て渡し申すべき事」（天正二十年正月御朱印状『海路諸法度』）の一条でもって、本来ならフェリーペ号の安全は、入港時の世話料を払えば保証される筈であったが、長宗我部元親は、都の奉行増田《ました》長政に連絡し船載の大量の荷物を没収する。

また世界地図上でスペインの勢力を誇示した航海長フランシスコ・サンダの言

葉から、防備用の大砲・小銃などと修道士七人（ドミニコ会士一、フランシスコ会士二、アウグスチノ会士四）とを結び付けた施薬院《やくいん》全宗らが「宣教師はスペイン国王軍の先遣隊である」と告訴し、秀吉から「全ての宣教師と信徒の死刑」を宣告させたが、「全宣教師」はフランシスコ会士だけとなり、それも「フェリペ号到着以前のフランシスコ会士」と変更された。

しかしフェリペ号乗船のフェリペ・デ・ヘスス・カサス神学生は、司教ペドロ・マルチネスから司祭の叙階を受けようと上洛していて大坂で逮捕され、フランシスコ会士殉教者六名の一人となる。

一五九六年十二月での日本在住のフランシスコ会士は十一名、修道院三ヶ所。イエズス会士は一三四名（司祭四六名・修道士八八名）、司祭館十九ヶ所、聖ザビエル師が宣教を始めて以来、禁教令下にも拘《かか》わらず信徒は四十万人を越えていたと云う。

一五九六年の十月二十六日から、文禄から慶長へと年号が替わる。

十二月十五日、「秀吉、耶蘇教徒を処刑す、尋《つい》でこれを肥前長崎に送り、磔殺《たくさつ》す」（『綜覧』巻13・p一二五）。「修好条約」締結国に対する秀吉の暴挙であった。

フランシスコ会士六名、伝道士《カテキスタ》・同宿・子供・介添者の信徒十七名、イエズス会士三名（日本人）、総数二十六名。二十六聖人と称された人々である。

降誕節の前夜、牢獄のバウティスタ神父は、長崎から都への途中で難を逃れたジェロニモ・デ・ヘスス・カストロ神父に「信徒の司牧と修道院の存続」のため生き延びることを命じた。

十一月二十二日、一行は、左の耳朶《みみたぶ》を切られ、信仰心を試される京から長崎までの八百キロ、二十六日間の見せしめである苦行の旅を命じられた。

極寒の季節、罪なき囚人の道中から脱落する者一人もなく、主に守られた気高さで輝いていたと云う。

長崎での処刑執行者は、朝鮮在陣の兄長崎奉行寺沢広高に代わり、弟寺沢半三郎が勤めた。長崎では、信徒の家にいたバルトロメ・ルイス、マルセル・リバデネイラ、アウグスティン・ロドリゲスの三神父や、直前に浦戸から来たホアン・ポブレ修道士などが、碇泊中のポルトガル船に乗船するように命じられた。

長崎にフランシスコ会士が滞在していることが知られたら、広高の過失として類が兄に及ぶことを恐れてのことであった。

十二月十九日（一五九七年二月五日）、二十六人は西坂の丘で魂を主の手に返した。遺体は、この日から八月までの間、磔殺の十字架にそのまま曝《さら》された。

半三郎は、領内神父の行動について、自領地に戻っていた有馬殿と大村殿に手紙を送っている。（『日本26聖人殉教記』ゲルハルト・フーバー）

副管区長ペドロ・ゴメス師は、高麗に戻ろうとしている有馬晴信に、八良尾の火災の後、有家に移っていた神学校について、その規模の大きさから、役人の目を恐れて天草移転を勧め、代わりに三十人規模で、六～七ヶ月修了の簡易な修練院の設置を提案したが、晴信は承諾しなかった。

神学校には百二十一名（司祭五、修道士十一、学生九十三、その他）が寄留し、ラテン語や日本文学、油絵や銅版彫刻、楽器演奏など類のない教育の成果に強い拘わりを抱く晴信は、その存続と維持とを自分の義務であると思うまでになっていた。また多くの司祭、修道士による普《あまね》く領民への司牧についても感謝していた。

晴信は、後事はすべてドン・ジョアン越中守に任せているので「ご安心めされよ」と武将としての自信を込めて言った。

慶長二（一五九七）年二月二十日「秀吉、朝鮮出征の諸将の部署を定む、尋でそ明使節との講和会議の破綻《はたん》により、「文禄の役」に続く、更なる泥沼の「慶長の役」への突入であった。

三月十六日、修理を終えたサン・フェリペ号は浦戸港を出てマニラへと去った。この直前であろうか、アビラ・ヒロンはマニラ行きの船を捜して、サン・フェリーペ号の船長マティアス・デ・ランデーチョと共に口之津に出掛けている。

一五九七（慶長二）年十月、日本在住十一名のフランシスコ会士の中、六人が西坂で殉教者となり、四人がマカオに追放され、ただ一人残留していたデ・ヘス・カストロ神父も日本を去ってマニラへ退去した。

慶長三年八月二十五日、「徳川家康及び前田利家、秀吉の喪を秘して徳永寿昌・宮木豊盛とを朝鮮に遣わし、諸将をして和を講じ、軍を帰さしむ」（『綜覧』巻13・p一七二）。また、朝鮮在陣の諸軍の迎えのため、毛利秀元・浅野長吉・石田三成が赴いた。

大政大臣従一位豊臣秀吉の死は、八月十八日、自分の言葉で「朝鮮の空《むな》しき御《ご》陣《じん》の撤退」を宣言することはなかった。

一五九八（慶長三）年七月二日、フランシスコ会士ゼロニモ・デ・ヘスス神父とルイス・ゴメス神父が二回目の来日で口之津港に上陸した。

「二人の兄弟は、平凡な日本人に身をやつし、平穏な航海の後、七月二日、口之津に入港した」（『フランシスコ会士たち』オイテンブルク・p一一八）。

ヘスス神父は、徳川家康の知遇を得て、再度日本にフランシスコ会宣教団を設立して、第二期の隆盛を導くことになる。

トマス・オイデンブルク師によれば「日本がフランシスコ会士を最初に迎えたのは、一五八二、三年のことであった」とされている。

一五八四年、マニラからマカオに向かう途次、嵐に遭遇し平戸に漂着、この船からフランシスコ会士ホアン・ポブレ修道士ら四人が上陸した。

長崎交易の利に羨望を抱いていた平戸領主松浦鎮信《しげのぶ》法印は、ポブレ修道士らを厚遇し、「フランシスコ会士の派遣」を要請すると共に、マニラとの交易を熱望した。

一五八七（天正十五）年、松浦侯派遣の船がマニラに渡航、乗船者に「都生まれ・原田喜右衛門カ、一族カ」がいたという。

一五九一（天正十九）年、商人喜右衛門がマニラに渡航、「同市の防衛状況を探索」し、秀吉側近の長谷川宗仁《そうにん》を介して「マニラの制圧」を進言する。

五月十五日、「マニラ制圧』可能の進言を受けて、狂気立った秀吉は、「小琉球（呂宋《ルソン》）の聘礼《へいれい》未了《みりょう》、速やかに来服を命ず」との書状をマニラ総督ゴメス・ペレス・ダス・マリーニャスに送り付ける。

その返書を以て第一次ドミニコ会士ホアン・コボ大使が訪日するも帰途遭難死したため返書はマニラに届かなかった。

そこで第二次フランシスコ会士ペドロ・バウティスタ・ブラスクェス大使らの再訪日となった。以後、秀吉、イエズス会、フランシスコ会三者三様の思惑により悲劇的な舞台の幕が開く。

晴信とヴァリニャーノ師と領内巡察

一五九八（慶長三）年七月二日、サン・フェリペ号事件で、マニラへ追放されていたフランシスコ会士ゼロニモ・デ・ヘスス神父と若いルイス・ゴメス神父の二人が「日本の霊的征戦に欠くべからざる指揮官と兵士」として、改めて日本商人の船でマニラを出帆し、有馬領の口之津港に到着した。

当時、ポルトガル船によるマニラの宣教師の搬送は破門罰で禁じられていたので、異教徒の日本商人の船で日本人に身をやつした姿での上陸であった。

二十六人の長崎殉教（一五九六（慶長元）年十二月十九日）以来、宣教活動を強く自粛していたイエズス会は、二人の到着を「日本宣教の新しいお荷物」と揶揄《やゆ》した。

ヘスス神父にとり口之津は、一五九四（文禄三）年末、語学校設立に関心を抱いていたバウティスタ神父に連れられて、有家の神学校《セミナリヨ》を訪れていた馴染《なじ》みの土地であり、信徒の知辺《しるべ》もいる所であった。その手引きでゴメス神父を同行し、肥後の小西領に赴いたが、ゴメス神父は数ヶ月後に逮捕されマニラへ送還された。

一方、ヘスス神父は、目指した京都で「地中の穴や森林・洞窟」を転々とする過酷さから健康を損《そこ》ね、三ヶ月余の病癒《い》えては、レオン蒲生氏郷《うじさと》の旧領、伊勢を伝道の場としていた。

一五九八（慶長三）年八月五日、ヌノ・メンドウサの船で、日本第三代司教ルイス・セルケイラ師と最期の訪問となる巡察師ヴァリニャーノ師が、四人の伴侶と共に長崎に上陸した。

慶長三年八月十八日、「豊臣秀吉薨《こう》ず、子秀頼嗣《つ》ぐ」（『綜覧』・巻13）。

朝鮮在陣の諸将へは口頭で「秀吉の死と撤兵」を告げる使者が立ったが、西海岸にある順天城小西行長勢には、秀吉の訃《ふ》報は届かないまま陸は劉綖《りゅうえん》から海は李《い》舜臣《すんしん》の猛攻を受ける。

十一月十七日、小西は、島津義弘・立花宗茂らの救援でようやく虎口《ここう》を脱した。

十二月末になり、朝鮮半島からの全将兵の撤退がほぼ終了する。

一五九九（慶長四）年三月、長崎奉行寺沢広高の妨害を避けて、司教セルケイラは、バレンチノ・カルバリヨとヨハネ・ポメリオの両神父と十四人のイエズス会員、三十人の神学生と、長崎や有馬に近い天草・志岐に伝道所を建てて移った。

八月にはヴァリニャーノ師も後を追って移ってきた。

この年、都にいた平戸の松浦鎮信は、父松浦隆信（道可）の死去の際、キリシタン弾圧の挙に出る。嫡子久信には、大村純忠の娘である室ドナ・ルシアとの離縁を強要し、「仏教式葬儀に参加しないキリシタンには棄教させ、応じなければ追放せよ」との厳命を下した。

籠手田《こてだ》安一ドン・ゼロニモや弟一部勘解由ドン・ベルタザールなどは「五十年来の生活の基盤であった信仰」を棄てられる筈もなく、家族、家臣の六百名を率いて長崎へ亡命する。それに続いて二百名ものキリシタンの亡命もあった。

彼らを迎えたイエズス会は、大村領稲佐の修道院を主たる生活の場として提供した。

生月島の代官西玄可ガスパル（トマス西神父の父）は、籠手田安一とは行動を共にせず、同地のキリシタンの中心として残り、一六〇九年十一月十四日、妻・長男と共に斬首された。

国内では徳川家康の専横が始まった。その家康がヘスス神父を知る切っ掛けが可笑《おか》しい。堺商人が献じたマニラ産の絹の肌着をお気に召した家康が、マニラとの交易を思い立って堺商人に訊ねると、彼らは潜伏中のヘスス神父の紹介状が必要であると答えた。秀吉時代から畿内で貿易交渉の経験がある神父を、家康に引き合わせることで自他の利益が生じることを願った堺商人の巧知である。

家康はフィリピンとの交易を回復し、あわよくばメキシコへの道を開くため、スペイン人宣教師を少なくともある期間優遇する必要があると考えていた。

関東沖を帆走する黒船がスペイン船でメキシコへ行く船と知っており、スペインとの交易で大型帆船の造船技術や、無駄の多い鉛による灰吹法《はいぶき》に代わる、水銀によるアマルガム法（混汞法《こんこう》）での銀採取法の必要を考えていたので、ヘスス神父は願ってもない仲介役に思えた。

一五九八（慶長三）年十二月七日、出頭したヘスス神父に「スペイン人を我が関東の諸港にに来航させ、通商交易が行われるなら、キリスト者を作るのも可能である」との家康の言葉は、「通商・交易」を優先し、キリスト宗団の活動は妨害しないという態度であった。

一五九九（慶長四）年五月三十日、ヘスス神父は、家康の保護を受けて、徳川秀忠邸（後の江戸城）近くに上陸以来の苦難の中で慈悲を示された神との約束であった「ロザリオの聖母」に捧げた聖堂、それは簡単な木造小屋であったが創建する。

「日本六十六ヶ国を二ツに分け、大坂より東はさんふらんしすこ、西はこんにゃ、法を弘むべし」の通りのフランシスコ会の江戸拠点の誕生である。

七月、フィリピン総督は、日本に交易の航路を阻害する八幡船《ばはんふね》の来寇《らいこう》を報じ、その取締りを求めた。家康は、総督の抗議を正当とし、私貿易船・八幡船を禁じる「朱印船制度」を制定し、長崎奉行寺沢と肥後の小西行長に海賊船の取締りを命じると、早速六十一人の海賊が捕らえられ京都と長崎で磔刑《たっけい》に処された。

家康は、まず堺の一富商コロメオンをマニラに派遣したが、望む結果をえられず、続いて派遣の堺商人のシキロは、マニラからの帰途、台湾付近で遭難死した。

十二月、切り札のヘスス神父に「修好条約の回復」を託してマニラへ派遣する。

一六〇〇（慶長五）年正月、マニラでは、サン・フェリーペ号事件による「長崎の殉教」の記憶が鮮明で、日本に対する警戒心が強かった。

特に造船工匠や鉱山技師派遣については、日本を利するだけだとして反対も多かったが、「通商」に限るとの家康の親書を信じ、ヘスス神父の立場も考慮した上で返書が作られた。

一六〇一年五月二十六日、ヘスス神父らは二艘で関東浦賀港に向け出帆する。

六月二十九日、聖パウロの祝日に、ヘスス神父は、ルイス・ゴメス神父やペドロ・デ・ブルグィリョス修道士を伴い、ようやく平戸港に入港した。

世の中の変転常なきことを〝三日見ぬ間の桜かな〟という俚諺《りげん》があるが、一年半ぶりにマニラから戻ったヘスス神父の日本では、一六〇〇（慶長五）年四月二十九日、豊後佐志生《さしう》の黒島海岸に漂着したオランダ東印度会社の商船リーフデ号の航海士イギリス人ウイリアム・アダムスが、交易と布教とを分離している新教国のプロテスタントとして、徳川家康から重用され諸外国との通訳兼外交顧問という役職に就いていた。

慶長五（一六〇〇）年の戦雲急を告げる六月には、小西行長から松浦・有馬・大村・五島の諸将へ「秀頼卿の命《めい》、直に軍勢を率いて馳上《はせのぼ》らるべき」との使者があり、諸将は長門国赤間関まで進ん所で、大村喜前の「これは石田三成の奸計《かんけい》だ」と云うのに、有馬晴信も、「行長、天性刻薄人にて朝鮮陣中にても吾儕《わがともがら》に対して無礼の事のみ多く、諸将の軍労を皆己《おの》が有としてその功を専《もっぱ》らにす」（『世譜』）などと応じて、上洛を中止し、家康の東軍に付くこととした。

慶長四年、上洛していた晴信は、小西行長の仲介で公卿菊亭晴李の女（未亡人）と結婚していた。また小西行長は、嫡子直純（一四歳）にとり妻マルタの叔父にあたる。『有馬世譜』の記述は、幕府の意向に阿《おも》ねた後世の記述ながら、行長や晴信への侮辱が過ぎて不憫《ふびん》である。

慶長五年七月、東西を分つ大戦が起こり、徳川家康の東軍が豊臣秀頼の西軍に勝利を得る。この戦での二人、京都でのイエズス会の友人であった石田三成、キリシタン大名の小西行長らが「己（家康）に反した者らの指導者格」であることとし、「彼（家康）は、その信奉者たちに、自分の言葉に聞き従わないように教えこむ宗教などは、邪悪なものであるとの結論を下し」（『フランシスコ会士たち』トマス・オイデンブルク）て、キリスト教に対する態度を一変させた。

八月十五日、ネレッティ船長の船でイエズス会のマトス神父ら四人が到着する。九月十五日、関ヶ原の戦いに勝利した家康により、キリシタンの庇護者であった石田三成・小西行らが葬《ほうむ》られ、諸大名の国内配置に変化が生じた。

九月二十一日、肥後の加藤清正は、ジョアン小西隼人・ジョアン内藤飛騨守忠俊が守る宇土城を攻める。奇《く》しくも行長逮捕の日である。晴信はこの戦に嫡子直純を名代として参戦させ、自身は眼疾を理由に出征しなかった。

城内には、前年から入城していたアロンソ・ゴンザルベスとペドロ・ラモン神父やジャアン・ベルナルデス修道士と日本人のマシモ斑鳩《いかるが》修道士などがいた。

清正は、長崎にいた巡察師と副管区長を調停者として、城の明渡しを行なうよう相談を持ち掛けたが、ヴァリニャーノ師は任にあらずとして断った。

攻防は十月二十三日に及び、行長の死が齎《もたら》されて抗戦を止め、小西隼人は自死、黒田如水の調停もあって内藤ジョアン忠俊、矢部・愛藤《あいとう》城のジョルジュ結城弥平次らは、清正の信仰を保証するとの言を信じ、家族・家臣らを率いて清正の禄を食《は》む道を選んだ。司祭釈放には原マルチノの働きもあったと云う。

矢部にいたアントニオ・コルデイロ神父は弥平次の機知により難を逃れた。

肥後八代のジャコボ小西美作《みまさか》は、麦島城落城際、ジョアン・バウチスタ・バエサとフランシスコ・ルイス神父に、三人の修道士、ジュスト伊予、三箇マチアス・中浦ジュリアンらと共に家臣五百人を七十隻余の船で薩摩に亡命したが、薩摩で客死する。

「美作の妻イザベルはその娘と共に長崎に移り、忠実な家臣達に夫の遺体を長崎に移すように頼み、（中略）ミゼリコルディアに葬られた」（一六〇三年三月一日・マトス書翰）と云う。

イエズス会日本管区長レンゾ神父は、仮説として南島原市（旧有馬領）松原墓地の国指定キリシタン墓碑の被葬者を、ディエゴ美作の可能性があるとされる。

十一月二十二日、西軍に与《くみ》した薩摩の島津義弘（維新《いしん》）を伐《うた》んとして黒田如水・加藤清正・鍋島直茂らが肥後水俣《みなまた》へ進軍する。長崎奉行寺沢広高の麾下《きか》で有馬・大村勢も参戦したが、立花宗茂を通じて義弘が家康へ謝罪したのでこの一戦はなかった。

関ヶ原戦後、肥後一円を与えられた加藤清正は、天草を豊後鶴崎・野津原・九住の地二万三千石との交換を申し出て承認され、天草は天領となった。

ところが、都のジョアン・ロドリーゲスの早飛脚が、「公領の天草島を大村喜前に、大村領には薩摩処理の功により寺沢広高が移封」と知らせてきた。

驚愕した大村は有馬と直に上洛し、イエズス会の後押しもあり、撤回に三ヶ月を要して「大村は現状のまま、天草は寺沢」との安堵《あんど》を得た。

唐津領主の寺沢広高にとり新領地の天草島四万石は飛地となり、その石量は耕作地が少ない農民を圧迫し、加えてキリシタンとの軋轢《あつれき》も嵩《こう》じて、寛永十四年の「島原・天草の乱」の遠因となるのである。

天草志岐の修道院に滞在していたセルケイラ司教とヴァリニャーノ師は、それまでキリシタンの教法に反すると避けていた日本の正月元旦を共に祝う意味で

「お護りのサンタ・マリアの祝日」（一六〇〇年度・日本諸国記）とするように布告した。

「一五九九年の末頃、ドン・アウグスチノ（小西行長）は、志岐に来て有馬侯の面前で堅信の秘蹟を受けた。降誕祭は異常な熱心さを以て厳粛に行われた。新年は異教の儀式を以て屡々《しばしば》祝われた」（『日本切支丹宗門史』上・p三四）とある。

行長の紹介で京都の菊亭大納言晴季の娘で寡婦《かふ》である人と再婚した晴信は、日野江城の膝元で海に近い広場に大きく威厳のある邸宅を建てた。ここで一年ほど過ごした頃、司祭らが住む場所が不便で手狭《てぜま》であったため、この邸宅を庭園と菜園、家臣らの家屋を含めてそっくりイエズス会に寄贈した。

その引渡しで天草からヴァリニャーノ師が有馬を訪れた。師は「全領を司祭らを伴って巡回すること」を晴信に勧めた。朝鮮の戦役で荒《すさ》んだ家臣の心や、領主が留守の間、頼りない生活を送った領民を鼓舞《こぶ》し激励しようと言うのである。

晩秋の雨の多い時期であった。晴信には非常な労苦であったが、聖職者のように「キリシタンの法を遵守《じゅんしゅ》し、教会の建設を助けよ」と説く成長したキリシタン大名の姿を、ヴァリニャーノ師は目にしていたに違いない。

晴信の後室は、ヴァリニャーノ師から洗礼を受けジュスタの霊名を与えられた。

一六〇一年、支那で海賊行為をした八幡船が、掠奪品《りゃくだつひん》を売るため八代港に寄港した処を、肥後の加藤清正から拿捕《だほ》された。乗組員は日本人キリシタン、異教徒支那人、奴隷として売買される捕虜らであった。日本人の多くは有馬領の者達であったのだろう。見せしめのため全員が口之津港へ連行された。

百余名中の五十名がキリシタンであったので、晴信は処刑にあたり「改悛の秘蹟により罪を浄化して欲しい」と司祭に頼み、異教徒にはキリシタンの教理を説明し、希望の者には洗礼を授けてもらいたいと依頼した。キリシタンとしての晴信の気遣いであったろう。

一六〇一年六月、ルイス・ゴメス、ペドロ・デ・ブルギロス（初上陸）の二神父を伴って平戸港に到着したフランシスコ会のヘスス神父（二度めの来日）は、クレメンス八世の二通の教書を持参していた。

それはローマで収集された聖遺物が日本のフランシスコ教会でも安置出来ることと、この聖遺物を安置される聖堂を訪れる信徒には、特別の免償がみとめられることや、また、グレゴリオ十三世の「日本宣教はイエズス会に限る」との勅命を条件付きながら「全ての修道会に解放する」ことを伝えるものであった。

これらはヘスス神父らの宣教再建への意欲を昂揚させ、家康との直接交渉で伏見に土地・住居の贈与を得た。しかし、一六〇一年十月六日（慶長六年九月十一日）、病に倒れたヘスス神父は、聖ペドロ・バウティスタ神父が建てた京都の修道院の一隅で神に召された。日本教会のために堪え抜いた七年間の働きの報いであった。

家康の許にヘスス神父の訃報が届くと、彼は深い悲しみを示したと云う。

一六〇二（慶長七）年二月下旬、ヘスス神父の後任として、マニラとの交渉を任されたルイス・ゴメス神父は、ブルギロス神父を派遣する。この度のマニラ総督ドン・フランシスコ・テリヨ・デ・グスマンの対応は早くて、二艘に分乗した十四人の修道士団が来日した。

一六〇二年六月、スペイン船サンディアゴ・エル・メノル号で関東の浦賀港を目指したブルギロス修道士引率のフランシスコ会士ペドロ・パウティスタ・ボッレス・タマヨ神父とホアン・デ・マドリッド神父は、逆風のため家康の期待に添えず豊後へ入港した。

日本船は平戸港に到着した。乗船のフランシスコ会士は、管区長となるアウグスチノ・ロドリーゲス、ホアン・デ・ノグエラ、ホアン・バウティスタ・デ・モヤの三神父とフランシスコ・デ・アヴェリャネダ・イ・グスマン、アンドレス・デ・ラ・クルスの二修道士である。ドミニコ会士は、フランシスコ・デ・モラレス、アロンソ・デ・メナ、トマス・デ・スマラガ、トマス・フェルナンドの四神父とホアン・デ・アバディア修道士の五人で、アウグスチノ会士は、ディエゴ・デ・ゲバラ、エスタシオ・オルティスの二神父であった。

日本の国土に強い使命で降り立った托鉢修道会の宣教師団は、フランシスコ会は関東以北で、アウグスティノ会は豊後で、大名や信徒の懇請《こんせい》があったドミニコ会は薩摩で、かすかな希望が見える政権の下、仏教界や異教徒からの妨害、イエズス会との相剋《そうこく》などを乗越えながら宣教の道を歩み始める。

内藤如安兄妹《ジョアンとジュリヤ》 有馬の地で再会

関ヶ原戦に勝ち、権力を手にした徳川家康は、海外交易での利を求め、キリシタン宗団の動静については黙認の態度であったが、大名や仏僧の中には宣教に勢い付いたキリシタンを潰《つぶ》そうとする動きもまた処々で見られるようになった。
「嘗《かつ》ては太閤様の夫人の一人で、主君の薨去《こうきょ》後、京都に嫁して来ていた一貴婦人がいた。この夫人は肺を病んでしかも産褥《さんじょく》にあり、もし安産が出来れば子供と洗礼を受けると天主に誓った。彼女は目出たく分娩《ぶんべん》し共に約束を果たしたが間もなく亡くなった」（『日本切支丹宗門史』上パジェスｐ八九、以下『宗門史』）。

この貴婦人とは、前田利家の三女摩阿《まあ》姫で、秀吉の側室となって加賀殿と称された人である。彼女は、秀吉生存中に大奥を出て、京の権大納言万里小路充房《までのこうじみちふさ》の側室となり、前田利忠を産んだ後、内藤ジュリヤにより母子共に洗礼を受けた。

この受洗のことで、阿弥陀宗の長老の怒りに触れたジュリヤは、内府の「ジュリヤを罰せよ」との命令もあって、オルガンティーノ師の勧めで、有馬に去ることになる。

慶長十（一六〇五）年十月、摩阿姫が臨終の床で望んだ教会での葬儀が、仏式で強行されたとの噂が都での評判となった。なお四女で秀吉の養女となった豪姫は、備前・岡山城主宇喜多秀家に嫁《とつ》ぎ、数奇な運命を共にすることになる。

この二人をキリスト教に導いたのは、肥後・宇土城で加藤清正と死闘を遂げた挙句、清正の禄を食《は》む道を選んだ小西行長の重臣内藤如安の妹内藤ジュリヤであった。

ジュリヤを大坂城のおね(北政所《きたのまんどころ》)に伺候させたのは行長の母マグダレナであり、尼僧であったジュリヤを回収に導いたのは、ヴィンセンテ法印であったと言う。法印が在京中の文禄四(一五九五)年頃のことと思われる。

「ジュリアは秀吉の死(一五九八年八月)後もしばらくおね(北政所《きたのまんどころ》)の許にあって、おねと親しかった秀吉の側室加賀殿、秀吉の養女豪姫をキリシタンに導いた」(『聖書武将の生々流転』楠戸義昭)とある。

慶長六(一六〇一)年、大坂にあったジュリヤを「彼女は改宗の時、阿弥陀の画像を焼却したほか、夫が知らぬ内に婦人をキリシタンに改宗させている。彼女を死刑か追放かに命じて戴きたい」と阿弥陀宗の高僧が、家康に告発した。

オルガンティーノ師は、彼女に危険が迫っていることを知り、全住民がキリシタンで司教や巡察師が逗留し、兄がいる肥後も近い有馬領へと渋る彼女を送り出した。

永禄十一(一五六八)年、織田信長から京都奉行に抜擢《ばってき》された木下藤吉郎(秀吉)は、堺の富裕な商人小西立佐と親交を深め、次男の行長を「我が子と見なす」ほどの寵愛ぶりであった。

天正十五（一五八七）年、秀吉は九州薩摩征伐に当って、堺商人が海賊防衛のため所有していた水軍を、南下する秀吉軍の輜重《しちょう》補給船団とし、その管理を行長に任せた。小西行長が、秀吉から艦隊司令長官に取立てられたことで、武家社会に疎《うと》いことを案じた父立佐は、信長から鞆《とも》の浦に追われていた将軍足利義昭が、京都還御を許され、供奉《ぐぶ》していた旧八木城主ジョアン内藤忠俊が、義昭の許を離れるのを知って、「行長を支えて欲しい」と家老格での随身を懇願した。

一五八四（天正十二）年、河内・岡山城主結城《ゆうき》ジョアンが、小牧・長久手で戦死の後、お家は断絶となる。そのため家老ジョルジュ結城弥平次は、大坂・高槻城主高山右近に仕えたが、右近が明石六万石への転封の際、これまた立佐の懇願に依ったか、行長の家臣となった。

立佐の思惑《おもわく》通り、二人は卓越した能力を文武に発揮して行長の両輪となった。

文禄元（一五九二）年侵攻の朝鮮役《ちょうせんのえき》で行長に従った如安は、文禄二年七月、日本国の和平講和使節として宗義智《よしとし》家臣三十名を従え、一年四ヶ月の苦難の道のりを経て明国・北京へ辿《たど》り着き、北京での講和使節の任務を果たす。

後方の肥後小西領は、矢部の愛藤寺城代の弥平次が守った。

慶長五（一六〇〇）年九月十五日、徳川家康側七万五千の東軍と豊臣秀頼方八万の西軍が、関ヶ原で激突する。西軍の小西行長隊は、東軍に追われ、北方の伊吹山に逃れた。

九月十九日、小西行長は、息吹山山中で関ヶ原領主竹中重衛門に召捕られる。十月一日、小西行長、石田三成、安国寺恵瓊《えけい》ら西軍敗将の中でこの三人だけが京都六条河原で処刑された。

小西行長（一五五八～一六〇〇）は、四十三年の生涯であった。

慶長七（一六〇二）年、家康顧問団の一人・僧承兌《しょうたい》が私的書翰で「キリシタン弾圧」を勧告するのを待つまでもなく、加藤清正は、併合した旧小西領の安定に伴い「宿敵小西への憎悪」を剥出《むきだ》しに、キリシタン武士を法華信徒に転宗させる動きを、肥後本妙寺開基日真上人の力を借りて始めていた。

棄教を誓約した者には手厚く、肯《が》じ《えん》ない者からは俸禄・家財を奪い、「村八分」の干乾《ひぼし》策を取り、人質を取って逃亡を防ぐなど執拗に棄教を迫った。

「真のキリシタン」の「殉教やむなし」という窮境《きゅうきょう》に、有馬から日本人初の司祭にあばら(姓・NIABARA)ルイス(平戸生)が、慰問と激励のために派遣された。副管区長パシオ宛の内藤如安や長男トマス好次、ジョルジ弥平次らの書翰には、「殉教の覚悟」をルイスにより励まされたとある。

加藤清正が、宇土城陥落の後、内藤如安を肥後に残すための条件は、「如安がキリシタンであることを保証することと、領民に棄教を求めないこと」であった。日本に轟く武将内藤如安の力を知っていた加藤清正は、条件を受け入れた如安に五千石、嫡子采女に三千石の扶持を与えた。

しかし、一年半に亘《わた》った迫害で、信徒の死を知られた時の家康の思惑《おもわく》を懼《おそ》れたのであろうか、清正は迫害の鉾先を緩《ゆる》め、弾圧に耐えた者の国外追放に転じた。

内藤如安、結城弥平次ら一族郎党が落ち着いた先は、司教や管区長がいて教会のある、対岸旧知の有馬晴信領であった。

天正十八(一五九〇)年四月、ガスパル・コエリュ師が「心に慰安を齎《もたら》す場所」としていた加津佐村の修道院で帰天し、遺骸は口之津から船で、日野江城下の百人の会員がいるミゼリコルジアの建物に運び安置された。

翌日、棺を教会へ運ぶ葬儀の列に肥後から馳せ来た如安、弥平次がいた。

「先頭には一方をドン・プロタジオ（有馬晴信）が進み、他の側を丹波の国守の息子であった内藤ジョアン殿が行き、その後をアゴスチィノ（小西行長）の一兄弟と（結城）ジョルジ弥平次が続いた」（『日』巻11・八九章p四〇五）。

有馬の地は、二人にとり聖なる慰安の地であった。有馬に着いた如安らを迎える晴信や司祭にまじり、再会に胸躍らせる妹ジュリヤの姿もあった。

「有馬晴信の島原に一時身を寄せた内藤如安は、高山右近の斡旋《あっせん》によって、客将として加賀百万石の金沢に迎え入れられる。その時期は正確にはわからないが、慶長八（一六〇三）年と思われる」（前出・楠戸義昭）。

如安は能登に居を構え、「もと丹波の大名内藤飛騨殿の妹内藤ジュリヤは、自ら国を離れていたが、結局、大坂に帰って来た」（一六〇三年『宗門史』上・p一一八）。大坂に戻ったジュリヤは、やがてモレホン師らの指導で、ベアタス（Beats）という、女子の救済と布教を目的とした日本初の女子修道会を京都で発足させた。

結城弥平次（五八歳）は、佐賀鍋島一族が蟠踞《ばんきょ》する神代城に隣接した、北方警備の要衝・金山《かなやま》城（別名結城城）城代として三千石を与えられ、愛藤寺城代十三年のキリシタン武将としての統治を活《いか》すことになった。

一六〇九（慶長十四）年一月の、マドレ・デ・デウス号襲撃の際は、小船群団を率いて長崎港に参戦し老体ながら奮闘している。

一六〇二（慶長七）年六月、マニラの托鉢修道会三会派の来日で通商が再開され、イエズス会によるポルトガル独占貿易へ脅威となる東南アジア交易が始まった。交易は、生糸・毛織物を輸入し、輸出は船具に利用される大麻《たいま》、火薬・鉄・釘類や硝石・弾丸が主で、時に梨・塩漬けマグロ・ハム・乾パンなどもあった。また宣教師の紹介状があるキリシタン商人が異教徒の商人より有利な取引が出来るなど、マニラ交易にもフランシスコ会の宣教師が関わっていた。

一六〇三（慶長八）年四月、長崎奉行寺澤広高が更迭《こうてつ》され、元三河の大名「小笠原一庵といふて法體《ほってい》（僧体）の人を差下さる」（『通航一覧』「五本長崎記」）。

家康の信頼を取戻そうとする寺沢広高は、本城の唐津から「キリシタン武士の追放、改宗、教会・十字架の破壊」を新領の旧小西領天草へと広げていった。しかし天草では司祭を追放すれば、領民の島外逃亡が予想される事態に迫害を止めざるを得なかった。

加藤清正は、なお八代に残る「全キリシタン役人の虐殺」を麦島城代三宅角左衛門に命じ、法華宗の日真上人を派遣し、キリシタン武士が「法華経」を頭上に掲げる「踏み絵」で棄教を迫った。

商人や職人を捕らえれば町が寂《さび》れると弾圧を武士に限ると、表向きは棄教しても信仰は心に残すと言いながら、魂を失う者が続く中で、ヨハネ南五郎左衛門と妻マグダレナ・養子ルイス、シモン武田五兵衛と妻アグネスと母ヨハンナの信仰は堅固であった。これら全員は、行長の肥後移封に伴い西下していた関西生まれの者達であった。

十二月八、九日の両日にかけて六人全員が殉教者となる。

彼らの殉教を伝える『宗門史』上（p一〇九～一二五）の虚実綯交《ないまぜ》のような記述は、以後日本の各地で起きる厳粛で崇高な「殉教」と冷酷で無慈悲な「権力」との対比を記して劇的である。

八代には三人の慈悲役がいて教会の管理に当たっていた。ヨワキム渡辺次郎左衛門、ヨハネ服部甚四郎、ミカエル三石彦右衛門である。

難教者たちは、この慈悲役から福音書の「主の御受難」や「殉教者伝」を聞き、「総告白」をして「主祷文」三回、「天使祝詞」三回、「使徒信経」や「玄后憐れみの母」を唱え、死に臨んでは心を乱すことなく躊躇《ためら》わず首を延べ、十字架上からは鉾先を奮わせる槍遣いを励ました。

三宅角左衛門は、配下の「心友」シモン五兵衛をどうにかして助けたいと奔走《ほんそう》するが、「ピラトのように政策のために、自分の地位を守ために、義人《ただしいひと》の死に敢《あえ》て反対しなかった」と自身の弱さを露呈して終わる。

一六〇〇年十二月八日、聖母御胎《おんやどり》の祝日、熊本でヨハネ南五郎左衛門は斬首となり、翌日、シモン武田五兵衛は八代の自宅で斬首となった。

遺骸は、「復活の希望」を託し、祝別された墓地がある有馬領や長崎の地に運ばれた。この後、肥後も暫くは穏やかであった。

一六〇四（慶長九）年八月頃、まず三人の慈悲役の一人、ヨハネ服部甚四郎が逮捕され、次いでミカエル三石彦右衛門、ヨワキム渡辺次郎左衛門は長《なが》不在であったので妻のマリヤが逮捕されたが、やがて長崎から帰り妻と代わった。

一六〇六年八月、臭気の激しい獄内でヨワキムは病気に罹り息絶えた。

一六〇九（慶長十九）年一月十一日、「四年来囹圄《れいご》の中に呻吟しながら、なおもそこで伝道を続けていた」二人に、加藤清正は「妻もろ共斬首」の言を変えて、ミカエルの子トマス（十二歳）とヨハネの子ペトロ（六歳）との斬首を命じた。

「奉行は三人の最初の殉教者の遺骨を細かに切り刻ませたが、（時を置いて殺した）幼いペトロの遺骸はそのまま手を付けるなと云ったので、キリシタンらは、その遺骨をそっくり埋葬することが出来た」（『宗門史』上・p二二六）。

一六〇二（慶長七）年八月、平戸上陸のアウグスチノ会士は、加藤清正への推薦状を持参していたというが、迫害中の清正に招聘《しょうへい》の意志はなかった。従って、京都のゼロニモ・ヘスス神父に、豊後・臼杵《うすき》城主稲葉貞通を紹介されて臼杵に向かった。

薩摩領主島津家久は、家康の意向を恐れて、迎えた五人のドミニコ会士を、まるで「去れよかし」と言わんばかりに離島の甑島《こしきじま》に放置した。

その後、家康に伺候したアロンソ・デ・メナ師が「日本滞在の許可」を得たので、家康への恐怖が消えた義久は、メナの仲介でマニラとの交易を思い立った。

一六〇五（慶長十）年、薩摩入港のスペイン船が嵐のため沈没すると「貿易に依存する布教がディオスのみ旨《むね》にあらず」としてドミニコ会士らは交易事業から撤退を決める。

一六〇六年、所用で長崎にいたメナ神父は、深堀入港のドノソ船長と出会い、深堀茂宅から佐賀・鍋島勝茂への紹介で、鍋島領での宣教の機会が与えられた。ドミニコ会の佐賀での宣教は、イエズス会のすざましい排斥の対象となった。

第七章　有馬セミナリヨ　旅立った若者たち

一五六七（永禄十）年六月頃、「口之津港に三艘のポルトガル船が碇泊していた」（『日欧交通史の研究』岡本良知）とあるように、そこは古くからの交易港でポルトガルや中国の商人などが居住しており、港周辺は異国情緒が漂《ただよ》う国際的な港町であった。

一五七九（天正七）年七月二十五日、東インド巡察師アレシャンドロ・ヴァリニャーノ（一五三九～一六〇六）は、レオネル・ド・ブリトの船で、ローレンソ・メシア神父、オルヴェリオ・トスカネル修道士を伴い、豊後に続き「新しい布教地」と期待される有馬晴信口之津への初上陸は、聖フランシスコ・ザビエルの鹿児島上陸以来三十年が経過した日本宣教への梃子入《てこい》れであった。

レオネル・ド・ブリトの船が、有馬援助に武器・鉛・硝石などをもたらしたとの噂は、日野江城を包囲し、攻勢中の龍造寺を和睦に向かわせた。

しかしイエズス会の援助の代償には、教会の建物や生活の用地を提供するとして「大小合わせて四十を超える神仏の寺社を破壊」し、僧侶放逐《ほうちく》の必要もあった。

上陸のヴァリニャーノ師は、大村・有馬の神父を口之津会議に招集し、ヨーロッパとは全く異質な日本社会に、理想的なキリスト教王国を実現するための諸施策を提案した。この頃の彼は「通常、真夜中になって床に就き、午前三時には離れた」と云うほどの仕事への取組みぶりであった。

なかでも日本人司祭の育成を目指した「一般青少年の教養に役立つすべての学問と技芸を教える」という、イタリアのヒーマニズムを基調とした「世界教育史上、画期的《かっきてき》なセミナリヨ（苗床・小神学校）、修練院、コレジヨ（大神学校・学林）」の設置や、書籍印刷のための金属活字印刷機の必要などの提言は刮目《かつもく》に値《あたい》した。

一五五一（天文二十）年、イエズス会によってにローマに設立されたコレジヨは、翌年には、ドイツにも創立されるほど十分な目的意識を有していた。

一五六七（永禄十）年五月、大学卒業後のヴァリニャーノ師もローマ・コレジヨで勉学し、同級生には後の総会長アクワヴィーヴァ師がいた。

日本人の「司祭の育成」には、布教長カブラルらの強い反対があったが、司祭の誕生は、日本教会の自立のため、喫緊《きっきん》の重大事との考えに揺《ゆる》ぎはなかった。
日本を下《しも》・豊後・都と三教区に分け、教区内の政治状況に応じた学校設置が執《と》られた。「有馬領のキリシタン宗団は有馬・有家・口之津に存在したが、セミナリヨはそのうち筆頭の有馬に設け」、収容生徒は「当地出身の少年たち」とし、ラテン語取得とキリスト教理への適応を考えてのことであったろうか、原則として「地位の高い貴族で、その三分の二は十歳から十七、八歳までの少年とし、三分の一は大人とする」（『日本巡察記』p六九）とした。

豊後では、「臼杵に練習所（修練院・一五七九年十二月）を設立し、ポルトガル人、日本人にして前より入会を希望していたる者（五人）が入所し、他にも下《しも》より来たらんとする者あり」、また「府内の住院は、今後イルマン等の学習を継続すべきコレジヨ（一五八一年三月発足）となし、練習所を出たる後、年齢及び時の許すかぎり在学すること」として、ヴァリニャーノ構想の中核を豊後に置いた。

都では、「セミナリヨ校を開始せんとし、すでに身分高き貴族の少年約二十二名を集め、（中略）巡察師《ビジタドール》の司祭《パードレ》の到着（一五八一年四月十四日安土着）を待ちてセミナリヨを建築すべき地所を選定せんとす」（ローレンソ・メシア「一五八〇年度・日本報告」）

との状況で、織田信長の援助を受けて首都に相応《ふさわ》しい充実した内容から更なる伸張が期待された。

有馬セミナリヨは、「一五八〇年四月三日の復活祭の直後に開校した。（中略）ここに二十二名の生徒をもってセミナリヨの授業が始まった」（『有馬のセミナリヨ』H・チースリィク）とあり、日本最初の神学校の発足であったが、「教師・卒業生が一人一人過酷な運命をたどらなければならなかった学校の幕開《まくあ》きでもあった」（遠藤周作『走馬燈』p六八）。

一五八〇年、発足時の有馬セミナリヨに、原マルチノ、中浦ジュリアンが、翌年に伊東マンショ、千々石ミゲルが入学する。直に「天正遣欧少年使節」に選ばれた少年たちである。

伊東マンショ、中浦ジュリアンは幼児期に受洗、千々石ミゲルは一五八〇（天正八）長崎入港のミゲル・ダ・ガーマ司令官を代父として受洗し、原マルチノも出発前には洗礼を済ましていたと思われる。

有馬セミナリヨでの就学間もない四人は、ローマへの途次、ラテン語はメスキータ神父、日本語はジョルジュ・ロヨラ修道士に学んだ。

一五九〇（天正十八）年七月、帰国直前のマカオでジョルジュ修道士は客死するが、四人は、八年五ヶ月の艱難辛苦《かんなんしんく》の年月を経て青年として無事帰国する。

七月、四人は天草の修練院でイエズス会への入会が許され、二年間の修練期を経て、コレジヨで勉学を続けたが、九七年のコレジヨの閉鎖で長崎に移動する。

一五八八（天正十六）年の当初、有馬領の八良尾《はちらお》セミナリヨ・在籍五十一名に、安土から京都・高槻・大坂・生月《いきつき》・壱部《いちぶ》、長崎と移転を続けた十九名が加わった全七十名の名簿を柳谷武夫氏は『セミナリヨの生徒たち』として作成された。

なお結城了悟師は一五八八年までの『有馬セミナリヨ卒業生名簿』を作成

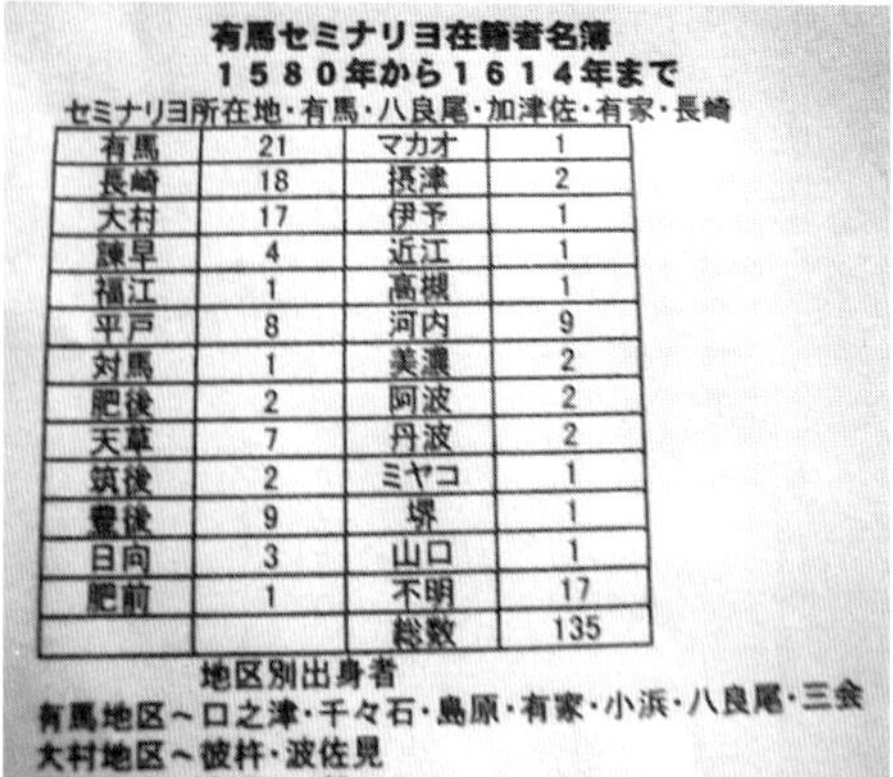

有馬セミナリヨ在籍者名簿
１５８０年から１６１４年まで
セミナリヨ所在地・有馬・八良尾・加津佐・有家・長崎

有馬	21	マカオ	1
長崎	18	摂津	2
大村	17	伊予	1
諫早	4	近江	1
福江	1	高槻	1
平戸	8	河内	9
対馬	1	美濃	2
肥後	2	阿波	2
天草	7	丹波	2
筑後	2	ミヤコ	1
豊後	9	堺	1
日向	3	山口	1
肥前	1	不明	17
		総数	135

地区別出身者
有馬地区～口之津・千々石・島原・有家・小浜・八良尾・三会
大村地区～彼杵・波佐見
平戸地区～生月・一部

図１・有馬セミナリヨ在籍者名簿

し、百三十五名を採録されている。（共に北有馬町『有馬セミナリヨ』関係資料所蔵）。

これから出身地別人数を表にしたものが図1である。

一五九三（文禄二）年、マカオに日本では設置が出来なかった神学課程のコレジオを設立したヴァリニャーノ師は、九四年にポルトガル人二名、日本人三名を、九五年にポルトガル人三名、日本人二名を呼び寄せた。

木村ミゲル（平戸）、山田飾屋《かざりや》ジュリアン（堺）、にあばらルイス（平戸）、徳丸マテオ（豊後）、木村セバスチヤン（平戸）らの五名である。

前記五人の中で、木村ミゲルが追放され、徳丸は病没して残り三人が、一五九八（慶長三）年に副助祭となる。

一五九八年八月五日、肩書きが「日本の巡察師」となったヴァリニャーノ師と共に司教ルイス・セルケイラ、ヴァレンティン・カルヴァリヨ、ギォヴァニー・ポメーロら四人の神父に加え、マヌエル・フェイラ、バルタザル・コレアら二人の修道士が長崎港に上陸した。

巡察師として最期の日本訪問である。

十月、セルケイラ司教と最終来日のヴァリニャーノ師は、式見マルティノ、平林マンショと氏名不明（マカオで歿）の三名を乗船して来た船で修学のためマカオへ派遣する。

一六〇〇（慶長五）年八月十三日、オラチオ・ネグレッテ船長の船で、五人の神父が長崎に到着し、修学を終えた九人の神父や修道士が戻ってきた。中に副助祭になった四人の日本人修道士セバスチャン木村、ルイスにあばら、山田飾屋ジュリアン、病気のため会を離れるアンデレ町田（口之津出身）がいた。

九月の四季の斎日には、セルケイラ司教により、木村セバスチャン、にあばらルイス、山田ジュリアンが、助祭に叙された。

一六〇一（慶長六）年三月、マカオ・コレジオ院長に任命されたヴァレンティン・カルヴァリヨ神父は、伊東マンショ、中浦ジュリアン、草野アンドレ、結城ディエゴら四人の日本人修道士を連れてマカオへ出発した。

この頃千々石ミゲルはイエズス会を脱会し大村喜前《よしあき》に仕え、棄教したとされる。

一六〇一年九月、セルケイラ司教により四季の齋日《さいじつ》に、日本人初の司祭に叙階されたのが木村セバスティアンとにあばらルイスで、直前に山田ジュリアンは病没している。

聖サビエル師念願の日本人司祭誕生は、ヴァリニャーノ師やセルケイラ司教による学校制度によって二十二年目の初穂となった。まことに厳しい環境と時代を乗り越えての司祭の誕生である。

にあばら神父の当初の赴任は有馬コレジヨで、そこから肥後・薩摩のキリシタンを巡り忍耐強く激励・慰問を続けた。

一六一二（慶長十七）年六月、有馬直純の「宣教師追放」の際には有馬に潜伏し、「隠れ場で許しの秘跡」を続けたという。一六一八（元和四）年六月、追放先のマカオから「母国を助けに」と日本潜入を志《こころざ》すも、台風による海難で消息を絶った。

木村セバスチャン神父は天草に赴任、一六〇七（慶長十二）年から一二（慶長十七）年までの五年間は加津佐の司祭館にいて、岡本大八事件と有馬晴信の失脚に続く背教した有馬直純によって有馬キリシタン王国が崩壊していく様子や、有馬領住民に殉教の血が流されるのを、にあばら神父と見守っていたはずである。

禁教令下では、圧倒的に日本人司祭が必要とされた。二人の司祭は、有馬・天草と、決して華やかではない地域で宣教生活をスタートさせている。長崎で、都で彼らをゆっくりと育てる余裕はなかったのかも知れない。

一六一四年の「伴天連追放」では国内に残った木村セバスチャン神父は、司祭職十一年の一六二一（元和七）年六月二十九日、長崎で宿主トマス赤星らと共に逮捕された。

一六二二（元和八）年九月九日、入牢の大村からの二十五人と、長崎桜町牢からの同宿を主とする男女子供三十人とが、二十六聖人殉教の地で処刑されることになった。

九月十日朝、まず三十人が斬首され、二十五人が火刑に処せられた。

元和の大殉教と称せられた犠牲者は、後、教皇ピオ九世により福者に列された。

一六〇二（慶長七）年、長崎の大火により有馬領に避難した神学校についての記述がある。そこは、新夫人ジュスタを迎えるために建造した邸宅であった。

「ヨーロッパ、インド、マカオのコレジオから、この日本のキリスト教会を助けるために、この地に渡来するパーデレ、イルマンたちが、日本語を学んでいる。このコレジオと同じ階に、日本現地人生徒たちのセミナリオがある。彼らのことを当地でわれわれは同宿と呼ぶ。（中略）同宿たちは、有馬のセミナリオに九十一人いる」（一六〇二年十二月二十八日・フランシスコ・カルデロン）とある。ここでの「有馬コレジヨ」は、渡来してきた宣教師の日本語学校で、哲学・神学を講じるはずのコレジヨの体をなしていない、名ばかりのコレジヨであった。

一六〇三（慶長八）年十月のマカオ・コレジヨの名簿には、式見マルティノ（有馬生）、平林マンシオ（豊後生）、伊東マンショ（日向生）、中浦ジュリアン（西彼中浦生）、草野アンドレ（筑後生）、結城ディオゴ（河内生）、溝口アウグスチノ（大村生）、石田アントニオ（島原生）ら八名が記載されている。

この内、一六〇四（慶長九）年に溝口アウグスチノ、一六一五（元和元）年に平林マンショが亡くなり、会計の仕事を志していた草野アンドレは消息不明とある。

一六〇四、五年頃、伊東・中浦の二人は帰国する。この間、原は長崎にいた。

一六〇六（慶長十一）年、三人は副助祭、七年に助祭となる。

一六〇八（慶長十三）年九月、セルケイラ司教により長崎・聖母被昇天の聖堂で司祭に叙階される。日本人では四番めとなる司祭叙階であった。原はマカオ留学なしの司祭叙階で、いかにその才能が評価されていたかが推察される。

一六〇九～一〇（慶長十五）年頃、辻トマス（大村彼杵生）、石田アントニオなどが司祭となる。

一六一二（慶長十七）年十一月十三日、伊東マンショ長崎で歿。

一六一四（慶長十九）年十一月は、原マルチノがマカオで歿した年である。

一六三三（慶長十）年十月二十一日、中浦ジュリアンは長崎での穴吊《あなつる》しによって殉教した。同時に吊されていたクリストヴァン・フェレイラは「片手を振って」棄教を申しでて、幕府の目明しとなり沢野忠庵と呼ばれた。

また棄教・改名し取締り側に寝返った日本人司祭に、了伯荒木トマス（有家生、ローマで叙階）、了順後藤ミゲル（長崎生）がいたとされる。

ジュリアンは四人の使節の内ただ一人、福者に列される。

平成二十（二〇〇八）年十月一日、教皇ベネディクト十六世の謁見式に、小佐々学氏（ジュリアンの叔父で十四代めの子孫・埼玉在住）は、モンティによるジュリアンの写実画とカルデイン画の穴吊し図を胸に参列し、教皇から「少年使節の子孫ですか」と語りかけられた（『大村史談』六十号）と云う。

一六〇一～三四年の三十三年間の、日本人司祭は二十九名（イエズス会二十二・フランシスコ会一・ドミニコ会四・アウグスチノ会二）で、教区司祭十二名を加えて、皆で四十一名とある。

有馬領出身の司祭は、西ロマノ（一五七〇?～一六三九・口之津生）、町田マティアス（一五八一?～一六三四・口之津生）、式見マルティニョ（一五七六?～一六四二・有馬生）、石田アントニオ（一五七〇～一六三二・島原生）の四名、西ロマノはカンボジアで、町田アントニオはマカオで没している。

一六三九（寛永十六）年五月、徳川家光の前で、ジョヴァンニ・バプティスタ・ポッロ神父、式見マルティニョ、ペトロ岐部らが吟味を受けた。

そこに三人を棄教させるために沢野忠庵が呼ばれた。

牢屋で拷問の末、「コンパニヤ寿庵《ポッロ》、マルチィニヨ市左衛門《しきみ》、コロバセ念仏申させ候由、その後、筑後守所へ召寄せ、一両年指置き候所に、二人ともに病死仕候由、きべぺいとろはコロビ申さず候、つるしころされ候」（「契利斯督記」）とある。筑後守とは、大目附井上筑後守政重である。

一応棄教と見做《みな》されたポッロ神父と式見神父は、釈放はされず獄に繋がれたまま病死したとされる。棄教しなかったのかも知れない。

また、きべぺいとろに「穴吊しの拷問の後に行われたもう一つの拷問は、当時のキリシタン処刑によく見られるように起立した十字架に結えつけられ、足許からとろ火でじわじわと焼き尽くすという方法ではなく、腹の上に燃えた薪木を置いてゆっくり時間を掛けて焼き殺す方法がとられた」（『ペトロ岐部カスイ』五野井隆史）とあって、穴吊しで絶命しなかったので引き揚げた後、薪により改めて焼き殺された。その間、ぺいとろは「転び申さず」と言い続けたという。

ゴアからローマまでラテン語を頼りに歩いて到達した偉大な戦士ペトロ岐部の死は、一六三九（寛永十六）年七月頃であった。日本人司祭として、二〇〇八年福者に列されている。

島原半島の中央に聳《そび》える雲仙岳は、古来「温泉山修験《うんぜん》」の霊地であったが、有馬義貞、晴信父子のキリシタン入信により「霊地」から「硫黄《いおう》を含みたる熱湯の地獄」の山となっていた。

一六二七（寛永四）年二月、島原領主松倉重政は、「地獄」を拷問の場とすることを思い立ち、パウロ内堀作右衛門など十六名を硫黄湯の中で惨殺する。

長崎奉行水野河内守に続く奉行竹中采女正《うねめのかみ》も、松倉重政の「地獄責め」を踏《とう》襲《しゅう》した。

一六三一（慶長八）年十二月、石田アントニオなど五人の修道者とポルトガル人船長アントニオ・ダ・シルバの日本人妻ベアトリス・ダ・コスタと娘マリアの七人を極寒の雲仙へ「山入り」させ、硫黄熱湯を三十三日間浴びせ続けた。女性二人の親子は追放となり、これに堪えた五人と追放された親子の代わりに十字架のヒエロニモ・ジョーと称された俗間司祭ヨハネ・ゼロニモ城（豊後生）の六人が、三十二（寛永九）年九月三日、西坂刑場で火炙により処刑された。

城と共に石田アントニオ神父（六十三歳）も四十三年間の神への奉仕で、福者に列される。

イエズス会内の日本人司祭で、「盛式誓願司祭になった者は一人もいなかった」（『キリシタンの世紀』高瀬弘一郎）ので、イエズス会の中枢を形成し、要職に就くことはなかったが、ぼろぼろの己《おのれ》を鞭打ちながら、キリシタンを鼓舞しつづけた最後の司祭の一人が、京阪地方にいたという小西行長の孫とも云われる小西マンショ（対馬生）であった。一六四〇（明正十七）年のことである。

『セミナリヨ卒業生名簿』から有馬領出身者を集めてみた。

1・あいのジョアン（愛野）一五八四年セミナリヨ入学、詳細不明

2・千々石ミゲル（千々石）遣欧少年使節の一員、棄教・退会、大村、有馬で仕官

3・中尾マチィアス（小浜）一五八五年入学、ラテン語に堪能、一五九八年没

4・竹庵ペドロ（口之津）印刷従業、一六二二年、マカオで没

5・町田アンドレア（口之津）一五九七年、病でマカオから帰国、その後不明

6・町田マティアス（口之津）マカオで司祭叙階後も帰国せず、マカオで没

7・アンドレ・ロペス（口之津）一六一九年マニラで叙階、フランシスコ会司祭

8・北（喜多）パウロ（千々石）一六三〇年拷問に屈す、イエズス会放逐

9・西ロマノ（有馬）一六三一年マカオで叙階、山田長政と親交、カンボジア没

10・式見マルチィノ（有馬）イエズス会司祭、東北地方で活躍、後、棄教カ？

11・ペトロ・リンゼイ（有馬・八良尾）同宿、一六二六年長崎で殉教

12・伊東ジョアン（有家）一六〇七年イエズス会入会、一七年退会し二五年再入会

13・荒木トマス（有家）一六〇一年頃ローマで司祭叙階、一六一五年帰国、棄教
14・石田アントニオ（島原）イエズス会司祭、一六三二年西坂殉教
15・西フランシスコ（島原）西ロマノと兄弟カ、一五九八年イエズス会退会
16・山田リノ（島原）一五八四年セミナリヨ入学、山田右衛門作に擬せられる
17・大町ロウレンシオ（三会）一六〇二年イエズス会入会、一六二〇年マカオで没
18・守山ミゲル（守山）一五八五年入学、マカオで没
19・古賀マリノ（古賀）一五八六年イエズス会入会、古賀殿子息、マカオで没
20・とんのジョルジョ（古賀）セミナリヨ院長補佐、一六四六年マカオで没
21・ペトロ・ジョアン（口之津）一六〇二年イエズス会入会、南蛮絵師

一六〇三（慶長八）年一月十五日、滞在四年五ヶ月、最終の日本の旅を終え、長崎港を後にしたヴァリニャーノ師は、イエズス会総会長アクワヴィーヴァに日本巡察師職務を返上し、余暇を『日本キリスト教史』の完成に充てていた。

「私はこれまでインドから日本へ三回赴きました。もしデウス様が私にお許

し下さるなら、来年の七月以降に四度目の旅に就くでありましょう」（総長アクアヴィーヴァ宛・一六〇四年ヴァリニャーノ書翰）。

一六〇六（慶長十一）年一月二十日、ヴァリニャーノ師は、日本宣教に大きな足跡を残した生涯をマカオで閉じた。六十九歳であった。

シュッテ師は「彼は、最高度の理性、意志、肉体的能力、才能をもって溢れるばかりの責務に臨み、キリストへの奉仕に総てを賭した人物であったと言いえよう」との賛辞を述べておられている。

三度の来日の年度を記しておこう。

第一回・一五七九（天正七）年七月二十五日～八二（天正十）年二月二十日まで
　口之津港上陸、遣欧少年使節を引率し長崎港発

第二回・一五九〇（天正十八）年七月二十日～九二（文禄元）年十月九日まで
　インド副王使節として遣欧少年使節を伴い長崎に上陸

第三回・一五九八（慶長三）年八月五日～一六〇三（慶長八）年一月十五日まで

有馬キリシタン王国の崩壊

有馬晴信は、前後七年の朝鮮戦役で生死を共にした盟主小西行長からの西軍参加の要請には「天性刻薄人にて朝鮮陣中にても吾が儕《ともがら》に対して無礼の事のみ多く、諸将の軍労を皆己《おの》が有《ゆう》としてその功を専《もっぱ》にす」（『有馬世譜』巻三）として応諾《おうだく》せず、九州での東西軍対決の宇土城（城代隼人・行長弟）攻めには、加藤清正旗下《きか》に世子直純（一五歳）を陣代として参陣させ、自身は、眼疾《がんしつ》のため有馬に留《とど》まった。

直純の室ドンナ・マルタは、堺奉行小西ベント如清《じょせい》（行長兄）の娘で、宇土城主小西ルイス隼人《はやと》（弟）は叔父にあたるが、この戦への不参戦から生じる有馬家存亡の懸かった戦に、「縁戚」を理由に参戦を躊躇《ためら》う暇《いとま》などあろうはずはなかった。

一六〇〇（慶長五）年十二月、関ヶ原の戦勝祝賀で上洛した晴信父子は、直純の家康近習《きんじゅ》への出仕を喜んだが、実はこれこそキリシタン王国崩壊へと繋がるものであった。

一五九九（慶長四）年から「呂宋《ルソン》・柬埔寨《カンボジア》・安南・大泥《パタニ》・暹羅《シャム》」などへの、家康の異国渡海の朱印状発給が始まる。発給の申請《しんせい》には紹介者が必要で、その衝《しょう》の筆頭に年寄本多上野介《こうずけのすけ》正純がいた。希望地への発給状を巡っては金品の贈与などもあっただろう。

大名の朱印状貿易への参加は、島津忠恒、松浦鎮信、有馬晴信、鍋島勝茂、亀井茲矩（因幡）、加藤清正、五島玄雅、竹中正重、松倉重政、細川忠興などであり、商人では長崎、京、大坂、堺など六十八名の名が挙げられる。

「権現様、占城《チャンパ》の伽羅《きゃら》を求めさせ給ふ」時、晴信が「少々献じ」たのを奇貨《きか》として、更に占城からの買入れを命じて「銀子六十貫目など」を預けられた。

晴信は、「有馬家や島原地方にはそういう習慣」（『弥助と信長』ロックリート・トーマス）で、仕立《したて》た船の按針《あんじん》（パイロット）に南蛮人久兵衛を雇い、家臣五人を付けた。

一六〇八（慶長十三）年十一月、有馬ドン・ジョアンの船が、阿媽《マカオ》港で占城への順風を待っている時、倭寇《わこう》ぶりの日本人とポルトガル船員とが衝突し、日本人四十人余が殺傷された。有馬側は「五人が殺され、銀子や貨物まで奪われた」とは、逃げ延び帰国した按針の報告である。アビラ・ヒロンは「二人の家来が殺された有馬殿」（『日本王国記』）とする。

「この船の乗組員と土地の人々との間に争が起こり、双方に死者を出した。当時のポルトガルの司令官はアンドレ・ペッソアで、彼は若干の日本人に、日本側のみが悪いという証文に署名させた。この人々は帰国するや態度を変え、ポルトガル人に対する強硬な非難を駿河に持込んだ」（『宗門史』上・p二二四）。

一六〇九（慶長十四）六月二十九日、定航船《ナウ》ノッサ・セニョーラ・ダ・グラッサ号（マードレ・デ・デウス号）が、百万エクス余の現金とイエズス会士クリストヴァン・フェレイラ神父ら十人と草野アンドレ修道士ら二人を乗せて、二年の空白期を経て長崎に入港した。航海司令《カピタンモール》は、前マカオ統治官で軍人のAndre《アンドレ》 Pessa《ペソーア》である。

長崎奉行の長谷川左兵衛、出自《しゅつじ》は「常陸《ひたち》の大工」で武家ではない。家康の愛妾で妹の於奈津《おなつ》の贔屓《ひいき》の所為《せい》か、慶長八（一六〇三）年の出仕で、慶長十一（一六〇六）年三月以前に長崎奉行となった。

当時の奉行は、南蛮船入港時だけの長崎駐在で、家康の「買い物係り」並とされた奉行左兵衛と生粋《きっすい》の軍人ペソーアとの間では歯車が噛み合うはずはなかった。

入港のグラッサ船上に、左兵衛の配下が乗込み船荷の移動を禁じた。船荷への干渉を怒り、他港へ移動せんとするペソーアは、セルケイラ司教から「奉行は西国諸港に支配権がある」と忠告され、行き場のないまま長崎港に留《とど》まったが、デウス号を追跡して来た二艘のオランダ軍船が平戸港にいるのも動けない理由であった。

長崎での生糸交易は、一六〇四（慶長九）年から、家康とイエズス会の分を除き「糸割符制《いとわっぷせい》」（全品を一括購入《バンガタ》し、堺・京・長崎の商人に配分）で運用されていたので、イエズス会士の財務担当司祭《プロクラドール》は、「輸入品目や価格決定にも絶大な権力を持っていた」（『キリシタン時代の文化の諸相』高瀬弘一郎）。

財務担当には、イエズス会士の中でも最高位の盛式四誓願司祭が任命された。グラッサ号入港時の長崎プロクラドールは、セバスチャン・ヴィエィラで、ロドリゲス・ツヅの後任であったが、まだ職務内容に疎《うと》く、イエズス会の荷は「揚陸禁止」に該当しないことを知らず、荷はグラッサ号から揚陸されないまま、爆沈で海中に歿したと思われる。

長崎のイエズス会の三人組と称され一目置かれていたのが、コレジオ院長のメスキータ、準管区長のフランチェスコ・パシオとプロクラドールのロドリゲスであったが、「それぞれは余りに世俗に馴染《なじ》み過ぎていた」（一六一二年フランシスコ・ピレス書翰）のでいろいろと問題が生じていた。

家康の「買い物係り」で旨味《うまみ》を知るようになっていた奉行左兵衛は、代官アントニオ村山等安と組んで、自船によるマカオ交易を目論《もくろ》み、そのためには一五九八（慶長三）年以来のプロクラドールで、家康の通商代理人で「政商」的な存在のロドリゲス・ツヅと後楯《うしろだて》の日本管区長パシオが邪魔であった。

一六〇六（慶長十一）年、左兵衛がロドリゲスの排斥に「等安の妻ジュスタとの不貞」で解任を迫った時、司教セルケイラは「師は修道者らしい思慮分別を弁《わきま》えるよう」（『通辞ロドリゲス』マイケル・クーパー）との説諭でお茶を濁し、表向きの処罰はパシオに委《まか》せるにとどめた。

この間、平戸入港のオランダ船側は、三浦按針（家康外交顧問・ウイリアム・アダムス）の斡旋《あっせん》で、マカオ交易以上の成果を広言して「通商と商館設置」の許可を得た。家康にすれば、今後の交易は、イエズス会などに気遣う必要がないということであった。

左兵衛は、ペソーアの親善使節団が、家康に「マカオ事件調書」を提出しようとするのを、セルケイラ司教に頼み保留させ、その一方で「マカオ事件の顛末」を「生残りの一人」を連れた晴信から家康に報告させることにした。

家康が事件を知った時、ペソーアやロドリゲスの不誠実を難詰《なんきつ》するのを見越した上の奸策《かんさく》であった。

老齢で気短《きみじか》になっている家康は、晴信の報告に激怒し、「マードレ・デ・グラッサ号を捕獲し、ペソーア、乗組員の殺害、船荷の没収」を命じた。

一六一〇年一月六日（慶長十四年十二月十二日）、晴信は末弟純忠を将とする兵船や枯芝を積んだ漁船、烏船《くろふね》と同丈《どうたけ》の井楼船など、千二百人の兵士で攻撃し、グラッサ号は三昼夜の抗戦も空しく自沈する。

「イエズス会は、この時グラッサ号のカピタンと有馬晴信・長崎奉行との調停のために充分な役割を果たすことが出来ず、長崎奉行と貿易業務に深く関わってきたジョアン・ロドリゲス神父は長崎代官村山の策謀のために、一六一〇年三月、マカオに追放されてしまった」（『日本キリシタン史研究』五野井隆史）。

しかし、この件もまた謎が絡《から》み合った不可解な事件であった。

作家の阿部龍太郎は「イエズス会はグラッサ号が長崎に入港した時から、この船を晴信に撃沈させ、その恩賞として藤津郡を手に入れてドミニコ会を追い出すという計画を立てていた」（『なごみ』淡交社・二〇一五年三月号）と考察している。

安部説を裏付けるかのように、アビラ・ヒロンは『有馬は何百という人命」を失う激戦だったと云のに、京都にいた上長ペドゥロ・モレホンは「船が沈む前に死んだ者は極めて僅かであった。なぜなら商人の大多数は陸地にいたからである」として、ポルトガル商人はあたかも危険を察知していたかのような記述である。

またグラッサ号の自爆で「ポルトガル人は商品を失い、宣教師は二ヶ年分の補助金を失った」（『宗門史』上・p二四〇）筈であるのに、ロドリゲスは「金《きん》から得た利益だけが我々に残され～金取引ゆえに窮地を免れた」とする。というのはマカオの富裕な市民から委託された金を、長崎で銀と交換した司祭たちは、その銀をグラッサ号には積載せず、またマカオ市民には、「海上不損＝難破等の際には取引行為者の有限責任＝の免責を理由に、返済義務がない」（『商人と宣教師 南蛮貿易の世界』岡美穂子）として、交換した「銀」は陸に確保していた。

この「猫ババ」で「窮地」を免れたとすれば、これも「沈没」を見越した上でのことで、確かに陰謀があったことになる。

後日、この事実を知ったマカオ商人らの銀返済訴訟で、イエズス会側との長期の裁判となっていく。

グラッサ号受難の前日、ペーソアは洋上に脱出しようとする船上で「イエズス会の諸パレードが十二分に彼らの責務を果たして貢献した」（一六一〇年三月・日本司教証明）と最期までイエズス会を信じる訓示をして長崎湾口の藻屑と消えた。

十二月十五日、グラッサ号燔沈《はんちん》の報告のため、晴信は居城日野江を発《た》って駿府に向かった。

正月二十二日、「御所様悦被思召《よろこびおぼしめされ》、御腰物御直《おんじき》に御拝領、猶更《なおさら》に黒船の荷物以下迠被下置之由《までくだしおかれるのよし》」（『有馬世譜』巻三）。家康は晴信を「御称美《ごしょうび》」あって「御腰物・長光《ながみつ》」を下さり、海上の浮荷までも恩賞として与え事件は終着したのである。

ところが、グラッサ号撃沈の恩賞に「有馬旧領の牛津川より西、藤津・彼杵・杵島の三郡」が恩賞となるという甘言を、本多上野介の祐筆パウロ岡本大八がもたらし、晴信は「藤津」の語句に目を曇らせてしまった。

一五八四（天正十二）年の沖田畷《おきたなわて》戦で敗走の深江城主安富純泰が、鍋島の禄を食《は》んで藤津にいるのが許せず、もし我が領土となれば今度こそ抹殺出来るとの思いに囚《とら》われた。イエズス会の後押しもあったであろう。

恩賞が「領土」とあって、晴信の背を押したのは、家康擁護の恃《たの》みであった。

故父義貞は、龍造寺隆信に牛津川以西から追われ、「祖宗の基《もと》せし所にも非《あら》ず」と項垂《うなだ》れたが、晴信は、幕閣本多佐渡守に「有馬領の儀、紛《まぎ》れなく慥《たし》かなる証拠あり」（『勝茂公考補』乾）と言わせるものを持っていた。

この動きをいち早く察した、家康の信頼厚い、小城郡出身足利学校第九代庠《しょう》主《しゅ》（校長）の閑室元佶《かんしつげんきつ》（円光寺）は、西国大名の取次役の藤堂高虎など幕閣人脈への根回しや、多久長門守安順の「鍋島鎗先を以て切取の地にて御座候、其の故証文《しょうもんなど》抔と有る事は無御座候《ござなくそうろう》」（『勝茂公考補』乾）との抗弁などもあって、やがて道理に従った「裁許」が行われ、鍋島の勝利で落着となり、晴信とイエズス会の藤津をめぐる野望は砕け散ったのである。

一六〇六（慶長十一）年、甑島《こしきじま》のドミニコ会士は、「海港・京泊」に修道院とロザリオの聖母教会を設けた。そこから所用のため長崎に出掛けたアロンソ・デ・メナ神父は、関東航海の途次、ドミニコ会の帰依《きえ》者であるフランシスコ・モノレ・

ドノソ船長が、マニラ総督使節として深堀に寄港しているのを知って訪ねた。深堀領主鍋島茂賢《しげまさ》の知遇を得たメナ神父が「佐賀の大殿鍋島勝茂殿から教会建設の許可を戴けないか」と要請すると、「佐賀城下を除く」ことを条件に認められた。茂賢の兄主水《もんど》が、勝茂誕生までは藩祖直茂の養子であったという所縁の強みがあったからだろう。

一六〇七年五月、藤津郡（現鹿島市）の浜町でロザリオの聖母教会の献堂式が行われ、一六〇八年四月、佐賀城下（現柳町）に聖パブロ教会が設置された。

これらはドミニコ会士の「戒律」を認めた元佶《げんきつ》が、鍋島勝茂への進言により決まったものである。五月には、浜町教会が手狭《てぜま》になり、鹿島城門前で聖ビセンテ教会の献堂式と初ミサが挙行された。

佐賀領がイエズス会の空白地であったのは、龍造寺家滅亡の要因となった沖田《おきた》畷《なわて》戦《せん》で、有馬晴信の勝利はイエズス会の援助によるとの怨念や、遣欧派遣四少年の帰朝挨拶の仲介者に、長崎奉行であった藩祖直茂を選ばなかったことなどが重なり、遺恨に思う鍋島直茂が、イエズス会の佐賀立入りを許そうとしなかったためである。

しかしドミニコ会が次々と教会を建設するのに面目を潰《つぶ》された思いのイエズス会は、晴信の関心を「仇敵深江城主安冨がいる藤津」に導き、晴信の手でドミニコ会を追放させ、その後をイエズス会の宣教の地とする野望があったと思われる。「マードレ・デウス号、それに続く岡本事件では、イエズス会が〈策略〉を用い〈不正〉を働いた〈非道に〉原因があった」（一六一四年十二月・ドミニコ会メーナ神父書簡）という指摘がなされた。

慶長十五（一六一〇）年閏二月二日、越後福島四十五万石城主堀忠俊（一五歳）が、「藩内支配不届」の廉《かど》で改易となり、正室の家康の曽孫《ひまご》女国姫（一五歳）が離縁となった。その後、家康は、国姫の再婚相手に晴信の息子直純（二五歳）を選んだ。

家康の眼鏡に、直純がどのように適ったのか不明であるが、曾孫可愛さが優先したのではなかろうか。直純には、カトリックの儀式によって結婚し、すでに娘一人を設けた小西如清の娘マルタがいたが、父晴信ともども家康の指示に服した。

晴信の脳裏に、これで「藤津取得」が現実味をおびたとの期待があって、キリスト教の制約など無視してしまった。意を強うした晴信は、岡本大八からの、凡《およ》そ一年に亘る幕府要路へ渡すという金銀の要求に、南蛮貿易で得た財貨を以て応じていった。

直純の新夫人国姫の人柄について、イエズス会士フランシスコ・ピレスは「われわれが彼女のことを彼の妾と見なし、正妻とは認めていないことを知って、それに不満を持ち、夫にした男を異教徒にして、彼からキリスト教徒の名を奪おうと努めた」（一六一二年十月九日・書翰）と国姫の執念深さを指摘し、ドミニコ会士オルファネルは「傲慢《ごうまん》、癇癖《かんぺき》の、恐るべき悪龍のごとき、しかもキリシタンの残忍な敵、浄土宗の徒である女と同棲し始めた」（『日本キリシタン教会史』）と罵《のの》り、商人バゼスは「性質粗暴のために先夫を死に至らしめた者」とまで言い切っている。

晴信にしても「結婚の秘蹟」を踏みにじることを認めた結果、教会からは断絶の扱いを受け、自身には「獅子身中《しししんちゅう》の虫」を抱え込むことになった。

一六〇三（慶長八）年から、「糸割符」に該当しないマニラ交易が継続的に始まり、セルケイラ司教は「〈マニラの対日貿易〉を阻止しないと、ポルトガル人が日本との間で有するものが終息《しゅうそく》してしまう」（一六〇七年三月一日書翰）と危惧《きぐ》していたが、「マカオからの財貨と同じ財を積載した船が五艘、マニラから渡海～日本貿易は、スペイン人から奪われた」（一六〇九年十月十日書翰）と慨嘆《がいたん》する程に、今やイエズス会が頼るマカオ交易は破綻《はたん》に瀕《ひん》していた。

長谷川左兵衛、村山等安のマニラ寄りの姿勢の影響であったろう。

直純の結婚を機に、晴信に対するイエズス会の信頼にも罅《ひび》が生じ、「奉公すべき勤めを怠り、情慾に流れ、更に陰謀を懐《いだ》き、為に国家の殞滅《いんめつ》を醸《かも》したり」（『日本西教史』下・クラッセ）と憎しみを込めた文言を連ねている。

なお、クラッセによれば、嗣子直純は「父の為に利益を謀《はか》るを口実とし、その君位を奪わんと謀れり」と父への裏切り、その妻国姫は「我が夫は舅《しゅうと》の老年なるを以て、国政を譲られんことを促すに、これを許さず、新たに国土を領せんと欲す」と、家康に泣訴し、二人で晴信を孤立させ、政権奪取に狂奔する。

岡本大八からの「領地分割の御朱印」を待ち兼ねている時に、長崎の日本人イルマンから「大八は、過分の金銀を以て、唐絲を買い集めている」との噂を耳にして、これを訝《いぶか》しんだ晴信は、上野介に「領土の件」を確かめた所、「全く関知せず」との返答で大八の悪事が露見する。

裁定の結果、大八は臑《すね》を拉《ひし》がれ牢舎入りとなり、家宅没収の上、死罪となる。

家康は「晴信は大なる虚者《うつけもの》よ、何故《なにゆえ》、鍋島の知行を取り上げ、有馬に与うべきや」（『歴代鎮西要略』）と嘲笑し、擁護することはなかった。
イエズス会にとって晴信の改易・処刑は想定外だとしても、彼を窮地から救おうとする動きはなかった。晴信は、家康寵臣の長谷川左兵衛殺害の罪を問われ、甲州鳥居土佐守成次への預けとなり、実質的な罪科はないままに断罪に処せられる。

「有馬修理大夫晴信謫居跡　甲州初鹿野郡丸林村
慶長十七（一六一二）年五月六日、幕使板倉周防守重宗は、鳥居土佐守成次とともに検使として百五十人を具し従えて、幕府の命を伝えて晴信に自刃を迫った。晴信はキリシタン天主の十戒に従って老臣梶左衛門に命じ自にの首を刎ねさせて、背教の罪を守った。
霊　名　ドン・ヨハネ
仏霊名　晴信院殿迷誉宗転大禅定門」（『甲斐国史』巻三十九）

有馬晴信（一五六七?～一六一二）の死は、「有馬キリシタン王国」の崩壊であった。

第十四代直純　有馬を捨て日向へ

平成二十四年五月六日、有馬（現南島原市）領地を遠く離れた山梨県甲州市大和町初鹿野《はじかの》にある「有馬晴信謫居《たっきょ》の跡」地で、実行委員会（代表千葉悦子氏）の呼び掛けにより「有馬晴信公没後四百年祭」が、晴信ゆかり人々を集めて行われた。

有馬家二七代有馬匡澄《まさずみ》、菊亭家二六代志賀賢子《まさこ》、晴信の「紙位牌」を護持されてこられた有賀雅《ただし》（「有賀善左衛門といふ者有馬氏の女をもらひ妻とす」のご子孫）千々石ミゲルのご子孫の宮崎栄一などの諸氏や、「キリシタン史」専門の研究者高輪カトリック教会有志の方々などで、晴信を追悼する終日であったという。

慶長十一（一六〇六）年四月二十八日、「肥前長崎奉行長谷川藤広赴任ス」（『史料総覧』一四）。前任奉行小笠原一庵には、与力十人が従ったというが、藤広の時も同様であったろう。中に本多正純の下で「国を分封する書記役」の任にあったパウロ岡本大八がいた。イエズス会との交渉や事務的な処理能力を見込まれ、行政上は未知数の奉行補佐役を期待されての赴任であったろう。

晴信は、政庁の事情に明るく、真摯《しんし》なキリシタンである大八に瞬《またた》く間に信頼の念を抱くようになった。

大八の「洗礼は慶長五年、慶長十年の暮れには、駿府に仕舞屋《しもたや》（民家）ふうのイエズス会の天主堂を建設し、その名義人が大八であった」とし「名義人の大八は金策に尽力したであろう」（『四百年祭記念誌』宗任雅子）と推察されている。

また「司祭修道士を通じて、江戸のキリシタン宗団にも援助していた」という。

慶長十四（一六〇九）年十二月、長崎港でのグラッサ号爆沈で困窮化も生じた。

慶長十五年閏二月、嗣子ミゲル直純が存命する妻小西マルタを離別して、家康曽孫国姫と結婚したことで、直純は重婚として非難され、この結婚に異を唱えなかった晴信のご都合主義も

有馬晴信謫居地にある記念碑（甲州市教委提供）

イエズス会の批判に曝《さら》され、教会との関係を断ち切られる。時を前後して大八との間で「藤津恩賞」の工作が始まった。

「やっと二十歳になったかならぬかの有馬殿正室マルタは、千々石の付近に住んでいた。彼女は再婚を勧められたが拒絶した。彼女は長崎の山間に追放され藁葺き小屋に監禁された」（『宗門史』上・p二八八）。

グラッサ号爆沈の恩賞として「祖先が龍造寺との戦で失っていた佐賀・藤津一帯の領土が回復されるだろう」との大八の甘言に晴信は狂喜したのである。

やがてこの件で父の出費が嵩《かさ》んでいくのに、吉報が届かないのを訝《いぶか》しんだ直純は、奉行藤広に訴えた。

藤広は直ちに大八を詰問したようだ。すると大八は「藤広らの妨害により恩賞は取消された」と晴信に報じた。困惑した晴信は、京都のモレホン師に大八の真意確認を依頼した。師は天草出身で有能な日本人修道士良印パウロを駿府に派遣して、改めて大八から「藤津分封」確実の返答を得た。

モレホン師と良印とは、慶長元（一五九六）年末頃からの結び付きで一体として行動していた。

この間、焦った晴信は、武将的な感覚そのままに、やがて致命傷となった「藤広謀殺」を書き綴《つづ》った書状を何通も大八に送っていた。

慶長十六（一六一一）年六月、なお埒《らち》が明かないので直談判のために駿府行を決意した晴信に、父のためにと直純夫妻も随伴した。

有馬では、イエズス会創設者イグナショ・ロヨラ師の福者列福の祝賀行列を予定していたが、晴信らの上洛のため中止し、帰郷を待って行うことにして一行を見送った。

慶長十七年（一六一二）二月二十三日「下野《しもつけ》小山城主本多正純ノ与力岡本大八、肥前日野江城主有馬晴信ヲ欺《あざむ》キ白銀六百枚ヲ詐取《さしゅ》ス、幕府、晴信・大八ヲ対決セシメ、是日《この》、大八ヲ獄ニ下ス」（『総覧』一四）。

本多上野介《こうずけのすけ》正純邸での両者の対決で「大八が奸謀悉く露見、大八は籠舎《ろうしゃ》、晴信は閉門」の裁決が下った。

「此時《この》、馬場土佐罷出《まかりいで》大八と対決す。尤《もっと》も公（晴信）、大八が申し候段、時日まで御書付け召置かれ候に付きて、其《その》書付けを差出され候故、対決御勝《おかち》なされ候」（『藤原有馬世譜』・「信次記《のぶつぐき》」（鷹屋信次著・原本の所在不明）とある。

対決の場では、晴信に代わり、家臣の馬場土佐守が弁明に努めた。

この頃、晴信は朝鮮陣営で罹患した天然痘のための眼疾で殆ど「見えない」状態が続いていたらしい。「不眼《みえざる》」に付き「女子一人側へ召置き度《た》き旨申出」（『鍋島勝茂譜考補三』）とあり、久能吉兵衛の娘とらがお世話役とされた。

大八は、駿府町奉行彦坂光正によって「一家闕所《けつしょ》」の上「両足を打拉《うちひし》がれ」て籠舎となり、晴信は「閉門蟄居《ちっきょ》」となった。

大八の屋敷からの没収家財の中に、イエズス会モレホン神父や良印パウロらの書翰類が多数発見された。それらの詮議により「彼らの仲介により取引や領国の権利要求」がなされたことや「イエズス会神父たち自ら記した収入金配分の会計帳簿が見出され、都の教会に年一万二千ドゥカード、（中略）イエズス会士が都に匿《かくま》っていたファン明石掃部に一万二千ドゥカードを当てていた」（『ベアト・ルイス・ソテーロ伝』ロレンソ・ペレス）ことなどが判明した。

「ヴェネツィア及びカスティーリャ金貨のドゥカードは、ポルトガル金貨のクルサドとほぼ等価と考えられ、邦貨一万七五〇〇円に相当」（『宣教のヨーロッパ』佐藤彰一）とあるから、一万二千ドゥカードは二億一千万円に相当する。

ペレスの文章が真実を伝えるものならば、晴信の「藤津分封」には、モレホン師やイエズス会の関与は明白であり、大八が「会計帳簿」を所持していたことで、大八は、駿府・江戸のイエズス会支援の中心にいたことが明白となるであろう。

イエズス会にとり、佐賀藤津郡が晴信のものになれば、藤津に進出しているドミニコ会の排斥が容易になり、大八にとっては、晴信からの金品贈与は駿府・江戸でのイエズス会宗団の維持にそれまで大いに貢献したのではないか。

大八の押収書翰に明石掃部の名があったのは、関ヶ原戦で敗残の身を寄せていた筑前黒田藩を追放され、路頭に迷う一族郎党への援助の記録としてであった。晴信が「新領土藤津」を下賜《かし》された後、家臣編成の中心に掃部を招聘《しょうへい》するまでの間、援助は続く予定であった。

明石掃部は三万五千石で、備前中納言宇喜多秀家に仕え、秀家の姉婿でもあった。文禄五（一五九六）年九月、オルガンティーノ師により受洗、ジョアンの霊名を与えられていた。

慶長元（一五九六）年十二月九日夜、自宅にいたアンドレ小笠原は、サン・フェリペ号に関連してフランシスコ会士探索に来た役人に、フランシスコ・ペレス、モレホンの両神父は秘匿《ひとく》し、二十六聖人となる三木パウロ、モレホン師の同宿であるジョアン五島、ディエゴ喜齋がいることを告げた。

急を聞き、迫害の嵐が静まるまで大坂を離れてもらおうと「パウロ右近と明石掃部が、ペレス、モレホン両神父を堺に連れ出すため馬を引いてやって来た」(『二十六聖人殉教記』フロイス)。

やがて長崎へ見せしめの旅を強要される一行の「赤穂から川辺川までの三日間、殉教者たちの世話」を、宇喜多秀家はジョアン明石掃部に委《ゆだ》ねた。

慶長十七(一六一二)年三月十一日、家康側近のキリシタン十四人が摘発され「伴天連宗に日本人成事堅被禁《なることかたくきんじられる》」との通達が出された。

三月十七日、「秀忠、駿府に至り家康に謁す」追《つい》で家康は、キリシタン側近八名の改易・駿府払いを行い、併せて「キリシタン禁制」大綱《たいこう》を決定した。

この頃の「家康(六八歳)は、中背でかなり肥満、顔色は世子《せし》(秀忠)より褐色が薄かった」とレオン・パゼスはその著で述べる。

三月十八日、大久保石見守《いわみのかみ》邸での再度の対決で、晴信は大八に送った「藤広謀殺」書翰に弁明出来ず、改易の上、石見守へ預けられ、「座敷牢幽閉」、有馬領地は「其子左衛門佐《さえもんのすけ》に賜ふ」（『駿府記』）とある。

晴信は、金品詐取の被害者から一転、家康寵臣長谷川藤広の「殺害容疑」で、改易追放の重罪科人に堕《お》とされたのである。

前年の六月、有馬から上洛の時、嫡子直純は夫人の勧めにより「父を隠居にし、領土相続を考えていた」と云う。

三月二十一日、岡本大八、獄から出され、安倍川原で火刑死。見物の群衆が堵《かき》となり押寄せるなか「恐るべき拷問にもイエズスとマリアのいとも聖なる御名を呼び求めながら真のキリシタンの魂で耐えた」（一六一二年度・年報）。

清水紘一《ひろかず》氏は「推測」と断って「晴信のポルトガル船撃沈により（中略）イエズス会と同教会は経済的に窮乏化の状態におかれた。そうした事態に対する反発が心底にあり……」と、大八の心情をイエズス会に代わって晴信から金品奪取の心があったのではないかとされている（『四百年祭記念誌』）。

「有家のキリシタンたちは、伊東ミゲルによって、アンドレ・ペッソアの船が失われた後、（困窮する）司祭館のため、自分たちで金子《きんす》を拠出し合って、この司祭館を維持するように働いた」（一六一二年度・日本年報）。

三月二十二日、「有馬修理大夫、甲斐国に配流、大久保石見守奉之」とあり、大久保石見守が、晴信を甲斐まで護送し、「鳥居土佐守成次、命《めい》を承《う》けてその領地甲州前林に禁固す」（『駿府記』）となった。

成次、甲斐国（現山梨県）谷村《やむら》藩一万八千石、父元忠は関ヶ原開幕戦で伏見城を死守した家康股肱《ここう》の臣である。

五月六日、「未明に土佐守より使者を以て〈御生害〉の上意を伝ふ。公御慇懃《ごいんぎん》に御返答あって、御行水《ごぎょうずい》の上御切腹あり、御歩行《おかち》大町梶右衛門に御介錯仰付けられ二つ胴の御腰物を授けらる。（中略）公、御切腹に及びけるは、大八曽《かつ》て神祖に近侍して寵《ちょう》せられし者なるが、公のため刑せられし故、御憎しみありての事と聞ゆる由」（『信次記』）。

「禁固」から「上意」まで一ヶ月半近くの間に、家康の心を蕩《とろ》かしたのは、直純・国姫、後見の藤広らの哀訴による「晴信の憤死《ふんし》」であった。

「四万石肥前日野江城主有馬修理大夫甲州郡内で自害、年四十六歳、男直純、父が領地を賜う」（『廃絶録』）。

「私たちに多大の恩恵を施してくれたドン・ジョアン有馬殿の悲しい最期である。時に五十一歳、追放されてから四十五日」（一六一二年・コーロス書翰）。

戦国末期の混沌とした中で、神の庇護と自身の英知で、領土の安泰と繁栄とを願って駆け抜けた英傑が一生を終えた。

慶長十七（一六一二）年五月九日、聖霊降臨祭祝日の夕刻、跡式を安堵《あんど》された直純は島原港に帰着し、出迎えの重臣らに「キリシタン宗団」の撲滅《ぼくめつ》を告げた。迎える沿道筋の領民は、十字架を引抜きながら進む一行に目を反《そ》らし、異教徒の領主の着任と疎《うと》んじた。

五月十三日、「宣教師退去令」を布告。

「セミナリヨと教会、六ヶ所の修道院、教会に使用されていた民家六十軒を一日で没収した」（『日本キリシタン殉教史』片岡弥吉）が、ジョルジュ結城《ゆうき》弥平次の金山《かなやま》城下の教会は除外された。

背教者の元天台宗僧ルイス大和は、吟味役三人に命じて、高禄の武士三十人ずつを召喚し、連日「棄教」を強要させた。

五月二十日、棄教を拒否したミカエル奥村、ジョアン理齋、ヨハネ吉右衛門、ドミニコ山田の四家族十七人余の扶持・家財を没収して「貧困と飢え」で死に至らせるまで山野に追放した。

この証聖者《しょうせいしゃ》（殉教しなかった者）の中には大友宗麟の養女でイザベルを妻とするジョアン理齋一家もいたが、後には村山等安が彼らの世話を引受けている。

当初は、歴戦の高名な家臣には「キリシタンで生きる許可」を与えたが「殉教者として死を覚悟」の者が余りに殖《ふ》えたため、信仰のため本当に「死ねるのか」と「恐怖の処刑」策を試みることにした。

六月二十六日、有家の領民で、十三の信心会の筆頭《ひっとう》組親伊東ミゲル（五〇歳）と従兄弟のマチャス小市（三〇歳）とを棄教拒否の廉《かど》で教会跡の場所で斬首に処した。

七月二十二日、千々石出身で少年時に洗礼を受けていた喜多リアン久左衛門が「故人となったドン・エステワンとドン・ジョワン（有馬晴信）に仕えたのだから棄教した主君には仕えたくない」と云うのを侮辱的な発言として「殺害」された。

喜多リアンは「殉教者の血は信仰の種子《しゅし》」と称され、その殉教は高来《たか》のキリシタンに深い感動の波紋を広げた。

一五八四（天正十二）年、晴信の弟エステワンが千々石城主となると、一五八八（天正十六）年には豊後から司祭三人と修道士二十人が移り来て、千々石コレジヨで有家に移るまで七ヶ月を過ごしたが、八八年九月、エステワンの急逝《きゅうせい》に伴い、コレジヨは有家に移り、リアンも有馬に移住する。

同族の喜多パウロは八〇（天正八）年、千々石ミゲルは八一年の有馬セミナリヨの入学生で、八九（天正十七）年にイエズス会士となった喜多パウロや、九〇（天正十九）年にローマから帰国した千々石ミゲル、それに喜多リアンら同郷の三人は有馬で語り合った日もあったであろう。

その後、喜多パウロはドミニコ会の同宿となり拷問により背教者となる。千々石ミゲルは棄教したとされる。

慶長十八（一六一三）年一月、有馬直純は、参賀のため駿府へ赴く下関で「誰も威《おど》し・追放・死罪など恐怖とはしない」との飛脚便に、有家城主安冨ジョアン徳円に追放令実行を命じ、金山城主ジョルジュ弥平次を追放し、行長の処刑後、弥平次と共に召抱えられていた本多トメ平兵衛一家五人の殺害をも行わせた。

トメ平兵衛（四一歳）と弟マティーア（三一歳）、母親マルタ（六一歳）、孫のジュスト（一一歳）とヤコベ（九歳）の五人である。

「トメとマティーアスは古くからのキリシタンで、一度は一五八七年、ドン・ジュスト高山と、二度めは一六〇二年、主計殿によって肥後から追放されていた」（『ペドロ・モレホンの日本の殉教者に関する報告』ディエゴ・パチコ）。

五月、日野江城に帰着すると、初鹿野で喪に服している晴信室ジュスタが有馬に残した二人の息子フランシスコ（八歳）とマチャス（六歳）とを都の母親の所へ送られたとの噂を流して、人里離れた暗い家に秘かに四十日以上も監禁、「夜半に一人の兵士が入って来てマチャスの心臓を突き刺し、フランシスコの首を一突きした」（一六一三年度・年報）。

ジュスタは「聖《きよ》い諦めを以てこの報告を受取った」（『宗門史』・上）とある。

九月、加藤清正が日蓮宗僧を以て勝利を収めた顰《ひそ》みに倣《なら》い、下向《げこう》を願っていた浄土宗の高僧幡随意白道上人が有馬の直純の許に来着した。

「道場を設けて耶蘇の愚民を化度《けど》し、従わざる者は、公、武威を以て是を成敗し、封内頗《すこぶ》る平治す」（『有馬世譜』）とあるが、いかな高僧でも「殉教を熱望する」信徒の地にあって、改宗の勝利を得るのは至難のはずである。

直純夫妻の手厚い加勢にも拘《かか》わらず、上人の「数珠」は地面に投げ捨てられ「キリシタンの指導者たちが生きたまま焼かれるよう命じる切っ掛けを殿に与えた」（前出・年報）。

十月一日、直純は、重臣八名を召喚し、左兵衛の書通を手に「藩の存亡は貴公らにある」と声涙《せいるい》込めた説諭に、五名は棄教を諾《だく》したが、三名は肯《うべな》わず、三名の「火炙《ひあぶ》り刑」が決まると、驚いた四名はキリスト教に立返り、剃髪して有馬を去る。残る一人城主古賀殿は隠居を申し出た。

十月七日、三名の家族は、アドリアン高橋主水《もんど》と妻ジョアンナ、レオン林田助左衛門と妻マルタ、息ディエゴ（一〇歳）と娘マグダレナ（一九歳）、レオン武富勘右衛門と息パウロ（二七歳）、（妻小万は直純の叔父の娘で除外）ら三家族八名は、有馬でのマルチリオ組頭《くみがしら》ガスパル弥平太から贈られた晴着を着て、道を横切る川を渡って処刑場に向かった。そこには刃を帯びず「群衆すること二万」人が詰めかけた。

蝟集《いしゅう》する群衆を見て、長崎に逃げた高僧は、藤広に「基督信者の軍隊、有馬に至り、城は陥り、君は害を受けたり」（『西教史』下）と告げたと云う。

平成十九年六月一日、教皇ベネディクト十六世は、有馬川辺での殉教者八名を福者に列された（日本で炙り殺された最初の人たちであった）。

十月九日、肥後を追放され、折木の天主堂の門衛であったトーマス川上伝道士が、寝込みを襲われ斬首された。

この年、五月二十日、山野に放逐されていたキリシタンの一人ジョアン・マツエモンが、小浜の息子の所へ行く途中で飢えのため餓死しているのが発見された。

慶長十九（一六一四）年七月十三日、「幕府、肥前日野江城主有馬直純を日向縣《あがた》（宮崎県延岡）に移封シ、一万三千石を加増ス」。但し「キリスト信者の家臣はただ一人も縣《あがた》に随行するを許さず」とした。

縣《あがた》は、高橋右近大夫元種の旧地で故あって幕府預り地となっていた所である。

弾圧の嵐　長崎から有馬領へ

慶長十九（一六一四）年七月十三日、有馬直純は、長崎に奉行左兵衛を訪ね暇乞《いとまご》いを済まし、十四代連綿と領してきた地を後に、日向国臼杵郡延岡城五万三千石の地へ旅立った。

有馬家は、直純（二九歳）、国姫・栄寿夫人（二一歳）、家康の偏諱《へんき》・康を与えられた嫡子康純（二歳・嘉祥公《かしょうこう》）の三名である。

「有馬直純、国姫に随う者、騎馬人数八十騎・足軽三百人」（『有馬伝記』）、「騎馬三十騎・足軽三百人」（『延岡記』）、「家中壱人もこれに随わず伴天連の宗派《しゅうは》たるに依る」（『当代記』）などとある。

アウグスチノ会の布教地であった日向には特段の問題はなくとも「有馬に比すれば甚だ僻陋《へきろう》を極めたる地」であった。

七月十六日、日向渡航の船が台風で遭難し、国姫の侍女二十八人の溺死という突発事が起きたが、前年八月誕生の嘉祥公と夫人とはこの難を逃れている。

公領となった有馬領地の行政・治安は、元和二（一六一六）年に大和五条の松倉重政入部までの二年間、佐賀鍋島勝茂、平戸松浦隆信、大村純頼の三藩による統治が行われた。

予《かね》て「有馬領の長崎併呑《へいどん》」を熱望していた左兵衛は、孤島のような島原半島は一藩支配で十分であったが、島原半島を西・南・北の三区に分け、三家を競わせ

「キリシタン撲滅」を果した上で「口之津港」を含む有馬領を支配地にしようとの狡猾《こうかつ》な奸策であった。

松浦藩…西目筋・千々石・小浜・串山・加津佐・口之津・有馬村
佐賀藩…南目筋・有家・堂崎・布津・深江・中木場・安徳村
大村藩…北目筋・島原・杉谷・三会～守山・山田・野井・愛津村

三会村に本陣を置いた大村藩家老大村彦右衛門は、他藩の切支丹刈りに名をかりた、恩賞なき雑兵の収奪を見兼ね「南高来（西、南目筋）の村々、今のように何事も全て宗門御改めでは、散々の躰《てい》に荒れ果て上納耕作まで行届かない。これでは切支丹は治まっても、村人は餓死せざるをえない。北高来（北目筋）大村請取の村々は、切支丹ころび起請文血判致したなら穿鑿《せんさく》はなしとして、上納恙《つつが》なく耕作なども日頃の如く出来《しゅったい》している」（『大村家覚書』四）と具申した。

「老中御称美」あって、鍋島・松浦にも大村仕置きに倣《なら》うよう厳命があった。

原城・日野江城・島原浜城《はまのしろ》・金山城などの城番は、佐賀藩と松浦藩とで半年交代とした。

七月十四日、佐賀藩では早速、佐賀・深堀藩主鍋島七左衛門茂賢《しげまさ》を有馬へ派遣し「原・火ノ江両城並ニ端城《はじょう》（金山城）一ヶ所請取り兵粮等モ差籠置キ在番致ス」（『鍋島勝茂譜考補』四）とある。

有馬側の引継ぎなどの折衝役は、晴信末弟の有馬備中守純忠が勤めた。

慶長十八（一六一三）年四月には、駿府に背教者大村喜前を呼び「切利支丹仕置き」に付き内情の聴聞などが行われた。

十二月二十七日、京都南禅寺僧金地院崇伝《こんちいんすうでん》起草の「排切利支丹文《ぶみ》」を、「日本国中の諸人この旨を存ずべき御掟《おきて》」とした『伴天連追放令』が、秀忠の朱印で公布された。

天正十五（一五八七）年、西笑承兌《せいしょうじょうだい》の起草文では、キリスト教の「布教は禁止」であったが、この度は「神敵・仏敵」の「邪法」として「信仰を禁止」し、キリシタン信徒や宣教師は「手足を措《お》く処なく速やかにこれを掃攘《そうじょう》せん」とするもので、拷問・追放・死刑にお墨付《すみつき》きを与えたものであった。

慶長十九年七月七日、大和郡山《こうりやま》城番三千石・伏見奉行山口駿河守直友が、キリシタン勢力の本拠長崎へ「宣教師追放と教会破却」の上使として到着する。

着前の長崎では、四月末から五月末に掛けて、日本宗教史上、刮目《かつもく》すべき様態で宣教師・信徒による聖体行列があった。

奉行所役人がこれを「一揆蜂起」と通報した事での上使派遣だと云う。

四月末、復活祭直前の洗足《せんぞく》聖木曜日、フランシスコ会遣外管区長ディエゴ・デ・チンチョン師は「十二人の癩患者の足を洗い接吻」した後に「灰と苦行衣」に十字架を背負い、わが身を縛った縄を幼児に引かせて進み、後をフランシスコ会の人々の贖罪《しょくざい》の行列が続いた。外町《そとまち》代官村山等安も妻子と共に参加した。

長崎の司祭・修道士・同宿、キリシタンによる一ヶ月に及ぶ聖行列の始まりである。これを幕府へ「一揆の発生」と誤って伝達された。

その目的は「与えられる苦難、動揺せしめる逆境、加えられる辱めによっても信仰を捨てぬ」との決意を示すことであったと云う。

五月九日金曜日夜、聖霊降臨の祝日に、ドミニコ会による、奉行左兵衛の「責縄・苦業禁止」の命令を無視して、三百人以上の「血の贖罪者」の聖行列が、長崎市内の十ヶ所の天主堂を巡り歩いた。これで「長崎の信徒の精神は目覚た」

(『フランシスコ会士たち』オイデンブルグ)と云う。

五月十日、アウグスチノ会の行列も多くの苦行者が参加して行なわれた。

五月十二日、諸聖人天主堂《トードス・オス・サントス》（夫婦川町）を三千人もの男女が出発した。血を流しながら十字架を背負い、石を負い、鎖や俵を体に巻き付け、猿轡《さるぐつわ》を噛み、首に巻いた縄を引かせなどして「官吏の暴虐の沙汰」を表しながらも、信徒にとっては、贖罪の行為の発揚であった。

五月十四日には、七組の行列があった。サン・ジョアン・バウチスタ教会（西上町《にしうわまち》）を出発した千人の行列には、等安の妻ジュスタが二人の娘五人の息子を連れ参加した。

上町居住のアビラ・ヒロン（スペイン出身商人『日本王国記』著者）は、この行列が「私の家の前を通りサンタ・マリア天主堂へ向かった」と記している。

十五日の行列は五組、十六日は昼三、夜一組、十七日は一組と続き、市中は宗教的な昂揚と陶酔の坩堝《るつぼ》と化していた。

五月十九日、サント・ドミンゴ教会（勝山町）を出発した三千人以上の「血の贖罪者」に二千人の婦人が加わり、三修道士の中には、アウグスチノ会管区長代理のエルナンド・デ・サン・ヨゼフ師の姿もあった。

五月二十日、サン・アウグスチノ教会（本古川町）から「血と十字架」の行列が出た。十字架を持った紫の喪《も》の外衣の男女四八四人、鮮血にまみれた贖罪者千人以上、血を流さず責縄の者五百人、ヒロンも参加した。

行列が巡る外町の道には「祭壇や祈祷所、聖画像」などが置かれてあったが、内町の島原町・分知町・外浦町・大村町では「敬虔《けいけん》な喜びを以て行列を迎える様子」はなく、反托鉢修道会の雰囲気が際立っていた。

五月二十九日、聖体祝日の日、管区長バレンティン・カルヴァリョも参加し、七百人のイエズス会員が、諸聖人堂《トードス・オス・サントス》の広場を権威ある秩序で巡り「怯《ひる》まず耐える」一体感を醸成《じょうせい》したかのようであった。通りへ出なかったのは町年寄りからの強い要請があったからだと云う。

六月になり、駿府から強大な権力を携えて帰着した左兵衛は、管区長バレンティン・カルヴァリョに「十月までにマニラ・マカオに向け乗船せよ」と退去の通告を強めるのであった。

八月には、要請を受けた薩摩藩の三原諸右衛門尉が「信徒の棄教と宣教師追放」のため九艘の将兵で長崎に入港する。

八月十日、諸聖人の教会に四月中旬から身を寄せていた高山右近に「国外退去」を宣告した。殺害ではキリシタンの「殉教賛美」の羨望《せんぼう》となるのを懼《おそ》れた、前代未聞の国外追放処分であった。

八月二十一日、サンタ・マリア教会では、異教徒による瀆聖《とくせい》を避けようと「聖母の祭壇屏」を取払った。

九月二十四日、ミサを終えた全ての天主堂では祭壇が壊され、神の僕《しもべ》の修道士ら全員がこの日長崎を離れて福田港へ移って行った。

二千の兵士による厳戒令下の長崎には悲しみに沈む五万の信徒が残った。

慶長十九年一月八日、日本の教会を十六年に亘り主宰したセルケイラ司教（六二歳）が、十月三日には、遣欧四少年の師であったメスキータ師（六一歳）が長崎の十善寺の浜の「漁夫の苫屋《とまや》の藁《わら》の褥《しとね》」でそれぞれ昇天した。

十月八、九日、国外退去の宣教師・日本人信徒・セミナリヨ生徒五十人などを乗せた「五隻の船は長崎郊外にあった福田港から出帆し、三隻はマカオへ、二隻はマニラへ向かった」（『レオナルド木村』H・チースリィク）。

原マルチノ・修道士ドラード・高山右近・内藤忠俊、前田家家臣の宇喜多久閑細川家家臣の加賀隼人佐、内藤ジュリア妹中島マグダレナ、筒井定次娘マリア、大友宗麟娘メンシア、朝鮮人マリアなどで一四八人、総体で四百名とも言われる人々が追われた。

修道士の退去後、大村・平戸・唐津・佐賀など近隣諸藩の士卒により「切支丹寺十一ヶ所の破壊」が決行された。

『長崎港草』（熊野正紹）にも長崎の教会所在地は「十一ヶ所」とし、「拾善《ママ》寺地に一ヶ寺」との記述がある。その拾善寺は、有馬藩により「慶長十九年（月日未詳）、長崎に在所の切支丹寺焼却の命あり。同所桶屋町一ヶ寺、大善《ママ》寺一ヶ寺合せ二ヶ寺焼却せらる」（『有馬世譜』四）とあるが、日向移封後のこととてどうも腑に落ちない。

『長崎の教会』（D・パチェコ）では「十五ヶ所」を挙げ「トードス・オス・サントス教会、荷物置場としたミゼリコルジャ教会、小さな聖堂のサン・ミゲル教会、川辺のサンタ・クララ教会、文禄・慶長役で連行された朝鮮人が建てたサン・ロレンソ教会（伊勢町カ）」は、破壊を免れ、「元和五（一六一九）年まで存在」とあり、ミゼリコルジャ教会や病院などについては、元和六年一月八日まで存在したと云う。

十一ヶ所以外の教会の存在や、追放した宣教師らの二十人以上が沖合から戻るのを知って黙認状態でいた左兵衛の底意は何であったのか理解し難い。

十月十六日、宣教師追放、教会破壊と大仕事を終た山口駿河守と左兵衛らは、「有馬信徒の懲罰」を目指し、薩摩・肥前徴収の兵一万を率いて口之津に向った。

口之津は、一五六三（永禄六）年のアルメイダと日本人伝道士パウロによる宣教や教会建設、初等学校の設置などがあり、六四年の布教長トルレスの定住により、西九州地方の布教拠点となっていく。

初等教育の成果で、舌がよく回らない子供が、日本語とラテン語で覚えたドチリナや賛美歌を口に町を歩くので一般の人の脳裏にもそれが染みついていった。一五七九（天正七）年にはヴァリニャーノの上陸もあって、人口千二百人に一人の異教徒もいない、古キリシタンの町と称されていた。

左兵衛らは、幕府命令として「棄教を拒《こば》む者には苛酷な拷問を用い、妻女は娼家に売り、転びの者には苦役・年貢の一部免除、支那船との交易の斡旋《あっせん》」などと硬軟両様の通告を行った。

直純の迫害に対し「信仰堅持」百名で結成した会員が五百名になっており、その中の家長百十二名が、不退転の決意を伝えると、一旦退《ひ》いて、山口駿河守弟佐渡奉行間宮権左衛門、左兵衛の友人茶屋又四郎らを指揮者に有馬方面へと転じた。

十月十九日、有馬で「責め」が始まると聞き、二百名の家長らが学院跡に集まり声高《こわだか》に祈りや詩篇を唱えていた。

城前の川辺にあった教会跡に設《しつら》えた矢来の中で、鍋島兵による棍棒での殴打や泥足による恥辱《ちじょく》に七十名が耐えた。

十月二十二日、幽閉牢から適当に四十五名を引出し、八角材で両足を締上《しめあ》げ、弱音を吐かぬ三十二名には親戚・友人の泣落しや妻子への陵辱《りょうじょく》で威嚇した。「一切殉教者を出すな」との幕府令を無視し、なお拷問に耐えた信仰堅持のトマス奥村平兵衛の親族を中心に十七名の首を斬ったが、二十名にするため、近隣の庄屋三名を呼び出し斬首した。二十の首を斬っても信仰心は斬れず幕を閉じた。

「犠牲者の遺体は寸断せられ、その残骸は放棄されて山積みになっていた。首は別にされて兵が番をしていた」（『宗門史』上・p三六二）とある。

ミゲル西七郎右衛門（四四歳・八代生）、ルイス松島善右衛門（三八歳・有家生）、トマス奥村平兵衛（六七歳・島原生）、ドミニコ安達弥吉（二二歳・有馬生・トマスの子）、ドミニコ奥村庄助（三〇歳・有馬生・トマス従兄弟）、ヨハネ中村莊助（三七歳・天草生・トマス親戚）、アデリアノ奥村十右衛門（三一歳・有馬生・トマス聟）、ミカエル赤星（一九歳・肥後生・奴隷）、アンドレア横津甚四郎（四〇歳・豊後府内生）、ドミニコ矢矧《やはぎ》長四郎（三〇歳・有馬大江生）、ドミニコ松竹兵庫（五〇歳・有馬大江生）、アドリヤン須賀三吉（三一歳・有馬荒川生）、マルチノ高屋孫右衛門（四〇歳・有馬生）、ペドロ休庵（四八歳・紀州梅本・小西旧家臣）、ヨハネ高谷九左衛門（三八歳・大和生）、コスモ高谷庄兵衛（?歳・高谷の兄弟）、ミカエル黄金丸九右衛門（四〇歳・京都生）、ペトロ後藤七郎右衛門（五三歳・庄屋）、ルイス後藤次右衛門（四二歳・後藤は兄弟）、トマス松島角内（?歳・庄屋）、高谷から松島までは「ロザリオ会員」であった。

「証《あか》しの二十首」の生国《しょうごく》は、有馬十二名（有家・島原・大江・荒川・近隣庄屋）、肥後三名（八代・天草・肥後）、豊後一名、紀伊一名、長崎から来たロザリオの組員で大和二名、都一名の三名であった。

有家・島原・三会と展開した薩摩兵士の建前《たてまえ》は「武器なき者は殺さず」ながら理屈も否応《いやおう》もなく、あらゆる残虐行為で信徒を痛め付け背教を迫った。

有家のアドリアン木戸半衛門（六〇歳）は、棄教に応じないので指を落され鼻を削《そ》がれ、裸で街路を引回されても、なお人々に「神の子の御托身・生涯・死」を語り続け、長男には「拷問を恐れるなら信仰を失わない為に匿《かく》れよ」と言い残し、斬首され、遺体は二十八片に寸断された。

十月二十二日、有馬での処刑を見た口之津の信徒にもさすがに煩悶《はんもん》が渦巻く中に、権左衛門や又四郎らが戻って来た。

二十三日、長崎から来た四人を加え口之津の殉教者は二十二人を数えた。

七十名の信徒が、石段を登って「修院と教会があった所」に自ら集まってきた。拷問は、傍の墓地で行われ、十八名の信徒が命を断たれた。

ペトロ橋本市左衛門（五二歳・生国不明）、パウロ服部了永（六九歳・有馬生）、ヨハネ奈良屋（五一歳・出羽生でフィリピンに二十年間住み帰国）、ミゲル高麗（四三歳・朝鮮生）、ソテロ工藤（五三歳・豊後生）、マテオ福島新右衛門（四七歳・加津佐生）、トマス永野仁右衛門（三一歳・天草生）、ドミニコ永野与一（二七歳・トマス弟）、ペトロ（三三歳・朝鮮生）、ペトロ石田金左衛門（二九歳・佐賀神崎生でミカエル石田の子）、ペトロ小林弥七郎（三八歳・口之津生でペドロ橋本の伴侶）、トマス臼井彦三郎（五三歳・加津佐生）、トマス大江又右衛門（五二歳・口之津生）、マテオ荒木八郎（七〇歳・口之津生）、ドミニコ矢上五郎左衛門（七四歳・口之津生でトルレス師授洗）、マチヤス荒木甚三郎（四二歳・口之津生）、

十月二十五日、長崎から来た四人が殉教する。

ジョルジ赤星太郎兵衛（六四歳・肥後菊池生）、トマス寺町（四四歳・筑後荒木生）、ペトロ樺島久八（二五歳・筑後生）、トマス平井安五郎（三二歳・筑後生）

数週間後に二人が絶命した。

ルイス久住（六四歳・筑後瀬高生）、ミカエル石田（六二歳・佐賀神崎生・ペトロ石田の父）

二十二人の生国は次のようになる。

生国不明一名、有馬八名（口之津・加津佐）、天草二名、朝鮮二名、佐賀神崎二名、豊後一名、出羽一名、肥後一名、筑後四名

この間、一部始終を見聞していたドミニコ会士のオルファーネル師は、有馬・有家・口之津の信徒について「拷問で挫ける信者を鉱滓《かなくそ》、耐えて死に至る者を純金」（『日本キリシタン教会史』）とは、宣教師の傲慢に過ぎるのではないか。

口之津生れのトメ貝瀬（五二歳）は、長年近隣諸村のキリシタンの師で、宣教師の援助者でもあった。キリシタン氏名表に名はなかったが、首を差出し斬られた。初等学校の教化で育った一人であったろう。

肥後生れの宇土パウロは、棍棒で殴打され、額に十字架を焼鏝《やきごて》で付けられ、裸にして男根を切取られ、背に重石を乗せて木に逆《さか》エビに吊され、なお「キリシタンじゃ」と叫ぶのを地面に落とし、鉈《なた》で手足の指を断ち、膝裏のひかがみの筋を切って石段から蹴落とされた。

「男根」を切られ「無用の者」とされたパウロは「己の罪を贖《つぐな》う時間」があるので「つらくはない」と横たわる床から見舞ったヒロンに言ったと云う。

十月二十四日、家康の東軍上方に集結との報に、左兵衛らは口之津を後にした。

弘化四（一八四七）年頃の書写『小濱由来記』に次のような一節がある。

「慶長十九年ゐるまん北村へ住居致シ耶蘇宗勧メ、元泉五拾七才ニテ邪宗ト目付ケ申候ニ付キ、与左衛門召捕ル、御公儀へ訴エ仕リ御上使山口駿河守様御来駕《ごらいが》与左衛門へ御褒美、ソノ時鉄炮給フ」。

北村に住む修道士が村人に邪教を勧めているとして、僧元泉と庄屋与左衛門の兄弟は、修道士を逮捕し貴重な「鉄炮」を褒美に貰ったと云う「与左衛門の功名咄」であるが、時を積み重ねて語られてきた伝承の奥には殉教の悲話があった。

慶長十九年十月二十七日、天正十七（一五八九）年桜の幹《たら》から「聖十字架と同色」の十字架が出現した湯泉《おゆ》が湧く小浜で、棄教した村人の密告により山中の洞穴で暮らす旧有馬藩士四名が捕らえられた。

十月二十九日、四人は、平戸藩士笹野権之助らの棄教を強いる恫喝《どうかつ》を拒否すると、十字架が建っていた石合《いしあい》の海岸で、手足の指を落とされ、手なし足なしにされ、額に焼鏝の十字印を捺《お》され、鼻を削がれて、流血酸鼻のまま寒風吹きすさぶ海岸の岩間に打捨てられた。

翌三十日、兄のジョアン平尾半右衛門（三五歳）が出血死、三日目に弟のサルバドル平尾八郎（二五歳）が昇天した。

「無用の者」の身体《からだ》にされた、ミゲル平尾藤右衛門（四七歳）とジェルマン馬場五郎助（四一歳）とは恥辱に耐え生き残った。

ある夜、ドミニコ会の依頼を受けた男が、岩間からジョアンの首を藁苞《わらづと》にして長崎に運んだ。一人の女が聖遺物崇拝の心で、その藁苞を貰い受けた十五日め、稲藁から「緑色の麦《ママ》の穂」が出ているのに気付いた（オルファネール）。

一六一五年一月六日、口之津の殉教事件について現地で多くの目撃者から聴取していた関係からであろうか、ヒロンの許に口之津から麦の穂が一本届いたが、それはミゲル高麗が、殉教の三日前に蒔《ま》いた小麦で、五十日後に穂を出した奇跡の一本であったという。

人の力ではなしえないことが、迫害に疲れた人々を慰めようとして、起こることがある。人々はこれを奇跡と呼んだ。

第八章　戦国武将の『元和偃武』

『元和偃武』―元和《げんな》とは、一六一五年から始まる慶長に続く年号、偃武《えんぶ》とは、「武を偃《や》め文を修《おさ》める」（『詩経』武成編）から採られたもので、元和元年五月の大坂夏の陣で東西対決の世も治まり太平の世となった喜びが込められている。

幕府にとり当面は豊臣方の残党探索が主要事であったが、関連して諸大名の軍事力を挫《くじ》くための処置として、元和元年閏六月十三日、「諸大名ニ令シ、各居城《いじょう》以外ノ城塁を毀《こぼ》タシム」（『史料綜覧』巻15・p一一二）との「一国一城令」が発令された。

慶長十九（一六一四）年十一月下旬「耶蘇教徒」追放・迫害に威を揮《ふる》った上使山口直友、佐渡奉行間宮権左衛門、長崎奉行長谷川藤広など相次いで帰京した。

大坂城攻撃のためオランダに需《もと》めていた大砲の到着が間近であることなどの報告の後、藤広は「和泉堺奉行」になるも元和三年十月に死去、長崎奉行には甥の権六が任命された。

元和元（一六一五）年一月八日、口之津で佐賀藩士の拷問の傷で、ルイス久住（筑後瀬高生・六四歳）とミカエル石田（佐賀神崎生・六二歳・ペトロ石田の父）の二人が昇天した。

元和二年四月十七日、「前征夷大将軍太政大臣従一位徳川家康、」駿府城に薨ず、是夜、柩を駿府久能山に移す」（『綜覧』巻15・p一四四）。

八月八日「幕府、耶蘇教ヲ禁ズ、明ノ商船ヲ除キ外国商船ノ肥前長崎・平戸ノ他、寄港スルコトヲ禁ズ」（『綜覧』巻15・p一五四）。

八月八日、元和元年九月に致仕していた大村城主大村純頼の父大村喜前、卒す。

八月二十四日、「大和五條ノ松倉重政ヲ肥前日野江城ニ移シ封ヲ加ヘテ四万石ト為ス、尋デ重政、同国有馬ニ築キ、之ニ居ル」（『総覧』巻15・p一五六）。

元和三（一六一七）年、江戸城での新将軍秀忠への新年参賀に上京の大村純頼は「匿《かく》れているパードレを探索し、国外へ追放せよ」と言われ、声を秘《ひそ》めた老中からは「宗教家で外国人であるために彼らへの礼儀的態度や見逃しの策では（禁教策は）充分でないから悉《ことごと》くこれを殺せ」（『続日本殉教録』・モレホン）との下令を受けた。

四月八日、宣教師穿鑿《せんさく》に転じた背教者純頼は大村領喜々津でフランシスコ会士ペドロ・デ・ラスンプション神父を捕らえ、郡《こおり》の牢に繋ぐ。

四月二十九日、五島鯛ノ浦を目指したイエズス会のヨハネ・バプチスタ・マチャード神父とレオ田中が渡航予定地の彼杵の荒家《あばらや》で逮捕される。

五月二十二日、ラスンプションとマチャードの二人の神父は、大村領郡《こおり》の小高い丘で、斬首された。

殉教に臨んで、「私に恵まれた慰めの中の最高の慰め」と云ったという。マチャード神父は二十六聖人殉教の後、初めての神父の殉教であった。

「ペトロ神父は一撃で首を刎ねられたが、マチャード神父は三撃を要した。神父コンスタンツォは〝彼らは世の初めから彼らのために用意されていた約束の冠を受けに行った〟と云った。二人の殉教者は、僅かに二パール（約二メートル）の間を隔てられ、淋《したた》りたる血しぶきを混ぜ合った。その場に居合わせた人々は争って衣服や血に染んだ土まで分けとった」（『宗門史』中・p二二五）。

二人の遺体を長崎に埋葬しようと考えたドミニコ会管区長代理アロンソ・ナヴァレテ神父と唯一人の日本在留のアウグスチノ会管区長代理エルナンド・デ・サン・ヨゼフ神父とは、円形剃髪姿に修道服で長崎を出発し、大村へ発つ長与の港で告解・秘蹟などに努めている所を逮捕され、人目を避けて大村海上の鷹島に運ばれ、六月一日、斬首となった。

「これは〝聖体の祝日〟後の第八日、即ち六月一日木曜日のことであった。キリシタンや鎗手たちは競って襦袢や懐紙を血に浸した。遺骸は厳重に始末された。最初の難教者たちの棺は開かれ、ナバレテ神父はヨハネ・バプチスタ神父の棺に、エルナンド・サン・ヨゼフ神父は、ペドロ・デ・ラスンプション神父の棺に納められた。主はこの如く密なる結合によって四修道会の親睦を図り給うた」（『宗門史』中・p三三）、四人の柩は、信徒の手が届かない海に沈められた。

元和三（一六一七）年十月二十六日「肥前長崎奉行兼和泉奉行長谷川藤広没ス、尋デ幕府、長谷川藤正ヲ長崎奉行ト為ス」（『綜覧』巻15・p一九〇）。

有馬領でも新領主松倉重政の治政が始まった。

大和宇智郡二見《ふたみ》城主一万石松倉豊後守重政（一五七四～一六三〇）は、三万石余の加増で「キリシタンの本拠地」島原・有馬の地へ転封となった。関ヶ原、大坂冬・夏の陣の武勲によるものと言われた。

「慶長五年十一月十八日、関ヶ原の役の功を以て弐万石を下賜《かし》せられ、元和元年十二月二十五日、大坂の役の功を以て参万石を下賜せられ、封を肥前国に移され、島原の城を治む、前封を併せて五万五千石」（「徳川加除封録」）。

松倉先祖は、越中国松倉で地名を氏となし、後、大和五条に移るとある。

天正十四（一五八六）年三月、伊賀上野城主二十万石筒井定次の家老、重政父松倉右近信重は病により名張城で亡くなる。

信重の長男が重政で、次男蔵人《くらんど》は大坂夏の陣で討死、三男は十左衛門重宗である。重政妻は、主君筒井定次の娘とあるが石田三成の家臣嶋左近娘の説が有力。

重政の長男は「島原の乱」時の領主長門守勝家で、次男右近重利と三男三弥は共に「乱」に参じ、藤堂高虎縁続きの藤堂将監嘉以《よししげ》の後妻となった娘もいた。

天正十五（一五八七）年三月、「重政・重宗は、筒井家を去り興福寺の成身院（菩提寺）を住居とした」（『増補筒井家記』）。

同年三月、豊臣秀吉が豊後大友宗麟の懇願を承けて「島津に抑圧されているキリシタン大名や信徒を解放」との九州遠征には秀吉に従い、コエリュやフロイスに関わる「伴天連追放令」の緊迫した雰囲気の中で、キリシタンである明石六万石高山右近を追放する権力の無情さを見聞している。

文禄元（一五九二）年の朝鮮出兵時には、秀吉の小姓として名護屋に滞陣し、マニラからの第二次使節ペドロ・バブティスタ一行を迎え、更に旧主筒井定次が、長崎で巡察師ヴァリニャーノによって洗礼を受けた事には、驚きと共にキリシタン大名高山右近の改易を想起したことであろう。

錦繡《きんしゅう》の都に慣れた者としては、有馬の地は随分な「都落ち」の失望感を与えたのだろうか、それを補《おぎな》うように築城と新市の造成とに精力を傾けていく。

『武家諸法度』に「新儀ノ構営堅ク停止」とある中で、目的のある築城が幕末までに十九城が造られたが、島原城にはそれが見出せないとされる。

それは、キリシタンの労力を異教徒領主の築城に使役し、報われない虚《むな》しさから信仰を萎《な》えさせ、やがて棄教に追い込もうという、巧妙に企てられた構想であったから「目的表示」など出来なかったのだろう。

「新領主は穏やかで好意的な態度をとり、宗教問題に関しては自分及びキリシタンを将軍に訴える者が出ないよう慎重な態度であるならば何らの労苦もかけない」（『続日本殉教録』11・モレホン）との立場であったが、これは「キリシタンの農民たちが逃散《ちょうさん》して、貢租が徴収されなくなるだけでなく（中略）築城工事に支障を来たさないためでもあったろう」（『島原の乱とキリシタン』五野井隆史）との指摘もある。

しかし重政が無関心を装い島原は安全だと思わせたのは、幕府と共に仕掛けたキリシタンを引き寄せるための壮大な「ワナ」ではなかったのか。

一六一八（元和四）年八月入国の巡察師セバスチャン・ヴィエィラ（一六一九年十一月・離日）は、加津佐に一年ほどいた間、殆ど日本人と会おうとせず、商人に変装してポルトガル人宅で過ごしたが、長崎から雛島と鶏を取寄せ、食事ごとに鶏一羽を食っていたと云う。翌十九年十一月、なにもしないまま去っていった。

「有馬の城を嶋原へ移す内、居城《いじょう》なくては叶わずとて、嶋原の城より辰巳《とうなん》の方浜辺に要害よき所を城に取立て、本丸・二ノ丸まで取出し、（中略）堀を掘り廻し浜之城と名付く」（『松倉重政軍場日記』山本権兵衛義安）、まず居城を浜之城とする。

「松倉豊後守殿当島へ御入部成られ候事元和二年六月《ママ》□□也、北有馬田平町へ御入なられ、同極月《ごくげつ》、島原浜之城へ御移り、午年《うまどし》（元和四）には島原に本城を御取立て始終七年に成就御移徙《わたまし》、御祝儀の御能下々まで見物仰せつけられ候」（『肥前国有馬古老物語』）と、松倉入部から本城竣工までの経緯が述べられている。

有馬入部の十二月、それまでの島原の砦を浜之城として改築に取りかかり、元和四年から本城の築城を始め、「不相応」とされた巨大城郭の竣工《しゅんこう》は、七年の歳月を費やした元和十（一六二四）年のことであった。

領民の労役は「握りこぶしを二ッあわせた程のニギリメシ一個（一食）で賃金なしの苦役《くやく》、総延べ人数二百四十五万人、報酬を払った技術者・職人延べ約五十万人、総数二百九十五万人の労働で完成」（『島原城築城物語』宮崎昌二郎）とある。

城の石垣十万五千箇の「石積み」は近江職人穴太衆《あのうしゅう》の手になったという。

元和二（一五一六）年四月、家康が薨去《こうきょ》。八月には大村喜前も卒《しゅっ》し、純頼が嗣《つ》ぐ。元和五（一六一九）年、大村純頼急死で二歳の純信が跡式。喜前・純頼の死は「伴天連の閤《うらみ》による毒殺」（『通航一覧』百九十二）とある。

元和六（一六二〇）年には、国内での労役に加えて、大坂城「玉造口～大手門の内郭西」普請《ふしん》役を果たす。

寛永五（一六二八）年には、江戸城の「馬場先御門石垣」の賦役に「十万石並の課役負担」を申出ている。まさに領民の膏血《こうけつ》を絞り上げた狂気の沙汰である。

この頃、日向に去った直純が、有馬に建立《こんりゅう》していた二寺院の僧が、松倉重政に

「禄高と特権」の確認に訪れると「カミも仏も崇拝しない禅宗徒なので両名を必要としない」と、重政は門前払いをしたとモレホンは述べている。

「カミも仏も崇拝しない」としながら現島原市の日蓮宗松島山光伝寺の「沿革」には「重政公、島原城築城にあたり佐賀・小城郡松尾山光勝寺中興日億上人を招き、元和二年に創建」とあり、事実なら重政のご都合主義な一面である。

松倉の許を訪れた僧の一人は、家康により「耶蘇の愚民化度《けど》」のため差向けられた浄土宗の碩学《せきがく》幡随意上人が、有馬に建立した「有馬山観三寺」の貫主信誉上人であろう。もう一人も幡随意創建の僧であったろうか。

信誉上人は、直純の日向移封には「当地を立退きては邪宗の残党再発計難《はかりがた》しとして有馬に残った」（『国乗遺聞』）と云う。

「島原の乱」の際、島原城への道筋にあった江東寺＝龍珠院（根井浄氏によると、龍珠院は菩提寺江東寺にある松倉重政の法名であることから、江東寺の俗称とされていた）・桜井寺の二寺はどれも有馬直純建立の寺院ではない。

慶長十七（一六一二）年頃「駿河においてパードレ達が重政にキリスト教の話を何度もして、その奥義《おうぎ》と戒律を彼に説明して以来、この教えに大いに愛着を抱いていた」（『日本イエズス会史』ダニエル・バルトリ）と云う。
奈良県五條市の藤井正英氏は、否定しながらも「重政はキリシタンでなかったか」（『松倉豊後守重政四〇〇年記念誌』）と述べておられる。司祭やキリシタンを欺くことが重政の大儀であったなら、偽キリシタン説もありうる咄であろう。
元和五（一六一九）年末まで、重政はキリシタンを称揚しその節度を称《たた》えていた。
加津佐に巡察師フランシスコ・ヴィエィラ（一六一八年八月～翌年十一月まで在日）
口之津に管区長フランシスコ・パチェコとジュリアン中浦
有馬に長老のペドロ・パウロ・ナバロ
有家にジョアン・フォンセッカ（一六二〇年九月二十九日過労死）
島原にジョアン・バブチスタ・ゾラ
小浜にアントニオ・ジャノネ
松倉領はイエズス会の隠れ場所であり、九州全土への宣教の中心地であった。
元和六（一六二〇）年五月、長崎で加津佐村合光《ごっこう》出身で管区長マテウス・デ・コーロス十四年間の伴侶マチヤス（四九歳）が捕まった。管区長の所在を吐かせるための苛酷な拷問にも口を割らない彼を、酒で前後不覚にさせて「頭はがくりと垂れ下り、舌が唇から出た」所を殴打し、舌を噛み切らせて殺した。

日本宣教十六年のフォンセッカ師の後任にガスパル・クラスト師（一六二〇年再入国・一六二六年五月七日、中山の山中で衰弱死・六六歳）が補任された。

長崎では奉行権六が、代官末次平蔵に命じ、市内全家庭へ「宣教師の隠匿《いんとく》を禁じ、違反者は妻子共に死刑」、「宣教師の発見には賞金」との布告をなした。

幕府の「宣教師の宿主は火炙り、その隣人・妻子は死刑」との意向を受けてのものであった。

元和（一六二一）七年八月二十八日、有馬でも領主の厳命「宣教師の宿主は火炙り、その隣人は死罪」（『宗門史』中・p一七六）が公布されたが、この当時、有馬領には司祭五人が活動し、多数の小聖堂があって、毎週信徒が集まり会合を開いていたので、この段階では自粛を求めたものであったろう。

島原築城での労務者の監督を努め、密偵の役をかねていた江戸下りの背教者竹長庄次郎と云う者がいた。

十二月二十七日の夜半、八良尾から有馬へ下る道で、修院長ペドロ・パウロ・ナバロ師が二人の伴侶と共にこの竹長庄次郎により逮捕された。

「領内には一人のパードレもいない」と宣言していた重政は、ナバロ師の不用意さに当惑したが、江戸から「火炙り刑」の通告を竹長が持ち来るまでの十ヶ月間、島原のアンドレ孫右衛門宅で「キリシタンでもこれ以上の暖かい扱いは出来ない」（アントニオ・ジァノネ）という日々を過ごさせた。

「日本の宗旨では慰安もなく救いも得られぬ。デウスの教えに、自分も入れられたいものだ」と言った重政について、「彼の領土の農民はすべてキリスト教徒であり、彼はそれを黙認しているので、もしも我々が有馬殿に対して行ったように、この殿を助けるなら彼は自分のすべての家臣と共にキリスト教徒になるであろう。その少なからざる徴候がある」（一六二二年三月三日付・総長宛・バルタザール・デ・トーレス書翰）での「助け」とは、マニラ貿易に参加させることであったろう。それにしても本当に「松倉の改宗」は近いと宣教師は受取っていたのだろうか。

重政との対面の座でナバロ師は、日本語での自作著書『護教篇《アポロジー》』を将軍まで届くことを願い重政に贈呈した。

元和八（一六二二）年七月十三日、長崎で船長ヨアキン平山常陳は、ペトロ・ズニガ、ルイス・フロイス師の来日幇助《ほうじょ》で共に火刑死、船員十人が斬首となる。

九月九日、大村の入牢先からカルロ・スピノラ、セバスチャン木村など十人の神父と三修道会の修士若干名、女性を含む四人の宿主が長崎に護送された。長崎からは、修士や一六一九（元和五）年殉教の村山徳庵の妻アンドレアなど宿主や俗人の妻などと三歳から十二歳までの子供七人の三十名が刑場に引き出された。十万人が見守るなかで二十五人が火炙りで、三十人が斬首された。「元和の大殉教」と称された大虐殺事件である（『宗門史』p二三二による）。

この年、長崎地域で殉教者数は百八十人を超えたという。

九月二十七日、口之津の迫害に威を揮《ふる》った伏見城定番兼町奉行山口直友卒す。

十一月一日、島原の南、今村海岸の岬にある今村刑場で、ナバロ（ナポリ生・六二歳）、ディオニジオ藤島（有馬領愛津生・三一歳）・ペトロ鬼塚三太夫（八良尾生・一八歳）・アンドレ孫右衛門の息クレメンテ久右衛門（島原生・四八歳）ら火刑に処せられた。

処刑の二日前、ナバロ師は、総告解に訪れたゾラ師に「信徒が火炙りで縛られていた木柱で作られた数珠」を形見として贈った。

処刑の朝、ミサに集った二十一人には蝋で作った小羊と神拝の冊子を与えた。

「松倉重政が到着すると、薪に火が付けられた。（中略）重政は、ナバロ神父を長く苦しめたくなかったので、薪は近く火勢も激しくなるようにしてあった。神父の服が焼け、布切れがひらひらと空中に飛び上がった。縄が切れ神父の体は倒れた。倒れながらはっきりとイエズス・マリアの御名を唱える声が聞かれた。三人の日本人も同じようにして息絶えた」（『長崎の殉教者』片岡弥吉）。

松倉豊後守の豹変

元和二（一六一六）年、有馬領に移封となった松倉豊後守重政に、元和十（一六二四）年の島原城竣工まではキリシタン宗団迫害の様子は見えなかった。

元和三（一六一七）年、イエズス会管区長マテウス・デ・コーロスによる全国三十万人と言われたキリシタンの中で、東北から南九州まで十五ヶ国七十五ヶ処の有力信徒七百五十五名の署名を集めた『コーロス徴収文書』は、迫害下、高齢の宣教師が少数で「他門派出家衆に優る」司牧活動への自派擁護文書であった。

有馬領分は三地域から庄屋・乙名、組親・看坊など「有馬十八人」、「有家二十人・布津五人・深江五人」、「島原十一人・山寺八人・三会十四人」の八十一名の署名を集めているが、古キリシタンの町口之津・加津佐からのものはなかった。

この頃、有馬には伝道所《レジダンス》（隠れ家）や幾多の私的小聖堂があって毎週会合が行われていたのは、「信心会《コンフラリヤ》」の活動であったろう。

それらを挙げてみると、有家の「マルチリヨの会」、「サンタ・マリアの会」、セミナリヨ内の「お告げの聖母の会」、「聖母の会」、折木村の「ジャノネの編める会」、有馬の「世須々《せすす》の組」、ドミニコ会の「ロザリオの会」、口之津の「聖イグナシオの会」や十四歳以下の少年の「聖ヨゼフの組」などである。しかし、ドミニコ会の「ロザリオの会」以外は、教皇の承認を得たものでなかったので、「贖宥《しょくゆう》の特典」がなかった。

有馬地方にドミニコ会が進出するのは慶長十七（一六一二）年の有馬直純の棄教、宣教師追放に続く、長崎奉行左兵衛の有馬・口之津信徒迫害の時に入国していたヨハネ・デ・ロス・アンゼリス、別名デ・ルエダ神父に始まる。

主として三会・安徳木場・千々石の大津留・古賀を宣教の場とした。

一六一五（元和元）年、ルエダが千々石で宣教中「マルチノという日本人イエズス会神父」が来て、彼を中傷・妨害し再び千々石に立入れないようにした（『ルエダ神父伝記・書翰・調査書・報告書』ホセ・デルカド・ガルシア編著p二六四）。

マルチノとは一六一四年にマカオに追放された原マルチノである。

「原マルチノがなぜ母国に潜入を試みなかったのか（中略）公表された限りの史料はいっさい沈黙している」（『天正遣欧使節』松田毅一）と併せみると、「日本キリシタン史」には、まだ多くの隠された事実が存在するのではないかと思われる。

一六一六（元和二）年、「聖ドミニコ会では、僅かな人数で多くの国々、京都にまでも熱心に手を延ばし、就中、ロザリオ会員が非常に増加し、精神的方面でも奇跡的な成功を収めた」（『宗門史』中・p八）。

島原では、迫害により棄教し、暗澹《あんたん》たる状態に沈んでいた人々に「復帰・立上げ」を施し、「ロザリオの組」で「ロザリオの祈り」を教え「後生の扶《たすか》り」に導き人々を甦《よみがえ》らせたものである。

一六一九（元和五）年には、三会の住民の全てがロザリオの会員であったと云う。

「三会《みえ》の地の某村で迫害の恐怖から棄教した大勢の人を復帰させ告解を聴いて

聖なるロザリオの組に加入させた」（『聖なるロザリオの信心』F・カレーロ）とあり、「有馬地方のみで背教者を立返らせた者の数は千二百人」（『宗門史』中・p六二）であったと云う。

「免償の有無」でドミニコ会に優位に立たれ、「恨み（不満）を抱く」ヨハネ・バプチスタ・ゾラやヨハネ・デ・フォンセカ、アントニオ・ジャノネ、セバスチャン木村、帰国間もない式見マルチノ（有馬出身）らの諸師は、同宿・看坊・組親などと共に、同一村内ながら貧農層が主であるロザリオ組員に「イエズス会に従へ」と「信仰上の村八分」を加え続けた。

これらゾラ師らによる、自門派固めの他門派排斥の姿勢はこの地の信徒に「神父への不信」を抱かせ、信徒の二分化を促すことになっていく。

元和五年、「肥後長崎ノ末次政直（平蔵）、長崎代官村山等安ノ私曲ヲ幕府ニ訴フ、是に至り、之ヲ裁決シ幕府、等安ヲ処罰シ政直ヲ長崎代官ト為ス」（『綜覧』巻15・p二五〇）、これは幕府側の奉行と末次平蔵連合によるドミニコ会排斥の結果であった。

元和六（一六二〇）年、有馬領深江でフォンセカ師は死去し、翌年、天草で病を得たルエダ師も長崎から再帰を期してマニラへと去って行くが、再び日本に上陸することはなかった。寛永元（一六二四）年、病癒えて琉球列島のアワグニ島までは日本上陸を目指して来ていたと言う。その島で島民が神聖視する森に入ったため怒りをかい、海に捨てられ殺されたことが、後年になり判明した。

同年七月、迫害に堪える日本キリシタン信徒を慰める、パウロ五世の慰問小勅書がもたらされ、直に翻訳転写され全国に配布された。

パウロ五世は、一六〇八（慶長十三）年六月、「日本布教に関する（入国経路の）一切の制限撤廃」や、伊達政宗の『慶長遣欧使節』への善意の接見で知られている。

この慰問勅書への返書が、同年九月の「有馬領キリシタンの奉答書」である。冒頭、「尊書、今年七月参着仕り忝く頂戴いたし候」と始まる一文に、有馬村・島原村・有家村・口之津村の四管轄区《レジデンシャ》から、庄屋・乙名・組親など有力信徒三名ずつの十二人が署名している。

有馬村・江崎弥太夫かすはる、松島弥右衛門尉まちやす、益田宗味とみんこす

島原村・内掘作右衛門尉はうろ、塩塚与市しゅあん、西田休巴はうろ

有馬村・林田七左衛門尉流《る》いす、松島源之丞しゃかうへ、矢矧吉兵衛とめい口之津村・嶺助太夫上ちん、長井宗半かすはる、荒木長右衛門とめ

「奉答書」は、有馬・中国、四国・畿内・長崎・出羽奥州の五通が残り、日本語での恩謝文、そのラテン語訳、署名者のローマ字・漢字名・花押があり、日本語恩謝文のラテン語訳者がいないと成立し難い道理で、全国各地からの奉呈とはならなかったようだ。有馬ではコーロス師の翻訳によった（結城了悟）と云う。

元和六（一六二〇）年末から元和八（一六二二）年にかけてドミニコ会のコリャード神父は、イエズス会の独善的な宣教法を批判する「コリャード徴収文書」を島原・大村・長崎で纏めローマの聖布教省への請願とした。

一六二一（元和七）年十二月の降誕祭に島原と三会を訪れたフランシスコ会士ボナベンツーラとドミニコ会のコリヤード両師は、有馬でナバロ師と同伴者三人の逮捕を知り、これから迫害が熾烈《しれつ》化《か》すると予想したが、この地は、一六一三（慶長十八）年の口之津浦中四二名による『殉教盟約連判状』以来の迫害に堪えて来た土地柄であった。幕府の改宗政策に対しても相当数の難教者（教のため艱難を経た人）の存在がある筈であった。

松倉は、島原巨大城郭建設には当初から南蛮貿易の利を充《あ》てていたから「宣教師処刑」は、彼を悩ます一件であったろう。

一六二二（元和八）年五月、英船ブル号は「マニラに航行せる長崎奉行《ママ》豊後殿と平蔵殿に属する日本人ジャンク船に会った」（『朱印船貿易史の研究』岩生成一）とある。このようにマニラへ朱印船を派遣していた松倉豊後守は、ナバロ師処刑の影響を考え寛容な処分を願って画策したが、翌年十一月一日、遂にナバロ師による領内初の宣教師処刑を行わざるを得なくなった。

「領主が着くと役人たちは薪に火を付けた。師の服は間もなく焼け、布切れがひらひらと空中に飛ぶのが見られた。（中略）殉教者の縄目は焼けて、彼の身は側に倒れながらも判然とした声で、イエス、マリアの御名を繰り返していた。他の三名（ディオニジオ、ペトロ、クレメント）も亦同様にして絶命した」（『宗門史』中・p二五五）。

遺骸は三日間その侭に曝され、それから灰にしてその灰は海中に投棄された。

同年十一月、コリヤード師は、一五九七年の二十六殉教者の書類や請願書を携えて離日し、マニラからローマへ向かった。

寛永二（一六二五）年、口之津の伝道所には、管区長フランシスコ・パシェコと共に五人の司祭と一人の修道士がいた。パシェコ師の逮捕を奉行多賀主水に唆《そそのか》したのは、利欲に眩《くら》んだ転向者熊田忠左衛門であった。その後この男、原城戦では鉄炮頭に抜擢されている。

十二月十七日、三百の士卒で口之津の隠れ家を襲い、中風を病み殆ど盲目のパシェコ師を一撃で斬殺しようとした多賀主水は、心ある側近に尊者への作法にないことと諫止された。パシェコ師は、ペトロ仁助《にすけ》（八良尾生）、パウロ金助（有馬近村生）と共に逮捕され、後に、ガスパル貞松（大村波佐見生）、ヨハネ喜作（口之津生）、宿主マンシヨ荒木広左衛門、弟マチヤス喜左衛門らも召捕《めしと》られた。

口之津村庄屋嶺助太夫、長井宗半、荒木長右衛門らは、「これらの宿主は我らの命令に従っただけ」と司祭・修士や宿主の身代わりを訴えたが叶わなかった。主水らは帰り際に、三人のキリシタンを捕らえ、パシェコ師を殺せなかった腹いせのように、シオン池田（河内生）、パトロ志岐（筑後生）、ルイス秋田（四国生）を斬殺に処した。

十二月二十二日、島原城下のヨハネ内膳の家で、ヨハネ・パウチスタ・ゾラ師と伴侶のカウン修道士（朝鮮人）とが内膳の妻子と共に捕《つか》まった。

司祭の逮捕で、「領内にはパードレの影すらない」と公言していた松倉重政は、江戸政庁での立場を失ったため、領内の全キリシタンの名簿への登録を求め、改めて厳しい「宗門御穿鑿《ごせんさく》」を行うことにした。

寛永三（一六二六）年閏四月廿六日、「是ヨリ先、幕府、水野守信ヲ肥前長崎奉行トナス、是日、守信、耶蘇会宣教師・切支丹宗徒等ヲ処刑ス」（『綜覧』巻16・p一一九）。

旗本三千石余の水野河内守守信は、後に「火炙り将軍」との異名で呼ばれた三代将軍家光の側近で、将軍の意を受けた「信徒撲滅」が使命であった。その遂行には転向者の代官平蔵や町年寄高木彦左衛門が率先して従った。

五月七日、パシェコ師逮捕の後、肥後から有家に来ていたガスパルド・デ・カストロ師（六〇歳）が、字山中《あざやまなか》の一本の木の根許で息を引取った。

六月二十日、着任の奉行水野河内守は、島原牢獄入牢者と大村入牢者合わせて九名を聖なる西坂の丘で火刑により焼殺する。

島原から管区長フランシスコ・パシェコ（六一歳）、ヨハネ・バプチスタ・ゾラ

（五一歳）神父とガスパル貞松、ペトロ・リンセイ、ビンセンシオ・カウン修道士らと、伴侶・同宿のパウロ金助、ヨハネ喜作ら、大村からバルタザル・デ・トルレス（六三歳）神父とミカエル藤蔵修道士らであった。権威誇示に逸《はや》っていた水野守信は、泰然として死に臨む神父らを初めて目にして言葉を失い困惑に陥ったと云う。

この時、火刑に処せられるはずのポルトガル人四名、ヨーロッパ人一名、インド人三名は棄教して処刑を免れたと云う。

七月十二日、「イエズス会の神父達の宿主である九人の日本人が殉教した」（『宗門史』下・p三六八）。中でも「巨魁《きょかい》」と目され有馬獄中で死亡していたマンショ荒木広左衛門（口之津生）の遺体は行李《こうり》に詰めて長崎まで運び、弟のマチヤス喜左衛門と共に火炙りにした。

パシェコ師の宿主マンショ荒木広左衛門と弟マチヤス荒木喜左衛門、デ・カストロ師の宿主ペトロ荒木庄兵衛と妻スザンナ、デ・トルレス師の宿主ヨハネ田中美濃と妻カタリナ、ゾラ師の宿主ヨハネ長井内膳と妻モニカと子ルイス（六歳）の九人で、この処刑が市民への恐怖となるのを狙ったものであった。

寛永四（一六二七）年一月、一年以上の江戸在勤から帰着した松倉豊後守は、確かに豹変していた。水野に追随して「全キリシタン名簿」を作成させ、「切」「支」「丹」と一字ごとの焼鏝《やきごて》を造り、従来の曖昧な対応ではなく、手段を選ばず「棄教策」を行う決心を固めていた。

島原隣村の山寺では、キリシタン八十人を矢来の中に入れ、呼出しては殴打したので、不具になったり、命を落とす者がでた。

口之津から、ヨハキム嶺助太夫と妻マリヤ、盲目の母マリア・ピレス（八八歳）、ガスパルド長井宗半と妻イザベラの五人が島原へ呼ばれた。

二月三日、この五人は、衆目に曝される中で、柱に縛られ、焼字を押された。翌日は裸にされる辱めを受けた。既に焼字を押され、右食指を切られた家臣のガスパルド喜左衛門がこの五人に加えられた。

有家では、前年に殉教したマチヤス荒木喜左衛門の子ルイス新三郎が彼らの足に接吻しようとして召捕られ、七人となった。

この七人は、有馬領である茂木・式見・古賀の各村で、見せつけの刑罰を加えられ、キリシタンであることの恐怖を与えるための道具とされることになった。

茂木では、七人全員が衆目に裸を曝される中で、ガスパルド宗半とルイス新三郎とが指を切られた。

難教者として、十五家族八～九十人が信徒故に追放された。ビンセンシオ杉八郎左衛門と妻マグダレナ、ゴメス森芳兵衛と妻イザベラ、トマス近藤兵衛門と妻マグダレナと娘マリヤ、ディエゴ七兵衛と妻マリヤ、トマス新五郎と妻アガタ（ディエゴとトマスは兄弟）の十一人は、熾《おき》で焼かれたり、指を切られたり、焼字を押されたりしたが、全員が堪えた。それで口之津の七人と一緒にされ、十八人で日見へ曳き立てられた。

二月十一日、日見では、トマス新五郎とゴメス芳兵衛とトマス兵衛門とが焼字を押され、アガタは指を切られた。

古賀では、茂木の十人が焼字を押された。大勢の信仰が弱まる中で、ヨハネ荒木勘七、フランシスコ大曲喜助と妻エレーナ、義母アグネスの四人は堪えた。

曳き廻しの十八人は、古賀から島原へ連行されることになった。

長崎近辺の迫害の一方で、領内では、深江・有家・有馬での迫害が始まった。指揮するのは、奉行の田中藤兵衛、多賀主水、村山エロシゾであった。

また二月十一日、深江のフォンセカ神父の宿主であったトマス宗信（医者・六〇歳）と子のヨハネ伊東天平（有家生・地役人・収税吏）が逮捕され、火刑に処せられた。トマスは炭火の上で転がされ、炙られ、その後で柱に縛られ、耳を削がれ、焼字を押され、放置されて息絶えた。死の間際にも四本の指を切られた。

深江の難教者の内、拷問に堪えた十七人が島原に連行された。トマス宗信の妻ガラシャ、バルトロメオ馬場三右衛門と妻クララ、子四人。レオ中井目ソーカン、パウロ久蔵と子、ヨハネ次兵衛、ヨハネ紀齋、ディオニジオ佐伯テンカと子ルイス喜蔵、ダミヤン一弥太と妻ルシヤ、ミカエル喜蔵（ダミヤンの兄弟・ディオニジオの従兄弟）などである。

この中から五人が、親戚・友人がいる有家に曳き立てられた。傷を受けたヨハネ次兵衛は駕籠で、レオ中井目ソーカン、ディオニジオ佐伯、トマス宗信の妻ガラシャ、バルトロメオ馬場三右衛門は徒歩であった。

有家では、五十人が見守る中、この五人は両手の指を一本ずつ切られたり、炬《たい》火《まつ》で顔を焼かれたりした。

二月二十一日、有家で、パウロ源内助右衛門（七〇歳）が、拷問の末絶命した。

子ルイスと妻スザンナも拷問を受け、三歳の幼女は何回も火中に投げ込まれた。

ヨハネ平作と妻マリヤとは裸にして全身を焼かれた。

ガスパルド吉助と妻ルシヤ、十三歳の子ペトロも同様な拷問を受けた。

十六歳のアンデレヤは、燃え上がる火の中に立続けた。

二月二十三日、有家村長田で、シモン清左衛門（組頭・七二歳）が、火床の上で転がされた火傷が元で死亡した。

この迫害者一行は、旧正月（邦暦二月二十六日）が近付いたので、島原へ戻った。

島原城内の牢舎には、キリシタン宗団の支柱であるパウロ内堀作右衛門を始として三十七人が監禁されていた。

二月二十一日の朝、奉行村山エロシゾが来て、入牢の全員を城の堀の側に連行して「今から選んだ十六人を、その手の指を全部切り、次いで首に石をつけて海中に投棄する」と宣告した。パウロの妻アガタ（縁者に松倉家臣高位者がいるので処刑を避ける）と宗信の妻ガラシャは牢に残された。

茂木の者・ディエゴ七兵衛（五六歳）と妻マリヤ（五一歳）、
ゴメス森芳兵衛（五六歳）と妻イザベラ（四七歳）

ビンセンシオ杉八郎左衛門（天草生・六一歳）と妻マグダレナ（五七歳）、
　トマス新五郎と妻アガタ（五九歳）
有家の者・パウロ古江源内（殉教死の源内助右衛門とは別人カ）
口之津者・マリア・ペレス（八八歳）、ガスパルド宗半の妻イザベラ
深江の者・トマス宗信の妻ガラシャ、ミカエル市蔵、
　パウロ久蔵の子ヨハネ伊兵衛
島原の者・内堀の子バルタザール（年令？）、アントニオ（一八歳）、イグナチオ（五歳）
この人達の中で、宗信の妻ガラシャを除いた十五人が二隻の船で沖へ運ばれ、幾度も繰返し海中に投げ込まれ、最後は首に石をつけて沈められた。後にガラシャも呼び出されて海中に沈められた。
海中投棄に立合う二十人も裸で船に乗せ、海中に投げ込まれた者の苦しみを見せつけ、棄教を誘ったが誰一人応じなかった。その後、有馬領外へ出ることを禁じて牢から釈放されたが、彼らは行く所もなく山野で過ごしていた。
古賀では、宿主であるフランシスコ大曲喜助（四八歳）と妻へレーネ（四三歳）、義母アグネス（七五歳）が斬首され、島原へ運ばれた遺体は十字架に架けられた。

二月二十四日、島原へ戻れと厳命された二十人は、「雲仙岳の熱湯で殺す」と宣告された。

一六二七（寛永四）年二月二十八日、「雲仙地獄の熱湯が初めてキリシタンたちの肌を焼いた」（『日本キリシタン殉教史』片岡弥吉）。

パウロ内堀作右衛門など十六人が、虐殺のため連行された雲仙の深淵は「井戸の形をし、普通の部屋位の大きさであった。その底は硫黄質の泥でこれが沸々《ふつふつ》噴き出ていた」（『宗門史』下・八八）。

「雲仙地獄に着いた時、〝諸人こぞりて神を讃えよ〟という賛美歌を皆で歌った。裸にされ、首に縄をかけられて熱湯の泉の中に浸けられたり、引上げられたりして、硫黄のたぎる湯壺に投げ込まれた」（片岡・前出書・p四三四）。

口之津・ガスパルド喜左衛門、ジョウチン嶺助太夫の妻マリア、

　ガスパルド長井宗半、ルイス新三郎

茂木住の口之津出身者・トマス新五郎、アレキシス庄八、トマス近藤兵右衛門

深　江・ディオニジオ佐伯と子ルイス喜蔵、甥ダミヤン一弥太

　レオ中井目宗助と子パウロ久蔵、ヨハネ木崎

有　家・パウロ内堀作右衛門（島原住）、ヨハネ平作（有家の南教者）
古　賀・ヨハネ荒木勘七らである。
島原の牢舎には、四人が残された。事務的な処理のため庄屋であるジョウチン嶺とバルトロメウ馬場とルイス助左衛門、それに伊東天平であったが、天平は数日後、火傷の傷の悪化で死亡した。
三月五日頃、有家のマグダレナが、内堀の妻アガタの立合いで海に投棄された。
五月十七日、更に十人が温泉岳に連行された。
「人々は硫黄の熱湯を体にぶっかけられながら声を出して祈り、賛美歌を歌った。役人はこの人々に猿ぐつわをはめ、熱湯に押し沈めて殺した」（片岡・前出書）。
島　原・ヨハネ松竹庄三郎（松倉家臣三八歳）、ミカエル助右衛門妻マリア（三六歳）、
　　　パウロ西田休巴（七四歳）
口之津・ジョウチン嶺助大夫（庄屋六〇歳）
深　江・バルトロメオ馬場半右衛門（庄屋五三歳）
有　家・ルイス林田助右衛門（乙名・三七歳）、ルイス林田宗可（六七歳）と
　　　妻マグダレナ（六八歳）、子パウロ林田茂兵衛（三五歳）

有馬・パウロ鬼塚孫右衛門（八良尾・ペトロ鬼塚父六四歳）

二度に及ぶ雲仙地獄での難教者は、島原三名、深江七名、有家六名、口之津八名（茂木在住者を含む）、八良尾一名、古賀一名であった。

地域の信仰の柱と云える二十六名の殉教によって、島原半島西南部のキリシタンはほぼ逼塞《ひっそく》させられた状態になった。

なお雲仙での迫害には終わりはなかった。

一六二八（寛永五）年八月二十一日、後に殉教者となるジョアン孫助の妻ウルスラ（有家生）が、雲仙での殉教者となった。

十月二日、ジョアン孫助が、妻が投込まれた深淵に沈められた。

十二月二十五日、肥後のイエズス会平修士ミゲル中島と伴侶のヨハキム・ケンドとヨハネとが捕縛され、一年の自宅監禁の後、長崎に護送され次いで島原に移された。島原では一年間を通じ八通りの拷問を受けたと云う。

最後に雲仙に連行され熱湯を一桶浴びせられた三人は、翌日息絶えた。

中島がどのような影響を持つ人であったか不明であるが、パゼスはその運命を「前代未聞」のことと記している。

またこの年、奉行水野は、その豊後守を試すかのように「長崎にて外道《げどう》宗門替り申す間敷と申す者三百四十二人を松倉の許に遣す、松倉手を尽くし品をかえ様々に御責め成られ候ゆえ、宗門ころび申し候」（『有馬古老物語』）。

松倉の拷問で全て棄教する中で、唯一人耐えた紙子屋浄弥は不届者として雲仙の地獄に投込み抹殺した。

霊地雲仙岳を信徒撲滅の場とした松倉豊後守は「切支丹の大迫害者」となる汚名を帯び、キリシタンに臨む姿は次第に巨大化し領民に覆い被《かぶ》さっていく。

寛永四年、五通の『奉答書』を、ローマで教皇ウルパノ八世に奉呈したのはイエズス会代理管区長のセバスチャン・ビエイラ師（一六一八年八月にマカオから来日し、一九年十一月に日本を去った巡察師ビェイラとは別人）であった。

一六三二（寛永九）年八月十二日、ウルパノ八世の親書を持ったビエイラ師のマニラから日本再入国は、島原の材木商が船長で水夫の大方は口之津出身という船での口之津港であった。

この船には「有馬殿の家来がいて、この人々は積荷と密接な利害関係を持っていた」（『宗門史』下・p二一三）とあり、松倉の密貿易船であったろう。

上陸のビエイラ師は長老のコーロス師とは会えたが、立て続けに処刑が続く有馬でのキリシタンの対応は冷ややかであった。

一六三三（寛永十）年八月二十二日、加津佐村で「さんたまりあの御組」の掟を作ったヤコボ・アントニオ・ジャノネ師が逮捕される。四誓願修士である師は、イエズス会にあること三十七年間、慶長十四年の日本上陸以来二十四年間、主として有馬地方で活動していた。

「島原領かづさ村にて、こんぱにや・くに・いたりあ

一、南蛮伴天連一人（南蛮名・じゃこうべ・あんとにお、日本名法齋）

同宿一人・九兵衛（イエズス会士ホアン・木寺）」（『見聞集』十三）とある。

ジャノネ師が住んでいた現北有馬町折木の坊目木墓地の入り口に、半月に乗った頭が真円で耳がない地蔵像がある。もう一基、有家町の堀の内・今城《いまじょう》墓地にも月に乗った地蔵を刻した墓碑がある。共にジャノネ師が深く信仰していた「無原罪のマリア」を意図し、ジャノネ師を追慕して設置されたものであろう。

八月二十七日、島原で十四人のキリシタンが火炙りとなった。大方が宣教師の宿主で名前からして農民であった（出生地不明）と思われる。

イグナチオ喜右衛門と妻レヂナと子三人、ガスパルド本三郎
バルタザール五郎八、フランシスコ蔵之丞、パウロ庄吉郎
庄吉郎兄弟某、ミカエル三平、ガスパルド与七郎と妻マリアとその子
八月二十八日、島原で、ジャノネ神父と伴侶であったヨハネ木寺修練士（平戸生）とが騾馬に乗せられ、寺中を引き回され、穴吊りにより処刑される。

寛永十年から地獄の酷刑に続き穴吊しの極刑が適用されるようになる。

奉行竹中采女《うねめ》の「大赦令・贖宥《しょくゆう》勅書を持ちローマから来た人」と人相書に賞金を懸けて追跡したビェイラ師が、詮索の網を逃《のが》れるため、上方《かみかた》へ二百五十両で雇い乗船していた船が、終に大坂河口の海上で拿捕《だほ》された。

寛永十一（一六三四）年、逮捕のビェイラ師は、長崎や大村の牢舎で過ごした後、将軍の命令で江戸に移送される。

一六一三（慶長十八）年九月には、「修好通商」が目的で幕府・仙台藩合同での「訪墨通商使」が、メキシコに向け出航した。

主席大使にフランシスコ会士ベアト・ルイス・ソテロ、随員に伊達藩六百石の中級武士支倉常長《はせくらつねなが》ら二十九人の一行である。

翌年の九月、メキシコで幕府使と分かれて「訪欧使節」となり、「通商と宣教師派遣」を目的にスペイン、ローマに向った。

一六一五（元和元）年十月、一行は、中浦ジュリアンらの「遣欧少年使節」が、グレゴリオ十三世に謁見を賜ってから三十年の間をおいてローマに到着する。

パウロ五世の謁見の席に三名のキリシタン代表の随員がいて「殉教の宣教師が縛られ殉教した木材で作った十字架」や、四十人が署名した「五畿内キリシタン願書」を奉呈した。

一六一七（元和三）年六月、教皇は迫害に苦しむ日本キリスト教徒に「贖宥《しょくゆう》」を付与した親書を贈った。

元和六（一六二〇）年七月、パウロ五世のこの親書をマニラで受取り、日本に持ち帰ったのは支倉常長であったと思われる。

マニラまでは常長と一緒であったソテロは、「上司の阻止」で三年遅れで薩摩に上陸し逮捕される。

寛永元（一六二四）年八月二十五日、大村放虎原《ほうこばる》（当時は島）でソテロ師は、「国使を勤めた者への栄誉もなく」、苦しみを意味する「漫火《とろび》」で処された。

同時にドミニコ会士ペトロ・バスケス、イエズス会士ミカエル・カルバリオ、フランシスコ会修士ルイス笹田（都出身）、ルイス馬場らも共に昇天していった。

処刑を前に「パウロ五世の勅書・政宗宛の返書、ロザリオ、金銀で飾った小さな絵二枚、（中略）金のメダイ二個が木の箱に納めてある」ことを、ディエゴ・サン・フランシスコ師に告げ、これを「伊達政宗に渡すことを依頼」（『宗門史』中・p三五一）したと云う。

なお現カトリック長崎大司教高見三明《みつあき》師の祖先は、この訪欧使節団の一員であった仙台藩士松尾大源であった（朝日新聞・ナガサキノート）と云う。

「浦上や外海地方など、住民の殆どがキリシタンだった村邑がキリシタンの非難場所になる。かくて浦上にも諸国のキリシタン武士が来て、農民となって信仰を守り続ける者が少なからずあった」（『日本キリシタン殉教史』片岡弥吉）とある。

寛永二（一六二五）年、口之津の伝道所には、管区長フランシスコ・パシェコと共に六人の宣教師がいた。パシェコ師の逮捕を奉行多賀主水に唆《そそのか》したのは、利欲に目が眩《くら》んだ転向者熊田忠左衛門であった。後にこの男、原城戦では鉄炮頭に抜擢されている。

十二月十八日、三百の士卒で口之津の隠れ家を襲い、中風を病み殆ど盲目のパシェコ師を一撃で斬殺しようとした多賀主水は、尊者への作法にないことと側近に諫止された。

この時、ペトロ仁助（八良尾生）、パウロ金助（有馬近村生）、更にガスパル貞松（大村波佐見生）、ヨハネ喜作（口之津生）、宿主マンショ荒木広左衛門、弟マチャス喜左衛門らも召捕らえられた。

元和六年の「有馬奉答書」署名の口之津村庄屋嶺助太夫、長井宗半、荒木長右衛門らが「これらの宿主は我らの命令に従っただけ」と訴え、身代わりを申出たが叶わなかった。帰途、士卒らは名もなき信徒三人を「キリシタンを殺しても罪にはならぬ」と斬殺した。

十二月二十二日、松倉城下のヨハネ内膳の家で、バウチスタ・ゾラ師と伴侶のカウン修道士（朝鮮人）とが捕《つか》まった。

二司祭の逮捕で、「領内にはパレードの影すら見えず」と広言していた松倉重政は、江戸政庁での立場を失ったため、領内の全キリシタンの名簿への登録を求め、改めて「宗門御穿鑿《ごせんさく》」を行うことにした。

寛永三（一六二六）年閏四月二十六日、「是より先、幕府、水野守信を肥前長崎奉行となす、是日、守信、耶蘇会宣教師・切支丹宗徒を処刑す」（『綜覧』巻16・p一一九）。

旗本三千石余の水野河内守守信は、後に「火炙り将軍」との異名で呼ばれた三代将軍家光の側近で、将軍の意を受けた「宗徒撲滅」が使命であった。長崎では、転向者の代官末次平蔵や町年寄高木彦左衛門らが率先して従った。

五月七日、パシェコ師逮捕の後、肥後から有家に来ていたガスパルド・デ・カストロ師（六〇歳）が、宇山中《あざやまなか》の一本の木の根元で息を引取った。

六月二十日、奉行水野河内守は、島原の牢獄から管区長フランシスコ・パシェコ（六一歳）、ヨハネ・バプチスタ・ゾラ（五七歳）神父、ガスパル貞松、ペトロ・リンセイ修道士らと、ビンセンシオ・カウン、パウロ金助、ヨハネ喜作らの伴侶・同宿などを長崎に連行させ、大村からはバルタザル・デ・トルレス（六三歳）神父とミカエル勝蔵修道士とを呼び寄せ、「処刑見物者は射殺」との厳戒の下で九名を火刑により焼殺した。

火に包まれながら泰然として死に臨む神父らを目にした奉行水野は、言葉を失い恐怖に陥ったと云う。この日、火刑に処せられるはずのポルトガル人四名とヨーロッパ人一名、インド人三名は、棄教して処刑を免れた。

寛永四（一六二七）年、江戸から帰着した松倉豊後守は、水野に照応して「全キリシタン名簿」を基に、信徒の顔に押す、「切」「支」「丹」の三字の焼鏝《やきごて》を造り、拷問による「棄教」へと立ち向かっていく。

奉行水野は、その豊後守を試そうとばかりに「長崎にて外道《げどう》宗門替り申す間敷きと申す者三百四十二人を松倉の許に遣わす、松倉手を尽くし品をかえ様々に御責め成られ候ゆえ、宗門転び申し候」（『有馬古老物語』）。

松倉の拷問に全て棄教し、唯一人絶えた紙子屋浄弥は、不届者として、雲仙の地獄に投げ込み抹殺された。

霊地であった雲仙を信徒撲滅の場とした松倉豊後守は、「切支丹の大迫害者」の汚名を負うことになる。

原城の乱前夜の松倉領

殉教・マルチリヨ
　デウスのご奉公に対し、呵責《かしゃく》を受け　命を捧げることを言う
殉教者・マルチル
　デウスのご奉公に対し、呵責を受け　命を捧げられたる善人
　　　　　　　　一五九五年天草版『羅葡日辞書』

十六・七世紀の日本では、『聖書』を持った外国人司祭は儀礼を主宰し、説教を担当する日本人修道士は布教に必要程度の「教理知識」でよしとされた。修道士を通じてキリスト教の内奥《ないおう》に触れる信徒は、『聖画像』や短いオラショの『使徒信経《クレド》』、『殉教者伝』などで信仰心を育てていったものと思われる。

「天正六（一五七八）年、私が大村に来た時にはすでに全領民がキリシタンであった。しかし彼らはキリシタンの諸事についてはただ洗礼を受けるのに必要なこと以外には何も知らなかった」（『アフォンソ・デ・ルセナ回想録』）。

寛永十六（一六三九）年、平戸商館長カロンは「彼らが聖典について知る所僅《きん》少《しょう》でパアテレ・ノステレ（主祷文）及びアベ・マリア（天使祝詞）を誦し、その上で聖人に捧げる祈祷《きとう》、それらが聖典について知っている主なもので『信仰を棄てれば、霊魂は救われざるべし』と強く多く脅威で教え込まれている」（『日本大王国志』フランソア・カロン）と、信仰を「脅迫《おどし》」で押し付けられているると述べているが、識字層が限られていた庶民では、日本からほぼ宣教師がいなくなった頃まで、口頭や絵像での宣教が主であったことを指摘したものであろう。

慶長十九（一六一四）年、長崎奉行長谷川左兵衛らによる口之津・有馬・有家への信徒迫害の時、有家のアドリアン城戸半右衛門は、裸で村々を引き回され、手を組めないようにと指を切り落とされ、鼻を削《そ》がれ、竹鋸で挽《ひ》かれても、揺《ゆ》るぎない信仰のまま斬首されたが、半右衛門は、字が読めなかった。

左兵衛は、もう一人の難教者べァータ・マリアを有家から長崎に連行し、時間をかけて棄教するように脅していたが、応じないので裸にして市中を引き回し、娼家で女郎にすると云うと悲しみながら「命に従う」と答え屈した。

マリアは、有家への帰る道でドミニコ会士ルエダ神父に出会い、棄教を後悔していると訴えると「それなら奉行の前で取消さねばならない」と諭《さと》された。

慶長七（一六〇二）年、加藤清正の肥後・八代ではすでに「家老の前で前言を取消す」（『宗門史』上・p八八九）ことが行われている。

「公の場で前言を取り消す」のが各修道会の共通の約束であったようだ。

「弟子・きりしたんとは何事ぞや
師匠・御主でいうすの御をしへを心中よりひいですに受くるのみならず、
こと葉と身もち（行動）をもてあらわす人也」（『とちりいなきりしたん』）。

信仰を棄てるにせよ、元に戻るにせよ、個人の「心の問題」であるが、その場に直面した時は第三者の前で明確に表明する事が必要であったと思われる。

一六三六（寛永十三）年十一月、穴吊しの酷刑に堪え兼ねて棄教したイエズス会管区長代理クリストヴァン・フェレイラを除名した巡察師マノエル・ディアスは、「日本人からの伝聞」と断り、総会長宛の書翰で「ペトロ岐部神父が長崎に来て彼（フェレイラ）に、もしも彼が庄屋（役人）のところで前言（棄教を宣言したこと）を取り消すならば自分は彼の穴（吊し）の拷問に同伴するだろうと言った」と庄屋の前で棄教を取消させようとする岐部の様子を伝えている（『ペトロ岐部カスイ』

五野井隆史）。

寛永十四（一六三七）年十月、「島原の乱」勃発の頃、海を隔てた有家の真向、天草・大矢野村の者共が、栖本郡代石原太郎左衛門を訪れ「私共切支丹に立返り申す段御代官に理《ことわり》に参り候」と訴えると「左様に候や」との返事で一同宗旨に立返った（『大矢野小左衛門口書』四）とある。

元和三（一六一七）年、肥後・水俣《みなまた》に面した天草・河内浦代官川崎伊右衛門は、長崎・光永寺の栄念上人を招き、河内浦一町田中村に浄土真宗安養寺を建立、これにより下島四十二村のキリシタンは富岡番代、川崎代官宛に安養寺を檀那寺とする「転び誓詞」を出して一向宗徒となったという。この四十二村の内「志岐・大江・崎津・高浜・河内浦の転びキリシタン五、六千人の立帰りは不明」（『大矢野小左衛門口書』三）とあるので、この人々は一揆へ参加しなかったと思われる。

寛永四（一六二七）年、大村藩では、日蓮宗僧侶がかつて肥後・八代で行ったように「法華経を頭上に戴《いただ》く・御経戴き」を行って、仏徒であるとの「寺請負《てらうけおい》」証明を発行した。

寛永十二（一六三五）年十月頃から、「寺請制度、全国化する」（『日本史年表』岩波書店）とある。おそらく各地で行われ出したのであろう。

寛永十四年十月の一乱では、三会村内の左野村庄屋が妻子一族三十人で、島原城内に逃込んだのを門徒坊主が「わが寺の檀那数百人、今日よりは切支丹になると言って先年、転んだ事を取戻したが、その者共は彼らである」（『左野弥七左衛門覚書』）と云って殺傷に及んだのは、「寺請負」が行われていた証例であろう。

寛文四（一六六四）年、全国一律にキリシタン対策の『寺請制度』実施されるがその先鞭《せんべん》となったのが、元和三年の天草河内浦の安養寺や寛永初期の大村、島原領での事例であろう。

仏教寺院が権力と結び付いて勢力を拡大していけば、邪教邪宗と罵られながらキリシタン信仰の場が狭められていくのは明白なことであった。

元和五（一六一九）年、三会村に寺院建立加勢の招集がかかった時、我らはキリシタンなので偶像に捧げる寺院の建立には参加出来ないと拒否した。この頃、松倉重政はまだ目を閉じていた。

島原多比良村には、慶長十七（一六一二）年創建の安養寺（浄土真宗）があったが、元和年間になって島原築城の祈願寺である光伝寺（日蓮宗）に始まり、元和三年、堂崎村開基の善法寺（浄土真宗）、元和六年には桜井寺（浄土宗）が置かれた。
築城後の寛永二（一六二五）年には、松倉重政が菩提寺とした江東寺（曹洞宗）や晴雲寺（曹洞宗）が、寛永三年には一時全員がロザリオの組員とされた三会村に専光寺（浄土真宗）、寛永五年には杉谷村に西方寺（浄土真宗）が創建された。
『有馬古老物語』に「寛永二年、島中宗門ご穿鑿《せんさく》なられ候へば、この宗門替わり申すまじきと申す七人（中略）温泉山《うんぜんさん》の地獄に沈めなされ候」とあるが、この頃江戸在の松倉は「キリシタン投獄」を令し、パシェコ師、ゾラ師を逮捕させているが、まだ地獄での処刑には及んでいない。
『日本基督教史』（レオン・パゼス）を典拠とした『切支丹鮮血遺書《きりしたんちしおのかきおき》』（ピエール・ギリョン）では、元和二（一六一七）年から寛永元（一六二四）年の八年間、長崎を中心とした宣教師や信者など各処刑地での殉教件数は六十四件、殉教者は三百十一名になっている。
長崎十五件・百六十名、大村十六件・三十二名、有馬十一件・六十八名
平戸十八件・四十五名　諫早二件・三名　五島一件・二名　深堀一件・一名
同様にパゼスの前掲書で、寛永二（一六二五）年から寛永七（一六三〇）年までの

七年間の殉教件数は四十六件で、殉教者はおよそ二百八十八名である。

長崎十五件・七十九名　大村十四件・百二十七名　有馬十三件・七十三名
平戸・〇件　矢上二件・三名　古賀一件・三名　日見・東方一件・三名
一六一七（元和三）年から一六三〇（寛永七）年までの十三年間、有馬地方で殉教者数は二十四件の百四十一名となる。

一六三〇年九月二十八日、大村ではフランシスコ会士三名、第三会員二十三名、帯紐会員四十六名、総数七十二名の殉教があった（『宗門史』p一六九）。

一六一二（慶長十七）年から一六三三（寛永十）年までの二十一年間の「有馬の殉教者」（上智学院理事長高祖敏明氏・二〇一二年作成）は、三十八件・百七十人とされる。

勿論、三十三年以降も犠牲者による殉教は終わることはなかった。

これらは西・南目筋の口之津・有馬・有家・深江、北目筋の島原の件数で、外に北目筋諸村からの殉教者は一人も記録されていない。

佐賀藩家老の多久美作守《みまさかのかみ》は「日本国中、切支丹御禁制稠敷《きびし》く仰せ出され、松倉領分百姓共も寛永五（一六二八）年に皆宗旨を以て改め候」（『有馬記録』）とある。

寛永四年・八件・殉教者五十人

寛永五年・二件・殉教者四人
寛永六年・〇人
寛永七年・二件・殉教者十六人
多久美作守の『有馬記録』は、恐らく、寛永六年の立場からのものであろう。寛永四（一六二七）年の有家で起きた迫害を述べた部分が、『日本切支丹宗門史』（下・p一六二）にある。

「迫害は物凄く夥しい人々が落命した。五月十九日にキリシタン達は、仏僧の家に連れて行かれた。二百八十人の中、漸く五十人が残った。（中略）五月二十三日、豊後殿は五十人を島原に連れ出させ、他のキリシタン達はその数を増やす筈であった。五月二十四日、難教者の中の七人は、他の者の目の前で殉教させられた。即ち、トマス吉兵衛、八十三歳の老人パウロ永田、レオナルド作左衛門、ヨハネ権左衛門、デニス・ゼンイチョ、そして慈悲から綽名されていた寡婦マリヤ、パウロ永田の妻で八十歳のクララであった」とあり、殉教の様子については、難教者七人の内五人が、拷問の五日めと六日めに転んだ。最後に転んだのはパウロ永田であった。その後、パウロ永田、レオナルド作左衛門、ヨハネ権左衛門らは前言を取り消して命を終えた。五月三十一日、「生ける石の如く」頑として棄教を拒んだいたトマス吉兵衛も息を引取った。

　寛永五（一六二八）年の事件として有家のキリシタン迫害に及んでいる箇所が『有馬古老物語』にある。

「有家村の人民二百七人、以前、宗門ころび判仕り候事後悔に存じ、各残らず打連れ島原へ判形取返しに参り候。その内、権左衛門、作左衛門、休意夫婦、又右衛門、監物が娘（『百姓たちの戦争』著者吉村豊雄は、人数から見て姉妹とするガ）、この七人は、その張本にて候故竹鋸にて挽れ候。後は堪えかね皆々転び申し候。然れども、吉兵衛一人は転ばず、終に首を挽落とされ申し候。然れどもこの者共頭人たる故、権左衛門、作左衛門誅《ころ》され候て、残り四人御助け成られ候。その後有家村庄屋内蔵之丞を始として以上六人、堀の内の田に埋め、竹鋸にて首を引落し成られ候」、内蔵之丞は休意夫婦の倅である。

　この二編に共通して登場するのは、トマス吉兵衛、ヨハネ権左衛門、レオナルド作左衛門であるが、三人は同一人物だと思われる。

　一年違いの年代、内容は迫害と転び判形取返し、人数は百八十人から百七人なども異なっているが、難教者の人数七人や、共通する吉兵衛、権左衛門、作左衛門、特にトマス矢矧《やはぎ》吉兵衛の信仰心が不退転で堅固であること等共通しており、この二編は同一の事を扱っているものと思われる。

一六二七（寛永四）年十二月、島原で殉教したレオナルド松田伝蔵は、トマス吉兵衛・ヨハンナ夫婦の娘マグダレナの聟であった。

ところで、「原城戦」を扱った『百姓たちの戦争』（吉村豊雄）に、出丸大将として有家村馬場休意が、有家監物定次の名で登場する。

「有家監物定次、これは四郎舅、城にて惣取り仕り候」（『天草陣雑記』）、ここには、汚れなき美少年とされた天草四郎が、実は結婚していたという事実が示されている。

寛永六（一六二九）年、有馬では「仏僧達をキリシタンの間に送り、これを信者に養わせ、またこれに死者の埋葬をさせる」（『宗門史』下・p一四六）行為が行われ、キリシタン墓には洗礼名を付けたり、宗教的印を残すことを禁じた。

島原半島の残存墓碑で記銘があるのは元和四（一六二五）年までであるが、その後も紀銘のある墓碑が作られていたための「禁令」であったのだろう。

寛永六年七月、「是月、肥前長崎奉行竹中重義、切支丹宗徒数十人ヲ温泉岳ノ熱湯ニ投ジ、又、百数十人ヲ捕へ、諭シテ改宗セシメ、宣教師四人を禁獄ス、尋デ同国大村純信、亦、領内ノ切支丹宗徒数十人ヲ刑ス」（『綜覧』16・p二二六）とある。この頃、幕府は信徒を殺戮から転宗させることに舵を切っている。

長崎のキリシタン宗団の大方を破壊して去った奉行水野河内守の後任の豊後大名竹中采女正《うねめのかみ》に、松倉重政は長崎のキリシタンの肌身を雲仙地獄の硫黄湯で焼くことを勧めた。

八月三日、男三十七人女二十七人の六十四人が五組に分けられて雲仙岳に連出された。松倉は地獄を虐殺の場としたが、竹中重義は棄教のための「山行き」とし、熱湯責めにより六十人の棄教者を出した。

「乱」の勃発と同時に「寺社を焼き僧侶・社人を殺す行為は、有馬晴信時代への回帰を意図した」（『島原の乱』神田千里）とされているが、キリシタンの迫害に僧侶が積極的に関わっていたことで僧侶に対する、信徒の恨みが爆発したものだと思われる。

島原半島の西南で迫害が猖獗《しょうけつ》に向かう頃、北目諸村では、慶長十七年（一六一二）

年、肥後玉名郡から多比良村へ入部の菊池明順の正覚寺、大野村への弟明玄の勝光寺などの創建で、浄土真宗による信徒の帰依《きえ》が一円に拡がっていた。

北目地区の民衆が「キリシタン一揆」に不参加の主因は勝光寺などによる仏法弘布《ぐふ》によるものであったろう。

「切支丹繁昌仕候て曽て仏法を存ぜられず候処、勝光寺開基明玄は（中略）邪義を破り正義に赴き候、これに依って一乱の時も勝光寺門徒一名も徒党仕《つかまつ》らず」（『勝光寺文書』）とある。

一六三〇（寛永七）年六月、コーロス神父は迫害が届かない天草へ逃れた。九月二十日、九人が竹鋸で首を挽かれ、殉教者となった。

トマス吉兵衛の父バルトロメオ喜之助、パウロ永田の子ミカエル信五郎庄屋ルイス内蔵之丞、マンショ庄左衛門、有家庄屋マチヤス吉左衛門、ヨハネ孫助は有家の者、ミカエル与作とパウロ与市、ルシャは深江の者であった。

元和五（一六一九）年以降、全ての宣教師の日本への渡航地が呂宋島からであることを知った松倉重政は、奉行竹中采女と語らい耶蘇教の撲滅はマニラ襲撃にあるとして、商船を装いマニラ人好みの「うどん粉」を積み、敵情視察を行った。

十一月十一日、「松倉重政、船二隻を呂宋島《るそん》に派し、家臣木村権之丞・吉岡九左衛門等をして軍情を偵察せしむ、ついで重政卒す、子勝家嗣ぐ」（『綜覧』巻一六）。

彼の急逝で計画は沙汰止《さたや》みとなったが家臣二人は翌年八月帰国している。

「暴君（重政）は采女を尋ねるために長崎に行っていた。彼は病を得て帰りたがった。然し僅かに一リュー行くと茂木の港でこの哀れな人は発狂した。彼は頻《しき》りに『退け、私の周りにいて私をくるしめている大勢の奴、退け。貴様（松倉家臣）たちは、この有家の庄屋が見えないか、彼奴は私を苦しめに来た。だがとりわけの頭奴、こ奴が私を殺す』と叫ぶのであった。（中略）口之津の港で彼は叫んだ。『私は病気よりもキリシタンの意見で悩む。キリシタン達は、天が私がキリシタンになした悪行のために私も罰するものと信じようとして

島原市・江東寺の松倉重政の墓碑

おる。然し私は誓うが、一度よくなったら愈々酷く奴等を迫害したい』」（『宗門史』下・p一六九）と。

松倉重政、寛永七（一六三〇）年十一月十六日、小浜温泉での療養中に死去、毒殺の流言もあったが不明。行年六十一歳、墓碑は菩提寺江東寺にある。

島原の治政二十四年、耶蘇教徒迫害の歴史にその名を残す。

「松倉重次（勝家）、封を襲ぐの後、吝嗇《りんしょく》・貧婪《どんらん》・色を好み、士を礼さず、士多く遁れ去る。禁令行わず、異教再熾《さいせん》、重次覵《み》て聞知する所なし」（『島原記』）。

継嗣重次の領主としての愚鈍ぶりを述べたなかで、「士多く遁れ去る」とは、寛永十二年（一六三五）年末に松倉家臣が、幕府評定所に「申し分あり」と訴状を上げ、その処理により四十八人が、白昼城下から退去に及んだことと、寛永十三年には、松倉・寺沢両家で、十二歳から七、八歳までの若衆が宗団逃走したことを意味している。

一六三二（寛永九）年七月、マニラの五修道会は、迫害下の日本信徒の霊魂救済のため、四隻に分乗させた十一人の宣教師（後、全員殉教死）の派遣を決定した。

松倉の密貿易船に乗った、ローマから帰途のセバスチャン・ヴィエラ神父は、フランシスコ会のジネス・デ・ラ・ケサダ、ヨハネ・コルレラとドミニコ会のジョルダン・デ・サン・エステバン神父らと共に、嵐を抜けて口之津港に到着した。

アウグスチノ会レコレト派のマルチン・デ・サン・ニコラス、メルチョール・デ・サン・アウグスチン両神父と、アウグスチノ会原始会則派のフランシスコ・グラシァ、ミゲル・デ・サン・ホセらの二隻は支障なく長崎に着いた。

しかし、八月十二日到着のニコラスとアウグスチン両神父は、信徒救済の熱望も空しく、十月二日に捕まり十一日、西坂で火炙りによる最初の犠牲者となる。

イエズス会のパウロ斉藤（丹波生）、小西マンショ（対馬生）とドミニコ会ヤコブ・デ・サンタマリア朝長（大村生）らの船は、日本まで通常二十日の航路を、嵐に遭遇し五ヶ月間漂流し、十二月末薩摩に漂着して翌年三月までをそこで過ごした。

一六三二年以降、長崎では宣教師の死が相次ぎ三十三名が落命する。まさに長崎は、キリシタンの「屠殺の町」と化したのである。

一六三三（寛永十）年七月頃、イエズス会管区長代理セバスチャン・ビェイラ、大坂湾河口に停泊中に臨検を受け、五人の同宿・伝道士と共に逮捕される。直に長崎へ連行されるが、将軍が引見したいとの希望により、江戸へ護送される。

七月八日、イエズス会修道士ニコラス・ケイヤン・スクナガ（嬉野・不動山四郎右衛門）は、「斬首・火炙り」に次いで「彼から始まった」とされる残虐刑「穴吊り」により惨殺された。

「絞首台を造り、その下に深さ二バラ、直径一バラ（約〇・八七㎝）の穴を掘り、そこに逆さに吊し、足を上にして体の半分、腰までを穴に入れ、穴の口がふさがる大きさのような形の二枚の板を腰の所につけ、その板に多数の石を置いた」（『キリシタン時代の日本人ドミニコ会士』p一二二）と云うのがその処刑法であった。

八月十五日、フランシスコ・グラシャとヤコブ朝長が穴吊しとなる。

八月十六日、長崎でイエズス会士マノエル・ボルゲス神父が穴吊しで絶命した。この神父によりイエズス会に導かれたヨゼフ・レオムイ修道士（肥前生）とディエゴ進藤修練士（有家生）、外三人の日本人が次々と息を引取った。

ボルゲス神父と共にマカオから入国した後逮捕されたディエゴ進藤は、慶長十九（一六一四）年有家で殉教したアドリアン城戸半右衛門の子息であった。

八月二十七日、島原刑場で、大方が宿主のキリシタン十一人が火炙りとなった。

同日、ジャノネ神父と伴侶のヨハネ木寺修道士（平戸生）が穴吊りとなり、二十八日と二十九日にそれぞれ息を引取った。

九月三日、アウグスチノ会上長バルトロメオ・グティエレス、ヴィセンテ・カルヴァリヨ、フランシスコ・デ・ヘススの三神父とイエズス会の石田アントニオ神父（島原生）、フランシスコ会のガブリエル・デ・マグダレナ修道士、それにベアトリセ・ダ・コスタ夫人と娘のマリアの代わりとして城ジェロニモ神父（豊後生・孤児としてイエズス会に育てられた）の六人が、火炙りで処刑された。

九月二十六日、長崎でフェルナンデス神父（五四歳）とパウロ斉藤神父（丹波生・五六歳）とが穴吊りとなった。フェルナンデス神父は、二十六時間後、穴から引揚げられ治療を受けていたが、斉藤神父が七日間堪えて息を引き取ったと聞くと、「私はパウロを待っていた」と言ってそのまま息絶えた。

九月末頃、パウロ斉藤神父の伴侶であったディエゴ度島（平戸生）が、火炙りとなった。また小倉でジュリアノ・デ・中浦神父とトマス了寛修道士が逮捕された。小倉で逮捕されたトマス了寛（天草生）とベント・フェルナンデス神父の伴侶ルイス・カフク（有馬生）、ヨハネ・ダ・コスタ神父の伴侶ディオニジオ・山本（広島生）の三人が火炙りとなった。

十月四日水曜日、長崎で、ヨハネ・ダ・コスタ神父と斉藤トクウン神父（伊予生）、一六一九年マニラで、ソテロ神父から司祭叙階を受けた四人の日本人の一人、フランシスコ会律修第三会員のヨハネ宮崎神父（長崎生）、フェレイラ神父の旧《もと》伴侶のダミヤン深江（深江生）、従僕のロレンシオ・フシ、コスタ神父の伴侶日本人のルイス修士らが穴吊しとなった。

七日目にコスタ神父が息絶え、九日目に斉藤、宮崎の両神父とダミヤン深江が息絶え、十日目にロレンシオとルイス修士が息絶えた。この時、別に二人の日本人が斬首されたと云う。

十月十八日、長崎では、イエズス会管区長代理クリストファル・フェレイラ、中浦ジュリアン、ヨハネ・マテオ・アダミ、アントニオ・デ・ソーザ、ドミニコ会ルカス・デル・エスピリット・サントの五人の神父と日本人神学生のペトロ、マティオ、フランシスコの三修練士らが穴吊りの刑に処せられた。

処刑第一日め、クリストファル・フェレイラ神父（ポルトガル生・五四歳）は、吊された五時間後に棄教する。

二日め、ドミニコ会のフランシスコ修道士（日本人）が昇天。

三日め、イエズス会のジュリアノ・デ・中浦神父、ペトロ修練士とマテオ修練士（共に日本人）が帰天した。

五日め、イエズス会のヨハネ・マテオ・アダミ神父が昇天。

九日め、イエズス会のアントニオ・デ・ソーザ神父が昇天。

十日め、ドミニコ会のルカス・デル・エスピリット・サント神父がそれぞれ昇天した。

十月二十九日、二度の管区長経験者マテオ・デ・コーロス神父（六三歳）が、京都伏見のライ病者の小屋で衰弱死する。

一六三〇（寛永七）年七月、岐部神父と共に薩摩坊津に上陸したミカエル松田神父（天草志岐生・四九歳）が、宿主の裏切りにより長崎の山中で衰弱死を遂げた。

寛永十一（一六三四）年四月、将軍は江戸に移送させたヴェイラ神父を引見することはなかったが、幕府はヴェイラ神父に白州での「信仰の玄義」を説明する機会を与えた。師は正服と長衣に着替えイエズス会の神父として出頭した。

縷々《るる》説明を終えた神父は、筆紙を所望し、日本語による天主の玄義を認《したた》め、ポルトガル語にも翻訳し、これを将軍へ贈呈した。

将軍は全幕臣の前でこれを開き読んだ。やがて霊魂の不滅に関する一節に至るや、「己が信仰を実に誠実に述べている、このヨーロッパの僧は、真に聖人だ、もしこの言葉が真理だとすれば、我々は不孝なことだ」（『宗門史』下・p二七一）と感動した叫びを上げたと云う。

六月六日、江戸でビエイラ神父（六三歳）と五人の日本人修練生、フランシスコ会士ルイス・ゴメス神父（八〇余歳）とフランシスコ修道士（日本人）とが刑場に導かれた。

六月七日、大坂ではフランシスコ会のケサダ、トレラ両神父の処刑があった。

六月九日、「焔で死ぬ」と預言していたビエイラ神父は、なお生きており、穴から引出され、柴束を積重ねた上で火炙りとなった。

「役人らは、彼の息を引取るのが待ちきれず、柴束を積み重ねて点火した。ローマ人たるこの修道者は、この火炙りにあって、労苦と艱難に満ちた四十五年の使徒的な生涯を終えた」（『宗門史』下・p二七二）。

神父殉教の報にマカオでは大祝祭が挙行され、これが十三日間続いたと云う。

九月十三日、琉球で捕縛されたギリエルモ・クールテー、ミカエル・デ・オツァラツァ、ビンセンシオ・デ・ラ・クルス（島原生・塩塚ジュアン聖人）の三神父が薩摩から長崎に到着し、九月二十一日には、上長アントニオ・ゴンザレス神父と二人の俗人信徒が一行に遅れて長崎に護送されて来た。

彼らへの拷問は、水責め、指爪の間に銅針を差す、聖母マリア、聖ドミニコの像を踏ませるなど苛酷を極めた。

九月二十四日未明、ゴンザレス神父の息が絶えた。

二十七日、頭の半分を剃られ、顔の左を紅がらで塗られた五人が、穴吊しのため刑場へ引かれて行く時、沿道の民衆からはかつての称賛の声はなく、暴言と呪いの言葉が浴びせられた。

二十九日、二人の信徒は息絶えていたが、なお堪えた三人の司祭は穴から引き揚げられ、斬首された。

一六三四年、日本で二人となったドミニコ会士のジョルダノ・デ・サン・ステファノとアウグスチノ会士トマス西（豊後府内生）の両神父が長崎・水ノ浦で逮捕され、十一月十一日、西坂で穴吊しで処刑された。三ヶ月の牢獄生活の中で、通訳のポルトガル船員に役人が「ロザリオの聖母」の絵を踏ませようとした時、二人は絵に覆い被さって阻止したと云う。

一六三四（寛永十一）年には、遂に長崎・島原および天草地方で活動する宣教師は皆無《かいむ》となる。

一六三七（寛永十四）年八月十六日、フランシスコ・デ・グラシアと同船で来日の日本人ミゲル・デ・サン・ホセ神父（豊後生）が、長崎で穴吊しの処刑にあった。

マニラからドミニコ会管区長代理アントニオ・ゴンサーレス、ギリェルモ・クルテ、ミゲール・デ・アオソラサ、ビセンシオ・デ・ラ・クルテの四神父と、日本人修道士ラザロ・デ・京都と混血児ロレンソ・ルイスの二人が、琉球に到着し、全員逮捕され二組に分けて長崎に護送される。

十一月六日、トマス・デ・アゴスティン（大村生・日本名・金鍔次兵衛）神父が、宿主の三人と一人の女性と共に穴吊りの刑で処刑された。「フィリピンのアウグスチノ会偉人伝を書いた同修道会のオサリオは、トマス神父の生涯を次の言葉で結んでいる。〝彼はこの管区の最も高価な真珠の一つである〟」（『キリストの証し人』属・H・チースリク）と。

「一六三八（寛永十五）年に、日本に滞在していた宣教師全員（五名）、イエズス会士もフランシスコ会士も東北地方にいた」（『キリシタン時代の日本人司祭』H・チースリク）。

寛永十六（一六三九）年、原城陥落の翌年、仙台でイエズス会士の岐部ペイトロ（豊後国浦部生・五二歳、一六二〇年十一月十五日、ローマ・ラテラノ教会で司祭叙階）、マルチィノ市左衛門（有馬生・六三歳・式見市左衛門）、寿庵（ミラノ生・六三歳・ジョバンニ・バッティス・ポッロ）が捕縛され、江戸送りとなった。牢舎での穴吊りの拷問により式見とポッロの両師が「念仏」を唱えたとして牢舎に戻され、その後獄死したと云う。

穴吊しに堪えた岐部ペトロは引き揚げられた後、薪により焼死させられた。

寛永十七（一六四〇）年、仙台で逮捕されたフランシスコ会士のフランシスコ孫右衛門（フランシスコ・バラハス）とベルナルド市左衛門（ベルナルド・デ・サン・ホセ・オソリオ）の両師も江戸送りとなり、芝で火炙りにより絶命した。

正保元（一六四四）年、小西行長の孫で京阪地方にいたと云うマンショ小西神父の殉教を最後として、日本では教会・司祭不在の期間に陥る。明治三（一八五六）年、世界宗教上の奇跡と云われた「信徒発見」を迎えるのである。明治六（一八七二）年、禁教の高札は撤去された。

ザビエル師により蒔かれた信仰の麦は、日本的な変容は加わっていたとしても、根絶えていなかったのである。

九月十三日、琉球で捕縛されたギリェルモ・クールテ、ミゲール・デ・アオソラサ、ビンセンシオ・デ・ラ・クルテ（島原生・塩塚ジュアン・聖人）の三神父が薩摩から長崎に到着し、九月二十一日には、管区長代理アントニオ・ゴンザレス神父と京都修道士とルイスとが一行に遅れて長崎に護送されて来た。

奉行榊原飛騨守職直と馬場三郎左衛門利重の彼らへの拷問は、水責め、指爪の間に銅針を差す、聖母マリア、聖ドミニコの像を踏ませるなど苛酷を極めた。

奉行の前で尋問されたゴンザレスは、一通の宣教師宛の書翰を持参していることを申しでた。誰宛かと問われて、通訳のクリストヴァン・フェレイラは、恥じて震えながら「私宛である」と奉行に答えたと云う。

九月二十四日未明、ゴンザレス神父の息が絶えた。

二十七日、頭の半分を剃られ、顔の左を紅がらで塗られた五人が、穴吊しのため刑場へ引かれて行く時、沿道の民衆からは「前のように殉教者に対する称賛ではなく、（中略）少し前まではキリシタンであった人々の残忍な嘲《あざけ》りの声のみであった」（『キリシタン時代の日本人ドミニコ会士』ホセ・デルガト・ガルシア・p一五六）。

二十九日、二人の信徒は息絶えていたが、なお堪えた三人の司祭は穴から引き揚げられ、斬首された。

終章　島原半島はキリシタン墓の聖地

明確にキリシタン墓碑と認められるもの「全国総計数は二〇二基で、内訳は大阪府八基、京都府二十基、熊本県十四基、大分県九基、佐賀県一基、長崎県一五一基、その他、南島原市一一四基、雲仙市九基、島原市八基」（平成二四年現在『日本キリシタン墓碑総覧』企画南島原市教育委員会・編集大石一久）とある。

集計全国墓碑数の内、島原半島三市で一三一基、実に国内の六五％が残る。旧幕府時代から明治九年までは、南島原市の現西有家町・有家町は、有家三村として一括「有家」と呼称されていた。この有家に国指定墓碑一基を含む七十六基、南島原市墓碑数の六七％が集中して残存している。

この状況をキリシタン研究の泰斗《たいと》故片岡弥吉は「島原半島のキリシタンは、島原一揆以降絶滅したので、（中略）キリシタン本人や類族を有する他の地方とは異なった」として、そのため島原半島では「徳川幕府の徹底的墓あばきと破壊」が緩《ゆる》やかだったので「残存する墓碑が多い理由」と指摘された。

明暦三（一六五七）年十月十一日、「長崎奉行黒川与兵衛正直、本府、邪教徒　郡《こおり》村《むら》矢次の兵作を捕縛し、波佐見村・郡村の捜索を命ず。囚徒六〇三人、平戸・佐賀・島原三藩に分属せしむ」（『九葉実録』別冊p二三二）。いわゆる大村「郡崩《こおりくず》れ」（崩れ・キリシタンの検挙で信徒の地下組織が崩れること）の発生である。

逮捕された者は妻子を含め六百三人（男・三百七十四人、女・二百十九人・卒六人、他は平民）で、全員「キリシタンとして処刑」されることになった。多人数だったので、長崎・大村の獄舎に収容しきれなくて、佐賀・平戸・島原の三藩に預けられた。

十一月二十九日、囚徒男女八十人が諫早・中江原に護送された。

十二月十四日、囚徒男女九十八人が、早岐村に護送された。

十二月二十二日、囚徒男女七十一人が、島原口の山田村に護送された。

万治元（一六五八）年七月十八日、「長崎奉行の邪徒鞫獄《きゆうごく》なる。蓋《けだ》し七十八人は各所の獄中に病死す」とあり、長崎獄・十人、佐賀獄・二十二人、平戸獄・九人、島原獄・十三人、大村獄・二十四人が獄中の劣悪な環境か拷問によって死亡したと思われる。

「九十九人、邪徒ならざるにより赦《ゆる》される。しかし二十人は長く獄に繋がる」とあり、佐賀二十一人、平戸二十五人、島原二人、大村・長崎五十一人の九十九人は、キリシタンではないとして帰宅を許された。

「斬殺され梟《さら》された者」は、長崎で百十八人、佐賀で三十七人、平戸で六十四人、島原で五十六人であった。

島原藩では「(大村で)搦取者《からめとる》・六百三名の内、島原で斬罪五十六人、牢内病死十三人。妻子の島原流罪・男女六十五人」(『見聞録四〇』)とある。

七月二十七日、大村放虎野で残る邪徒百三十一人が斬殺された。

「男女の囚を分かち四行に居らしめ、列毎に剣手三人ずつ漸次にこれを斬り、八月二十五日に至るまで首を梟し終に土中に埋む」。

七月二十九日、邪徒の塚墓を発き、その尸骨《しこつ》を海に投ず。

八月十二日、長崎奉行所より「蛮像彫刻」二枚を借りて、これを以て「領内を普く廻って各人に像版を踏ましめ、その怪しむべきなきを求める」とある。

八月二十九日、「郡村の邪徒蔓延せしを以て、該村横目渡辺六左衛門、吉川九兵衛に自刃せしむ」（以上『九葉実録』第一冊p二二～二四からの要約）。
幕府は、「郡崩れ」の結果、大村藩に対して次ぎの項目を厳命した。
㈠　訴人褒賞制度の制定
㈡　寺院建立と小鎮守の護持の奨励
「幕府は元和元（一六一五）年以降、新寺の造営を禁じていた。（中略）小鎮守（神社）に対して祭祀の執行と領民による日々の清掃、参詣の推奨をもとめた」（『浦上四番崩れ』p九九　安高啓明）。
㈢　キリシタン墓の徹底破壊

寛文九（一六六九）年六月八日、丹波福知山領主四万五千石松平主殿頭源忠房は、飛領地宇佐・国東二郡と共に二万石加増の上、島原藩へ移封となった。

寛文十二（一六七二）年七月十六日、長崎奉行事務監督のための舟便には舟手が必要として、天草郡砥岐《とき》組九村（千三百石の地）を預かりとされた。

亨保五（一七二〇）年六月十三日、第二代松平忠雄の時、豊後二郡の外に、両肥四郡「肥前彼杵郡六百石・高来郡二千石・肥後国天草郡二万七百石・八代郡四石」の土地の統治を委託された。

寛政十一（一七九九）年、島原藩統治の天草の大江村・今富村等で「牛殺し」が行われ「とふじ（冬至）・とうやの霜月祭（降誕祭？）」に、神に備えているとの噂があった。

文化元（一八〇四）年七月、第七代松平忠馮《ただより》の時、島原藩公事方奉行佐久間六郎兵衛、大竹仁左衛門の二人が出府、十月、幕府勘定奉行宛に、島原藩飛び地天草での「カクレ異宗信仰の者」の取り扱いについての伺書・口上書それぞれ一通を呈出した。

文化二（一八〇五）年二月二十四日頃、島原藩郡方勘定奉行川鍋次郎左衛門一行十四名が「西目筋三ヶ村、大江村・崎津村・今富村の宗門心得違いの者詮索のため」天草・富岡に上陸した。取調べの過程で、高浜村にも「カクレ」がいることが判明し、四ヶ村となる。この状況を「天草崩れ」と称した。

次ぎは、四ヶ村の検地高及び人口である。

大江村・検地高三百八十五石三斗七合、人口三千百七十九人

崎津村・検地高二十四石二斗五合、人口二千四百六十六人

今富村・※万治検地百八十九石九斗七升、※文化二年人口二千八百三十六人
高浜村・※万治検地五百六十石余、人口三千三百三十六人

人口に較べて耕作地の生産性の低さに驚かれると思うが「天草の飢えはカラ芋の増産で救われた」と云われている。

「天草郡の儀は大洋を請ヶ《ママ》一体山許りの離島にて、峡岨・岩石・谷間田地多く、畑方は山々打開き候山畑のみにて、少々宛平面の耕地は、川添い、海面干潟締切り新開の場所にこれあり……」（『地方演説書』）とあるように耕作地は少なかった。

取調べは、文化二年十一月十五日、四ヶ村の「心得違いの者に各自の調書に押印」を以て終了、「他の八十四ヶ村が固唾《かたず》をのんで見守なか、領民には何の咎めもなかった」（『宗門心得違い始末』平田正範遺稿・濱崎栄三、濱崎献作編集）。

大江村・「心得違いの者」二千百三十二人、総人口の六七・八％
崎津村・「心得違いの者」千七百十人、総人口の七二・二％
今富村・「心得違いの者」千四十七人、総人口の五七％
高浜村・「心得違いの者」三百十六人、総人口の〇・九五％
四ヶ村・「心得違いの者」総数五千二百五人、総人口の四八・八％

ただし、大江村・崎津 村・今富村に限ると、実に七六・六%が「心得違いの者」がいて、非キリシタンの者と一村を形成していたことになる。もし「心得違いの者」を摘発し断罪に処したなら、村落は崩壊し、「原城の乱」後と同じ無人の荒野に成りかねなかった。幕府と島原藩と地方役人との事後処理は、『異宗改信者影踏張』が作られ、年二回の「絵踏み」と各家の墓を調べ、キリシタン墓と判断されたら取壊されたり、一ヶ所に集められたりと云う処置で終わった。

しかし天草の信徒は「絵踏み」を行った足を洗い、その水を飲んで信仰を守ったと云う。

一八六五（慶応元）年、長崎でフランス人の礼拝堂として大浦天主堂（日本二十六聖殉教者聖堂）が完成した。

寛政二（一七九〇）年七月、肥前国西彼杵郡浦上村山里郷で、「仏像建立経費負担」を巡って潜伏キリシタンの存在が問題化する事件が起こり、以後、四回に亘り断続的に「潜伏キリシタン」事件が発生する。

寛政二年の時を、浦上一番崩れと謂《い》い、天保十三（一八四二）年の時を二番崩れ、安政三（一八五六）年の時を三番崩れと呼んだ。この事後処理は全て「異宗」は存在したものの「切支丹」は存在しなかったこととして済まされた。

一八六五年三月十七日金曜日の午後、浦上山里に住む老若男女十五人ほどが大浦のフランス寺を訪問した。堂内で祈るプチジャン神父の許にイザベリナ杉本ゆり、妹クララてるら三名が近づき「ワレラノムネ、アナタノムネトオナジ」と伝えて、所謂「信徒発見」となった。

「キリシタンの信仰を隠匿して保持しようとする段階から、公に表明して保持しようとする段階へと彼らの態度は転換」（『潜伏キリシタン』大橋幸泰）したことになる。天主堂寄留の神父たちと浦上山里郷住民との活発な交流が始まった。

慶応三（一八六七）年六月十四日の早朝、ロカイン神父がいた浦上村本原郷の秘密教会サンタ・マリア堂（当時、四小聖堂があった）を公事方役人が襲った。

この日を境に、浦上キリシタンの指導的人物高木仙右衛門ら六十人が逮捕され桜町牢に投獄された。「浦上四番崩れ」の勃発である。

「浦上四番崩れ」では、北は金沢から南は鹿児島までの「二十藩へ三千三百九十四人の流罪」が断行され、同時に「仏教墓は立碑《りっぴ》、伏碑《ふせひ》キリシタン墓」として「寝墓《ねばか》・形変わり候墓」に対して徹底的な破壊、遺棄が行われた。

この結果、長崎でのキリシタン墓碑は、後述のグレシャスの墓碑と稲佐のオランダ墓地のものだけしか見れないという状況であった。

「明治元（一八六八）年十一月、久賀島のキリシタン約二百名が逮捕された「五島崩れ」も、大浦天主堂を訪問した五島の信徒と神父との交流から始まっている。久賀島の松ヶ浦に設けられた六坪の牢（牢屋の窄《さこ》）での八ヵ月の拘留で三十九人の死者がでたと云う。全員の釈放は二年後であった。

京都帝大の新村出博士が「考古家」と呼び、昭和二（一九二七）年には足を運ばれたこともある、現南島原市有家町の森豊造（一八八一〜一九五八）は、明治三十五（一九〇二）年頃には、小川の岸で「水神様」と呼ばれている石塊《いしくれ》や、個人宅で塔石を屋敷神として祀《まつ》ってあるものに、方形の彫り込みの中に「花十字」の形をした文様が浮き彫りされているのを、「キリシタン墓碑」と認識していた。

明治六（一八七三）年二月、「キリシタン禁教令」が解除され、明治二十二（一八八九）年の憲法で「信仰の自由」が明記されても、世間では依然として「基督教邪教論」が根強く蔓延《はびこ》っており、「世人と共に学者の注意をこれに向くる者殆どなし」という有様で、キリスト教遺物についての知識や記憶は、全国的に世間一般から見事なまでに抹消されてしまっていた。

「異形の石塊《いしくれ》」には他にも「稲荷神」、「歯、耳の神」、「山伏《やんぼし》の墓」、「牛の墓」などと呼ばれているものもあったが「ふれると祟りがある」とのタブー意識が根強く、森豊造がそれらの写真一枚を撮るのにも、大正元（一九一二）年頃まで待たなければならなかったほどであった。

石塔や地面に半ば埋もれ打棄てられている石塊に「十字架」や「花十字」の文様、仮名戒名があっても、まして小口（軸）面や底面を刳《く》り抜いて手水鉢《ちょうずばち》や水盤にした異形石を見ても、日本の墓石になれた村人の誰もが、かつてキリシタンが用いた「キリシタン墓」であるとは思いもしなかった。

日常の生活で手頃なものは石垣や境界石、石蓋《いしぶた》、小川の飛び石などに利用し、転用価値がないとなれば邪魔だとして遺棄・破壊されたであろう。

大正十五（一九二六）年一月に、古キリシタンの町と云われた口之津町を訪れた片岡弥吉は、同地の砂採取場で掘出された五基のキリシタン墓を確認している。昨近では二基が認められるだけで、その付近には二十基ぐらいがあったとの話も残る。加津佐町で七基、圧倒的に残っているのは西有家町の三十二基と、有家町の四十四基である。

しかし、これらのキリシタン墓も苛酷な時を経てわれわれの前に現われているのである。発見された時にキリシタン墓として祀られていたものは一基もなかった。

大正三（一九一四）年、江戸時代初頭のキリシタン時代の遺跡を論じた大分県在住の伊東東の『「クルスバ」と了仁寺』を紹介した田中祐介（大分県教委）は、「一九一四年という年は、キリシタン遺跡研究の歴史をふりかえるとき、前人未踏の時期」と、伊東東氏の先鞭生《せんべんせい》を賞賛している。有家の二十一歳の森豊造も、「キリシタン墓碑」の研究者としてはもっと賞賛されるべき人物であろう。

大正六（一九一七）年八月末に京都市の延命寺、十一月には成願寺で「慶長年間の耶蘇信徒墓碑が前後二回、合わせて四基発見」を報じた「大阪毎日新聞」や、『古学雑誌』などの情報は、森豊造にも届いていただろうか。

この年、森豊造は、畑中や共同墓地から十基の墓碑を見出している。

森と競《きそ》うように「キリシタン遺跡」調査を行う仲間に、加津佐史談会の素封家元山元造《もとやまもとぞう》（一八八一～一九五三）と、同年代の病院長の山崎重長らがいた。

この頃、これら旦那方の尚古趣味を伝えるのに「古文書ならば秤《はかり》で買う」という話が残る。戦後、元山の収集文書の一部は慶応大学へ、他は九州大学に寄贈され『元山文庫』として活用されているが、それほどの収集文書類であった。

このような事情は都市部でも似たようなもので、やはり新村が「考古家」と呼ぶ東京の林若吉、京都の小山源治らの努力が、京都市内での「耶蘇信徒墓」発見へと繋がっている。

大正六年、用途で上京中の新村出は、考古家林若吉から、江戸期の歯科医で「考古癖」がある加藤曳尾庵《えいびあん》（玄亀）が、文化九（一八一二）年五月、京都に旅をした時の随筆集『我衣《わがころも》』中に「永禄年中、信長公バテレンを信じて此辺《このあたり》に永禄山南蛮寺を営む。其《その》墓なるもの一基、此寺（成願寺）の庭に手水鉢になりてあり。（中略）其又一つは同所中溝《なかみぞ》の岸にあり、半《なか》土《ば》に入て写す事不能《あたわず》」との一節と「吉利支丹墓石《キリシタンのはかいし》」を描いた図を示された。

『我衣』での「永禄山南蛮寺」とは、天正三（一五七五）年、信長の許可を得たフロイスやオルガンティーノ師らが、四条坊門姥《うばやなぎ》柳町に建立した三階建ての「被昇天の聖母マリア」教会のことであろう。

新村は帰京の後、成願寺を訪ねたが見出せないでいる内、十一月、南下した林若吉が成願寺で「疑問の手水鉢」を発見との知らせで、林、小山らと共に再び成願寺を訪ね確認した。現在、それは京大博物館に展示されている。

小口碑面に「慶長十四年　いし留《る》し屋《や》」とあって、底部が刳りぬかれた半円柱状伏碑を、加藤曳尾庵の「手水鉢」と見做《みな》されたようだ。

ところが、京都博物館の野外展示の中に、半円柱形状伏碑で小口面が十四・二cm深さで刳りぬかれた「成願寺の手水鉢」とされるものがある。その出土は「同所中溝の岸」にあったものであろうか。或は、後代になり新たに発見されたものであろうか判然としていない。

京都市北区大将軍川端町の椿寺には、キリシタン伏碑の小口面を加工したものがあって、明治中ごろまで「茶室の手水鉢」として使用されていたと言う。

茶人が、茶室に入る前の身心清めのため、露地に結界として置く手水鉢を蹲踞《つくばい》と言うが、現在もその風は残り、五輪塔、宝篋《ほうきょう》印塔、石燈籠などの一塊を加工整形している例は多い。

キリシタンが、自分たちの墓碑を加工整形して転用することはあり得ない。

異教徒が、キリシタンでない証しとばかり、これみよがしに、厠《かわや》の手洗鉢（京都・西福寺）や茶屋の蹲踞（椿寺）として利用したはずで、特に仏寺でが多い。

島原市内にも、半円柱形伏碑を加工したヤソ手水鉢と呼ばれるものが七基ある。

昭和二（一九二七）年に森豊造は、「原城の乱」後の寛永十五（一六三八）年、遠州浜松から入部の高力摂津守忠房に従った「遠州より裏方（東本願寺）浄源寺と申すを召連られ寺開基」の浄源寺で「手水鉢』確認している。

昭和三年には、元山元造が、やはり高力忠房に随伴して来島開基していた崇台寺で「手水鉢」を発見する。

寛文九（一六六九）年、福知山から入部した松平忠房の菩薩寺である本光寺には、「檀家から持込まれた」手洗鉢がある。

昭和三十七年になり、南有馬の浜口叶氏は、手水鉢を松平島原藩で中老職を努めた奥平家で発見し、同じ頃、島原藩で舟奉行、馬廻などを努めた石原家でも発見があった。これらは島原城内の野外で展示されている。

他に「市内骨董商から購入」の手水鉢が、市内津町の入江氏宅の裏庭に置かれている。また市内中町の船蔵士族の本多家宅にも、手水鉢が安置されている。以上七基、蒲鉾型キリシタン墓碑から転用された手水鉢が、島原城を中心とする一キロメートルほどの範囲に集中して存在している。

元山元造は、隠居屋の庭園に、南串池崎の某家にあった平庵型（破片）墓や有家の畑中で発見された干十字のある墓碑一基、キリシタン塔籠、それに口之津の玉峰寺で発見されたキリシタン墓転用の手水鉢（軸部で切断）などを置いていたが、現在は所在不明である。

慶長十九（一六一四）年七月、有馬直純が日向に転じた後、元和二（一六一六）年八月、松倉重政が大和郡山から四万三千石で入部し、間もなく島原での築城を始め、寛永元（一六二四）年に竣工《しゅんこう》となる。

その翌年、徳川家光からキリシタン取締りの怠慢を咎められた重政は、「領内の耶蘇教徒を捕らえ苦楚を極む」（『日本基督教史』下・山本秀煌）迫害に転じた。

寛永十五（一六三八）年、原城陥落後の松倉の失政・追放の後、譜代大名高力忠房が入部し、寛文九（一六六九）年、親藩の大名松平忠房が入部した以降に、キリシタン墓の手水鉢転用は始まっている。

永禄八（一五六五）年、島原城代島原純茂の頃、純茂重臣のドン・レオンが亡くなった。ルイス・デ・アルメイダは、殿から「死者を埋葬するための地所」を与えられていたので、異教徒の盛大な埋葬に引けをとらない葬儀を、全島原千人のキリシタン七百人を集めて「力の及ぶ限り」に催した。

当時の風習は火葬で、資力なき者は野に曝《さら》され、犬や鳥により処理されるのが普通である。連禱を唱え蝋燭《ロウソク》で照らした棺には絹の掩《おい》がかけられ「きらびやかに経費」をかけたスペクタクルな盛儀であった。

この葬儀をドン・ジョアンのものとするフロイスは、「ドン・ジョアンのために非常に立派に細工される墓石を置きました。それは高さが一コヴァド（六六㎝）で、その頂には一つの十字架が付いていました」（『日』巻9・p一八七）と記した。

この頃から、宣教利用のため葬儀には経費をかけること、「仏教式立碑」ながら墓石には十字架を付けると言うイエズス会の方針が決められたように思われる。

大正十五年に、島原市山寺の十六世紀後半頃造成の墓地で発見された、前面にカルワリオ罪標十字架が刻まれ、脇に「またれいな」と被葬者の名がある立碑の高さは（九一㎝）である。

大阪府四條畷市千光寺跡出土の天正九（一五八一）年紀銘「礼幡《レイマン》」碑・背高（四三・五㎝）や、八尾市本町出土の天正十年の紀銘がある「満所《マンショ》」碑・背高（八九・一㎝）など、これら双方の墓碑面にはラテン十字がしっかりと刻され、島原での「立碑墓」様式が伝播《でんぱ》されていることが窺える。

慶応二（一八六六）年六月、ポルトガル領事代理ビアナが、かねて気に掛けていた長崎・大音寺にあるポルトガル人墓碑の譲渡を願い出た。

「長崎歴史文化博物館」保存の図面によると、墓碑は、半円柱形の伏碑で、高さ一尺三寸五厘（四〇・九㎝）、総幅二尺六寸（七八・八㎝）、奥行長さ一尺五寸（四五・五㎝）あり、被葬者はポルトガル人【FRANCIS《フランシスコ》 GRACIS《グレイシャス》】で、天正十七（一五八九）年死亡とある。

長崎奉行所の『御用留』には、「元和二（一六一六）年頃、大音寺は、本博多町にあった異人館跡地（イエズス会のミゼリコルディア本部跡）を拝領し開山した。寛永十五（一六三八）年、大音寺は鍛冶屋町に移る際、この墓碑に［大音寺］と彫って同寺に持参、手水鉢にするでもなく放置されていたのを、安政の開国以来、勢いを増した外国人から譲渡の申しでがあり渡すことにした」という趣旨が記載されている。

「手水鉢にするでもなく」という文言の底意は、意識的に「石塊」と見做《みな》す態度であり、キリシタン墓に対する寺院の冷ややかな見方が感じられる。

長崎で大音寺が開山する以前、有家にも大音寺があった。グレイシャスの死亡年は「伴天連追放令」直後の頃で、晴信は「日本イエズス会の全てに雨露を凌《しの》ぐ場所を与える」と、七十余名の司祭・修道士と神学校の少年ら七十名や、多数の同宿などを有馬に招いた時期にあたる。

その頃、ポルトガル人グレイシャスが死亡し、有家・大音寺の墓地に葬られ、時を得て長崎の大本山ミゼリコルディアに遺体が運ばれ、そこで墓碑が造られていたのを、移転の際「大音寺」と彫ったとする妄想は許されないだろうか。

大正六年六月、長崎に出張した折りの新村出は、稲佐の悟真寺の和蘭人《オランダ》墓地で長さ四尺（一二〇㎝）ほどの蒲鉾形墓碑の小口面に、カルワリヨ十字とＩＨＳとが組み合せられ、小口面の緑帯にはローマ字らしい文字があるのを発見した（京都帝大考古学報告・一九二六年）。

昭和十四年、片岡は悟真寺墓地を訪れて「新村の大正六年六月の墓碑」を見出していない。昭和十年代には花十字の墓碑もあったという。何らかの破壊行為があったのかも知れない。

「大正十五（一九二五）年には、増田廉吉が、悟真寺の墓地で破断された長さ九四cmの蒲鉾型墓碑を発見」（『長崎県下発見キリシタン墓碑総覧』片岡弥吉）とある。

平成十四年、長崎・荒木英市は、増田廉吉発見の墓碑と思われるものを「悟真寺のキリシタン墓碑（『九州キリシタン墓碑』）として紹介されている。

慶長九（一六〇四）年の紀年銘がある日本最古の伏碑が、島原半島には二基ある。

大正十五年、山崎重長は、北串山村飛子《とびこ》名《みょう》土手ノ元（現雲仙市）の「山伏の墓」と呼ばれている墓碑に、「花十字の文様」があることから「キリシタン墓」としたが、紀年までは確認出来なかった。

昭和十六（一九四一）年、三会村亀の甲《かめんこう》（現島原市）の道路拡張工事中、石垣から発見の墓石は、昭和三十二年に所有者から島原市へ寄贈された。

亀の甲墓碑の碑銘は「慶長八年十二月」と読まれていたのを、平成二十四年、大石一久は拓本で「慶長□年□辰十二月」と読み、干支《えと》から「慶長九年」と訂正した。一方、山崎重長が発見の飛子名の墓碑銘では「慶長九年□月」と読めることから、飛子土手ノ元の墓碑を、伏碑では現存する日本最古とされている。

　当時の有馬領は「ヨーロッパのキリスト教を奉じる、いずれの地方とも競いうる」（「一六〇四年の日本諸事」）状況の下で、日本式立碑とは

右・慶長九年紀銘の墓碑、発見当時の状況

右下・昭和十七年頃まで使用の浄源寺の手水鉢

左下・西有家・松原墓地の国指定のキリシタン墓

異なる、「F．ガルシヤ」の墓碑のようなイエズス会指導による南蛮式墓標が容易に出現する状況にあったと思われる。

現存のキリシタン墓碑の意匠には、十字架を基に様々な装飾が加えられ彫出されているが、中でも息を飲む美しさを保つのは花十字文様である。

大形徹（大阪府立大学）は、墓碑の花十字の花は、「エジプトでは開花後、夜に水中に沈むことを擬似的な〈死〉と考え、翌朝再び開花することを〈復活再生〉と捉えていた」ので、墓の持つ根源的な意味で「百合よりも睡蓮《すいれん》の花」であろうという。

平成七（一九九五）年、長崎「万才町遺跡」調査の結果、「花弁が大きく十字架全体が花形」の文様である軒丸瓦一点が出土した。

山崎信二は、これを「被昇天の聖母（サンパウロ）教会で使用されたもの」（『長崎キリシタン史』p二三九）と推定している。

「被昇天の聖母教会」は、奉行寺沢広高により破壊されたが、キリシタンの拠金により一六〇一年に「全工事を通じて常に自腹を切って工匠や職工を雇い」（「一六〇二年・日本の諸事」p八六）再建が課された。

その工程でキリシタン文様の軒丸瓦も生まれたのであろう。翌年十二月、献堂式が行われた教会内の祭壇画・背後の飾壁などは、「コレジョ付属の画家養成所があり、イタリア人の神父ジョヴァンニ・ニコラオがその指導にあたった同宿」（A・シェワーデ）の手になるものであった。

天正九（一五八一）年、修道士ニコラオは、ヴァリニャーノ師の「現地人によるキリスト教文化の制作」の要請で来日していた。

彼についてイエズス会布教美術研究家のベィリーは「画家・彫刻家・銅版画家として多面的な才能の所有者」と評している。

文禄元（一五九二）年、天草・志岐から「絵画教授ニコラオ」の出発が始まり、以後、八良尾、有家（銅版画教室）、長崎などのコレジオで「ニコラオ画派」と呼ばれる弟子たちを育成し、画像制作の一時代「一五七九～一六一四」を画したとされる。

「この生徒たちから有馬のキリシタン墓碑製作者が出現するのではないだろうか」（山崎・前出書p二四三）とした。おそらく墓石に文様を彫り込む彼らの心には、深い鎮魂とキリストの許に近づけようとの思いがあったはずである。

南島原市キリシタン墓碑所在地

加津佐町（七基）
須崎墓地・五基（慶長一八年紀銘墓碑一基）、野田浜・砂原海岸・二基
口之津町（二基）
白浜海岸・一基、東方・一基
南有馬町（七基）※「島原の乱」後、有馬村は南有馬、北有馬に分かれる。
吉川墓地・四基（内台付状形伏碑二基）
原城内・三基（北有馬西正寺の一基と西有家松原墓地の二基を移す）
北有馬町（六基）※「島原の乱」後、北有馬となる。
谷川・一基（慶長一五年紀銘、流しや）、八良尾・四基、今福・一基
西有家町（三二基）※有家一村から、明治十二年に分かれて西有家となる。
慈恩寺岸田・一基、慈恩寺墓碑群・八基、上見岳・四基、下見岳・二基
里名切支谷・五基、龍石名上棚・三基、里坊牛ヶ原・二基
里坊嶺原・二基、松原須川キリシタン墓碑群・五基（内一基慶長一五年銘・国指

定墓）

有家町（四四基）※有家三村（隈田村・町村・有田村）が明治五年から、有家一村となる。

山川上之比良・一基、尾上長田・一基、久保隈田・一基（小口正面に光線紋）
大苑陣之内・二基、小川平野・一基、小川榎田・一基、中須川下前田・二基
中須川下前田・四基（セミナリヨ跡の碑あり）、尾上中山墓地・七基
原尾西田原・一基、堂崎古城キリシタン墓・一基
尾上キリシタン史跡公園墓碑群・二二基（三区画分）
　A地区　力野キリシタン墓碑・二基、
　　　　有家キリシタン史跡墓・八基
B地区　有家キリシタン史跡墓・八基
C地区　有家キリシタン史跡墓・四基

布津町（一七基）
宮ノ本共同墓地・七基、布津中学校内・一基（井手口から移す）
井手口キリシタン墓碑群・九基（慶長一一、一九年、元和四年の銘墓がある）

島原市キリシタン墓所在地

島原市（八基）

山寺・一基（立碑・またれいな墓碑）、島原城・四基（全て他から移す、慶長九年銘墓あり）。萩原崇台寺一基（手洗鉢）、本光寺一基（手洗鉢）、（浄源寺・手水鉢）

城内個人宅・一基（ＩＨＳの紀銘あるも上部は破損）

雲仙市キリシタン墓所在地

雲仙市（十基）

南串山町（三基）

荒巻門前・三基（慶長一一、一七年の紀銘墓）

小浜町（七基）

飛子土手之元・四基（内一基は慶長九年銘墓、伏碑として日本最古）

飛子椎山・一基、木場東中島・一基、北木指小田崎・一基

墓碑の型と文様

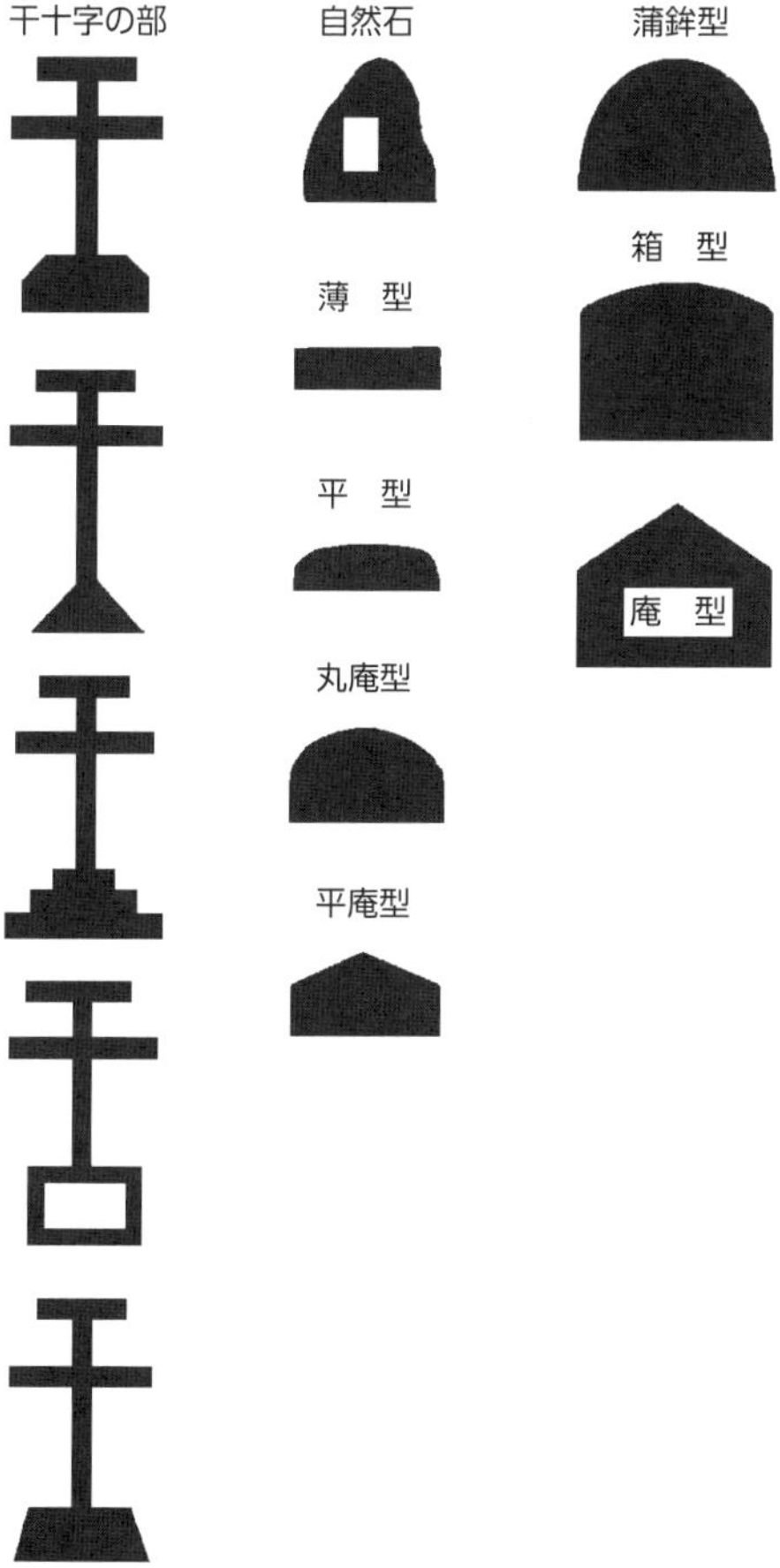

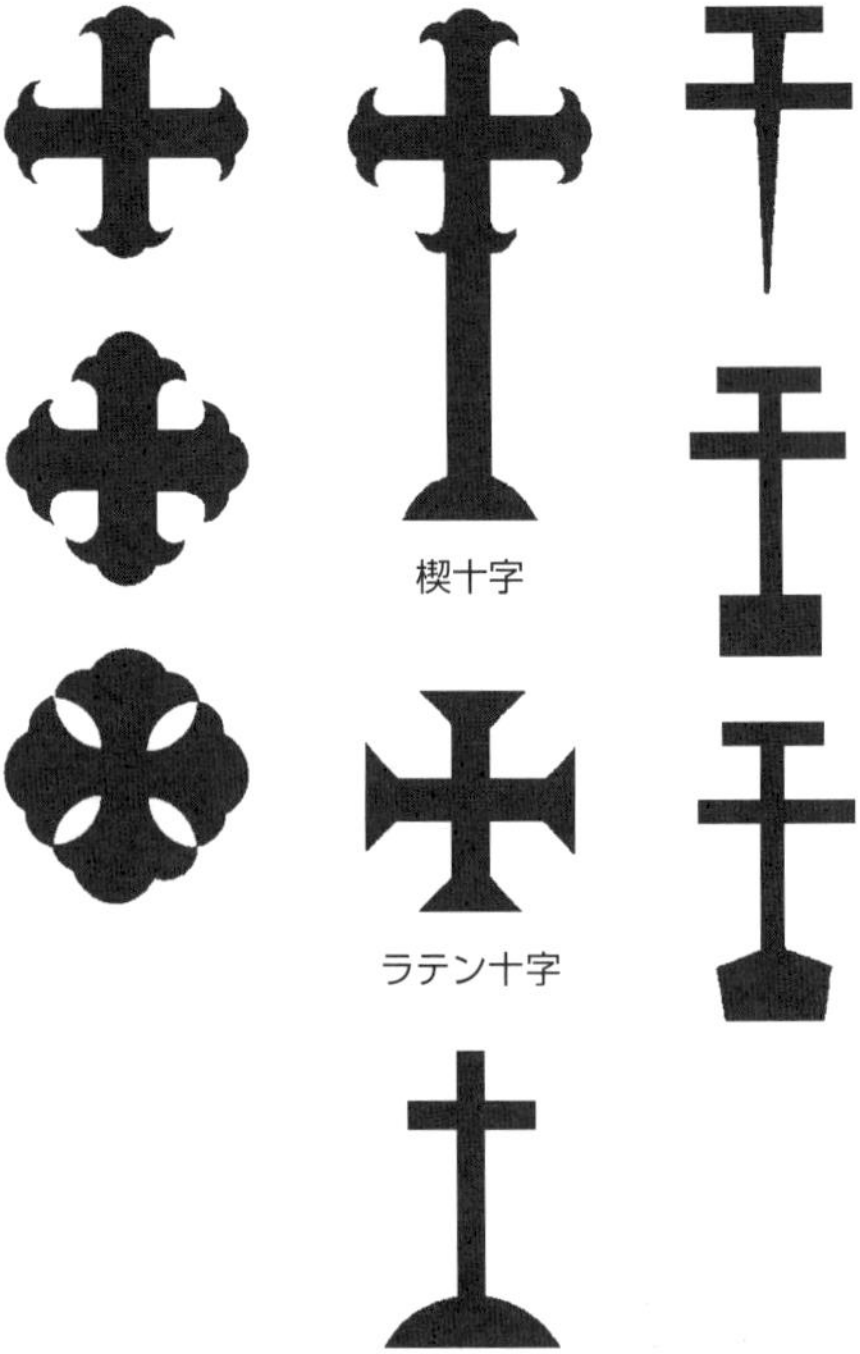
楔十字
ラテン十字

あとがき

聖母の騎士社の赤尾満治編集長や神の島教会の木場田さんとの出会いがあり、二〇一四年三月号からの『聖母の騎士誌』連載を打診され、気軽に引き受けたものの、甚だ心許ないままに、二〇一八年十一月号まで続けて一区切りとなった。兼ねてから、島原半島でのキリシタン問題にとり組む場合、原城一揆に至るまでと、原城戦のこと、その後の仏教界の動きと、三期に分かれると思っていた。当初は原城戦までは何とか書いてみたいと思っていたが、その内に体調を崩し、入退院を繰り返すことになり、原城戦までは辿り着くことが出来なかった。しかし、原城戦に至るまでに、デウスを信じ栄光の来世で生きることを信じて殉教していった当時の人々について、多くを知ることが出来た。

結城了悟師は、権力による迫害が身に激しく及ぶ時でも「高来において宣教師の存在がなお続く十四年間に、彼らをを裏切った百姓はただの一人もいなかった」と述べておられる。裏切らなかったとは「信仰を守った」と同義である。

これを半島民の「心の美しさ」と呼びたい。

このような汚れなき心を持った信徒により「有馬キリシタン王国」は築き上げられ維持されたのである。

口之津教会跡、有馬セミナリヨの跡、八良尾や加津佐、有家のセミナリヨやコレジオの跡に碑標は建っているが、これらの「位置」を確証付ける文書などはいまだ掲示されていない。今後ヨーロッパの史料群のなかにまだ隠れている箇所から、一ヶ所でも開明されることがあるかも知れない。それが待たれる。

世界遺産の登録により、この地を訪れる人も増えているであろう。原城・日野江城跡を見学の折りには、実は島原半島にはこれほどの「キリシタン墓」が残っていることも知ってもらえたらと思っている。これらのキリシタン墓を残した人々が、やがて「原城戦」で命を落としているのである。

二〇一九年三月二十八日、外海地区で帳方を勤めた村上茂則氏が、南島原市有家町の「キリシタン公園」で、「死者の霊を供養する」意味がある「お初穂上のオラショ」を唱えて下さった。

もともと「生月系」のオラショは念仏のように声を出して唱え、「外海系」は近年まで声を出すことはなかったと云われている。

作家の森禮子氏は、「家魂入れのオラショ」や「神寄せのオラショ」、「お初穂上のオラショ」などを、仏教や土俗信仰などと混交した「呪《まじな》いの祈祷」とされたが、禁教期の中で、真摯に守られ、力となっていたことに変わりはない。

最後に聖母の騎士社山口雅稔編集長、小野幸子さん、印刷工房の方々に感謝を申し上げたい。それに荒木義信氏、酒井恵津男氏、特に林田津譽毅氏には公私ともにご指導を戴き感謝の言葉もない。

この一冊が少しでも島原半島理解の一助ともなりえたら、筆者望外の喜びである。

二〇一九年五月

加津佐の茅屋にて

《福田八郎(ふくだ・はちろう)》

1936年、長崎県生まれ。佐賀大学文理学部国文科卒。
編著『長崎県謎解き散歩』、『孝子安永安次』、『巌吼庵願書扣』
翻刻『寛永平塞録』など。平成24年度 島原文化賞受賞

信仰の耕作地 有馬キリシタン王国記

福田八郎

2020年4月12日　第1刷発行

発　行　者●竹 内 昭 彦
発　行　所●聖母の騎士社
〒850-0012 長崎市本河内2-2-1
TEL.095-824-2080/FAX.095-823-5340
e-mail: info@seibonokishi-sha.or.jp
http://www.seibonokishi-sha.or.jp/
校正・組版●聖母の騎士社
印刷・製本●大日本法令印刷(株)

Printed in Japan

ISBN978-4-88216-379-4 C0116

聖母文庫

片岡弥吉
長崎のキリシタン
キリスト教の黄金時代から暗い迫害の時代を経て、信仰の自由を克ちとるまでの長崎の信仰物語。

定価500円(税別)

結城了悟
キリシタンになった大名
キリシタンになった大名の信仰を描くとともに、いかにキリスト教が根を下ろしたかを探る。

定価1000円(税別)

ルイス・フロイス=著 結城了悟=訳
日本二十六聖人殉教記
26聖人の殉教のわずか3カ月後、長崎で亡くなったフロイス神父が、最後の力を振り絞って書き上げて送った公式の殉教報告。

価格800円(税別)

ゲルハルト・フーバー=著 アンジェロ・アシェフ=訳
日本26聖人物語
1597年2月5日、キリシタン弾圧のクライマックスともいえる26聖人の処刑が長崎でおこなわれた。この事件の背景をドイツ人が描く。

定価500円(税別)

小島幸枝
長崎代官 村山等安
その愛と受難
長崎の空気を吸いながら、唯一絶対なる創造主への献身にこの世のすべてを賭けた男、キリシタン代官・村山等安を描く。
価格500円(税別)

聖母文庫

H・チースリク
キリシタン史考
キリシタン史の問題に答える

キリシタン史研究をライフワークとするイエズス会司祭の著者が、キリシタンにまつわる種々の疑問点に答える。

価格1000円(税別)

マリア・ヴィノフスカ=著　岳野慶作=訳
アウシュビッツの聖者コルベ神父

現代の栄光と苦悩に生き、最も20世紀的な聖人と呼ばれるコルベ神父の生涯を女性作家が描く。フランス・アカデミー賞受賞作。

価格500円(税別)

小崎登明
長崎のコルベ神父

コルベ神父の長崎滞在時代を数々のエピソードで綴る聖母の騎士物語。(初版復刻版)
価格800円(税別)

小崎登明
身代わりの愛

第2次世界大戦のさなか、アウシュビッツ収容所で身代わりの死刑を受けたコルベ神父を、ポーランド人の証言で浮き彫りにする。

価格500円(税別)

マキシミリアノ・マリア・コルベ=著　西山達也=訳
コルベ神父霊的メモ

アウシュビッツ収容所で、友のために命をささげたコルベ神父が、若き日に書き留めた黙想の覚え書き。

価格500円(税別)

聖母文庫

聖者マキシミリアノ・コルベ

アントニオ・リッチャルディ＝著　西山達也＝訳

聖コルベの生と死、信仰と愛、思想と活動の全貌を、列福調査資料を駆使して克明にまとめ上げた必読の書。

価格1000円（税別）

愛といのち

ペトロ・ネメシェギ

キリスト教信仰案内講座①

カトリックの教えをわかりやすく説きあかした本。信仰を見つめなおし、福音をのべ伝えるために役立ちます。

価格500円（税別）

愛と恵み

ペトロ・ネメシェギ

キリスト教信仰案内講座②

世界に知られる神学者が日本語でやさしく書き下ろしたキリストの教え入門。

価格500円（税別）

愛と平和

ペトロ・ネメシェギ

キリスト教信仰案内講座③

「キリストの平和」、「天地の創造主」、「世界創造の意味」、「三位一体の神」、「結婚」、「親と子」など15編を収録。

価格500円（税別）

神の言葉と秘跡

ペトロ・ネメシェギ

キリスト教信仰案内講座④

神の言葉と呼ばれる『聖書』とはどんな書物なのか。カトリック教会の『秘跡』とは何か。かみ砕いて説明。

価格500円（税別）

聖母文庫

ペトロ・ネメシェギ
愛とゆるし
キリスト教信仰案内講座⑤

罪をゆるしていただいた人は、感謝をもって神に従いたい、という気持ちになります。

価格500円(税別)

ペトロ・ネメシェギ
愛と永遠
キリスト教信仰案内講座⑥

東京・四谷のイグナチオ教会でネメシェギ神父が開いていた「キリスト教案内講座」最終編。死後の世界、エキュメニカル運動などについて説く。

価格500円(税別)

SMP・ガブリエル=著　伊達カルメル会=訳
聖性の理想
神との親しさ①

「神との親しさ」は黙想の手引きとなると同時に、完全なるキリスト教的生活を生きる道を教える本です。黙想書に最適。

価格500円(税別)

SMP・ガブリエル=著　伊達カルメル会=訳
祈りと対神徳
神との親しさ②

キリスト教的完徳の根本的手段とされる念祷と、信・望・愛についての黙想。

価格485円(税別)

SMP・ガブリエル=著　伊達カルメル会=訳
心の浄化
神との親しさ③

キリスト信者の必読書。神よ、あなたは、あなたを知り、愛し、あなたに仕えるために、わたしを造ってくださったのです。

価格500円(税別)

聖母文庫

愛の実践と聖霊
神との親しさ④
SMP・ガブリエル＝著　伊達カルメル会＝訳

キリスト教的生活の基礎である愛の掟と聖霊の賜物について黙想するために。

価格500円（税別）

秘跡と使徒職
神との親しさ⑤
SMP・ガブリエル＝著　伊達カルメル会＝訳

イエス・キリストが築かれた教会、定められた秘跡、命じられた使徒職についての黙想。

価格500円（税別）

三位一体の神
神との親しさ⑥
SMP・ガブリエル＝著　伊達カルメル会＝訳

三位一体の神、神の属性、聖霊についての黙想。人々の中に働かれる聖霊について考える。

価格500円（税別）

キリスト・イエズス
神との親しさ⑦
SMP・ガブリエル＝著　伊達カルメル会＝訳

おおイエズス、受肉された神のみ言葉であなたの内に秘められた偉大な神秘を、もっと深く悟らせて下さい。

価格500円（税別）

聖マリアと聖ヨセフ
神との親しさ⑧
SMP・ガブリエル＝著　伊達カルメル会＝訳

おお、神の母マリア、そしてわたしの母でもあるマリア。あなたのやさしいお姿は、なんという光、なんという慰めをわたしにもたらすことでしょう。

価格500円（税別）

聖母文庫

福岡カルメル会＝訳
JESUS《イエズス》
救い主に注ぐ単純なまなざし

東方教会の無名の修道士が、主イエス・キリストの御姿を生き生きと描く黙想の書。

価格500円（税別）

ホアン・マシア
イエスと共に
入門講座ノート

このノートを貫いている唯一のテーマは、「イエスと共に」人生を歩むということです。

価格500円（税別）

ホアン・カトレット＝著・絵　高橋敦子＝訳
イエス・キリストの生涯

私が見たい、感じたい、祈りたいと思うイエス・キリストを書かせていただいた。ここの登場人物像や景色は…私の心に住みついている映像である。

価格800円（税別）

ペトロ・ネメシェギ
イエスと…

イエスとさまざまな「人」や「もの」との関係を発見し、私たちの救い主イエスをもっとよく知りましょう。

価格500円（税別）

場﨑　洋
イエスのたとえ話
私たちへの問いかけ

歴史的事例や人物、詩などを取り上げながら私たちが生きている現代社会へ問い掛けているイエスのメッセージに耳を傾けていきたいと思います。

価格800円（税別）

聖母文庫

木村　晟
神への讃歌
ヴォーリズと満喜子の祈りと実践の記

W・メレル・ヴォーリズが紡いだ讃歌の言葉から浮かび上がる篤い信仰を見つめながら、宣教・教育活動を振りかえる。

価格800円（税別）

木村　晟
すべては主の御手に委ねて
ヴォーリズと満喜子の信仰と自由

キリスト者達は皆、真理を実践して真の自由を手にしている。近江兄弟社学園の創設者ヴォーリズと妻満喜子も、平和を愛する信仰の勇者なのであった。

価格1000円（税別）

森本　繁
南蛮キリシタン女医 明石レジーナ

江戸時代初期に南蛮医学に情熱を燃やし、外科治療に献身した女性が存在した。実証歴史作家が描くレジーナ明石亜矢の物語。

価格800円（税別）

伊従信子＝編著
わたしは神をみたい
いのりの道をゆく
マリー＝ユジェーヌ神父とともに

マリー＝ユジェーヌ神父は、神が、多くの人々を神との一致にまで導くように、自分を召されたことを自覚していました。

価格600円（税別）

高橋テレサ＝編著　鈴木宣明＝監修
アビラの聖女テレサと家族

離れがたい結びつきは夫婦・血縁に限ったことではない。縁あって交わることのできた一人一人との絆が大切なのである。それを私は家族と呼びたい。

価格500円（税別）

レジーヌ・ペルヌー＝著　門脇輝夫＝訳
現代に響く声　ビンゲンのヒルデガルト
12世紀の預言者修道女

音楽、医学他多様な才能に恵まれたヒルデガルト。本書は、読者が著者と同じく彼女に惹かれ、親しみを持てるような研究に取り組むものである。価格800円（税別）

崎濵宏美
石蕗の詩（つわぶきのうた）

叙階25周年を迎えた著者は、長崎県五島生まれ。著者が係わりを持った方々への感謝を込め、故郷から現在に至る体験をエッセイや詩で綴る。価格500円（税別）

ボグスワフ・ノヴァク
真の愛への道
人間の癒しの源であるキリストの受難と復活

名古屋・南山教会主任を務める神言会のポーランド人司祭が著した愛についての考察。愛をまっとうされたイエスの姿から、人間の愛し方を問う。価格500円（税別）

水浦征男
教皇ヨハネ・パウロ物語
「聖母の騎士」誌22記事再録

教皇ヨハネ・パウロ一世は、あっという間に姿を消されたため、その印象は一般にあまり残っていない。わずかな思い出を、本書の記事で辿っていただければ幸いである。価格500円（税別）

ジョン・A・シュグ＝著　甲斐睦興＝訳　木鎌安雄＝監訳
ピオ神父の生涯

2002年に聖人の位にあげられたカプチン会司祭ピオ神父は、主イエスの傷と同じ五つの聖痕を持っていた。神秘に満ちた生涯を文庫サイズで紹介。価格800円（税別）

聖母文庫

ハビエル・ガラルダ
こころのティースプーン(上)
ガラルダ神父の教話集

東京・雙葉学園の保護者に向けてガラルダ神父がされた講話をまとめました。心の底に沈んでいる「よいもの」をかき回して、生き方に溢れ出しましょう。　価格500円(税別)

ハビエル・ガラルダ
こころのティースプーン(下)
ガラルダ神父の教話集

イエズス会司祭ガラルダ神父が雙葉学園の保護者に向けて語られた講演録第二弾。心の底に沈んでいる「よいもの」をかき回して、喜びに満ちた生活へ。　価格500円(税別)

田端美恵子
八十路の春

八十路を歩む一老女が、人生の峠に立って永久に広がる光の世界を見つめ、多くの人が神の愛に目覚めてくれることを願いつつ、祈りを尽くして綴った随想。　価格500円(税別)

駿河勝己
がらしゃの里

日々の信仰を大切にし、御旨のうちに生きる御恵みを祈り、ガラシャの歩まれた永遠の生命への道を訪ねながら…。　価格500円(税別)

ムンシ ロジェ ヴァンジラ
村上茂の生涯
カトリックへ復帰した外海・黒崎かくれキリシタンの指導者

彼の生涯の一面を具体的に描写することが私の意図であり、私は彼に敬意を払い、また彼の魂の遍歴も私たち自身を照らすことができるように思います。　価格500円(税別)

聖母文庫

クラウス・リーゼンフーバー
知解を求める信仰
現代キリスト教入門

人間の在り方を問い直すことから出発し、信仰において受け入れた真理を理性によって解明し、より深い自己理解を呼び覚まします。

価格500円（税別）

伊従信子＝編・訳
十字架の聖ヨハネの ひかりの道をゆく
福者マリー＝ユジェーヌ神父に導かれて

マリー＝ユジェーヌ神父が十字架の聖ヨハネを生き、体験し、確認した教えなのです。ですから、十六世紀の十字架の聖ヨハネの教えは現代の人々にも十分適応されます。

価格500円（税別）

﨑濵宏美
風花の丘（かざばなのおか）

春が訪れ夏が近づく頃まで、十字架の上でさらされた26人でありましたが、彼らの魂は……白く光る雪よりさらに美しく輝いて天の故郷へ帰っていったのであります。

価格500円（税別）

水浦征男
教会だより
カトリック仁川教会報に綴った8年間

ここに収めた「教会だより」は兵庫県西宮市のカトリック仁川教会報「タウ」の巻頭に2009年4月から2017年3月まで掲載されたエッセイです。

価格600円（税別）

フランシスコ・ハビエル・サンチョ・フェルミン＝著　西宮カルメル会＝訳
地上の天国
三位一体のエリザベットの秘密

私たちの信仰が本物であり、役に立ち、生きていると感じられるように、エリザベットのメッセージが信仰を活性化する助けとなるように願っています。

価格500円（税別）